高职高专经济管理类·物流管理系列教材

（第二版）

物流成本管理

主　编　梁竹田　郑　颖

副主编　钟聪儿　杨志华　林朝阳

厦门大学出版社 XIAMEN UNIVERSITY PRESS | 国家一级出版社 全国百佳图书出版单位

图书在版编目（CIP）数据

物流成本管理 / 梁竹田，郑颖主编. -- 2 版. -- 厦门 ：厦门大学出版社，2023.8
高职高专经济管理类·物流管理系列教材
ISBN 978-7-5615-9053-9

Ⅰ. ①物… Ⅱ. ①梁… ②郑… Ⅲ. ①物流管理-成本管理-高等职业教育-教材 Ⅳ. ①F253.7

中国版本图书馆CIP数据核字(2023)第129012号

出 版 人　郑文礼
责任编辑　江珏玛
美术编辑　李嘉彬
技术编辑　朱　楷

出版发行　厦门大学出版社
社　　址　厦门市软件园二期望海路 39 号
邮政编码　361008
总　　机　0592-2181111　0592-2181406(传真)
营销中心　0592-2184458　0592-2181365
网　　址　http://www.xmupress.com
邮　　箱　xmup@xmupress.com
印　　刷　厦门市竞成印刷有限公司

开本　787 mm×1 092 mm　1/16
印张　18.5
插页　2
字数　400 千字
版次　2018 年 1 月第 1 版　2023 年 8 月第 2 版
印次　2023 年 8 月第 1 次印刷
定价　46.00 元

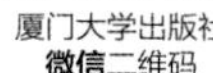
厦门大学出版社
微信二维码

厦门大学出版社
微博二维码

第二版前言

物流是国民经济的基础，是经济发展的重要支撑。近年来，随着全球经济一体化的深度推进，以及电子商务、大数据、物联网等技术手段与物流的深度融合，物流在生产制造、贸易流通和资源配置中发挥着越来越重要的作用。当前我国已经深度嵌入全球价值链，成为全球制造业中心和最大的消费市场之一，物流业整体规模不断扩大，社会物流总额持续增长。同时，社会物流总费用整体上呈下降趋势。然而，与发达国家相比，我国社会物流总费用占 GDP 的比率还比较高，部分领域物流成本高、效率低等问题仍然较为突出，制约国民经济的发展。

党的二十大报告指出，高质量发展是全面建设社会主义现代化国家的首要任务，要加快发展物联网，建设高效顺畅的流通体系，降低物流成本，建设交通强国。为建设现代物流体系，推动我国物流业高质量发展，提升产业链、供应链韧性和竞争力，培养更多有物流行业职业理想和职业精神，掌握物流成本管理基础知识和技能的高素质人才，我们精心编写了《物流成本管理》这本书，并在第一版使用基础上，做了新的修订。

本书已被编者用于实际教学中，建议理论学习和技能训练相互结合，总学时安排 54 学时，其中理论学习 27 学时，技能训练 27 学时。

《物流成本管理》(第二版)由厦门城市职业学院梁竹田、郑颖担任主编。其中，梁竹田负责编写项目一、项目二和项目三，厦门城市职业学院钟聪儿负责编写项目四和项目六，厦门海洋职业技术学院林朝阳负责编写项目五，厦门海洋职业技术学院杨志华负责编写项目七和项目八，郑颖负责编写项目九，并对第一版进行了修订，替换、

目 录
DIRECTORY

◆ 项目一 ◆
物流成本管理概述

知识目标

1.了解物流成本的分类、物流成本管理的意义；

2.理解物流成本的内涵、构成和特征；

3.掌握物流成本管理的方法。

技能目标

1.能够分析企业物流成本的构成和成本比重；

2.能够找出企业降低物流成本的途径。

思政目标

1.培养物流成本管理的意识；

2.树立绿色物流的理念；

3.树立建设物流强国的信念。

任务一　物流成本认知

学习内容

1.物流成本的概念；

2.物流成本的基本分类；

3.物流成本的构成；

4.物流成本的特征。

学习目标

1.准确把握物流成本的内涵，了解其基本分类，理解其构成和特征；

2.能够分析物流成本的构成与成本比重，找出物流活动的成本发生点。

案例导入

中国物流，十年巨变

2013至2022年这十年，中国快递单量连年增长，从不足100亿件到突破1000亿件，稳居世界第一后仍然高速奔跑，这在全球都是罕见奇迹；物流成本占GDP比重持续下降，从18%到14.6%，释放了经济的活力和创新的机遇；快递耗时持续缩短，国内平均时效从一周缩短到48小时以内，全球72小时达不断接近。

今天，中国快递全年超过1000亿件、日均包裹量3.4亿余件，每年的增量就相当于美国一年的快递量。快递量涨了，但物流成本下降了，耗时更短了。按照2022年的GDP计算，相当于一年节省了4万多亿元，几乎是上海市全年的GDP。半日达、当日达、次日达也已成为快递常规速度。

如果把快递物流网络比作血液系统，那其中流动的一件件包裹就是红细胞，源源不断输送氧分子，供养着经济体。十年蓄力，中国快递物流已经达到了极高的效率和成本优势，流动在这张网络上的包裹也让无数中小企业、年轻人和农民实现了梦想。

现在，只要三块钱，就能将一个小包裹送达全国。只有“人人能发货”才可“人人能卖货”，凭着便宜的物流，无数年轻人实现了电商创业梦。2022年，全国电商从业人员同比增长超3%，电商直播、短视频种草，新赛道层出不穷。

数字化也让快递物流网络从城市延伸到乡村，从中国延伸到全球。截至2022年，全国累计建成近千个县级寄递公共配送中心，95%的建制村实现快递服务覆盖，深藏大山的土特产被快递至全国各地。

跨境电商也在高效低价物流网络的助推下越来越火。在AI技术加持下，现在菜鸟已经把跨境物流费打到了“骨折”，5美元就可以把一件小商品在10天内送到全球许多国家，让海外消费者直呼不可思议，义乌一家主营男女内衣裤的企业使用这项服务后，海外消费者重复购买率提升了20%。

用一杯咖啡的钱能货通全球，让世界任何一个角落72小时能收到货，中国物流效率还在创造着新的可能，让更多梦想和未来释放光芒。

资料来源：https://news.sina.com.cn/o/2023—05—26/doc—imyvckya8192946.shtml

课前思考

1.什么是物流成本？

2.降低物流成本的意义有哪些？

知识学习

一、认识物流成本

1.成本的概念

成本通常是企业为生产商品或提供劳务等所消耗的物化劳动和活劳动中的货币表现,也是商品价值的重要组成部分。成本是为实现一定目标而发生的耗费的总和,是对象化的费用,是可以用货币加以计量的。成本是有具体目标的,没有目标的支出仅仅是一种损失或者资源浪费,而不能叫作成本。

2.物流成本的概念

物流是物品从供应地到接收地的实体流动过程,根据实际需要,将运输、储存、装卸、搬运、包装、流通加工、配送、信息处理等基本功能进行有机的结合。在物流活动中,为了提供有关物流服务,需要占用或者消耗各种物化劳动和活劳动,物流过程中消耗的各种物化劳动和活劳动以货币的形式来表现,就是物流成本。

根据《中华人民共和国国家标准——物流术语》(GB/T18354－2006)的解释,物流成本(logistics cost)是指物流活动中所消耗的物化劳动和活劳动的货币表现。

我国在2006年颁布实施的《企业物流成本计算与构成》(GB /T20523－2006)中规定:物流成本包括货物在运输、储存、包装、装卸搬运、流通加工、物流信息、物流管理等过程中所耗费的人力、物力和财力的总和以及与存货有关的流动资金占用成本、存货风险成本和存货保险成本。这里的物流成本包括两部分内容:(1)物流功能成本。体现的是物流运作过程中所发生的各项成本支出,即直接在物流环节产生的人力成本,耗费在机器设备、材料上的物料成本以及支付给外部第三方的成本。(2)存货相关成本。①与存货有关的流动资金占用成本,包括负债融资所发生的利息支出(即显性成本)和占用自有资金所发生的机会成本(即隐性成本)两部分内容;②存货风险成本指产品被占用在物流环节,从而导致存货在物流活动过程中所发生的风险损失;③存货保险成本是指为防止损失所支付的保险费用等。

综上所述,物流成本是指产品的空间移动或时间占用所耗费的各种物化劳动和活劳动的货币表现。针对物流活动而发生的各种成本,就认定为物流成本。

知识链接

国外对物流成本的研究较早,始于20世纪50年代。美国管理会计协会1992年发布的《物流成本管理公告》中指出:“物流成本是指企业在计划、实施、控制内部和外部物流活动过程中所发生的费用。具体来说,物流成本包括企业在采购、运输、物料和存货管理、订单处理、客户服务、预测和生产计划、相关信息系统以及其他物流支持活动等典型的物流活动所发生的费用。但是这些费用不包括原材料的采购成本、产成品的生产成本、营销活动等销售费用以及与物流活动无直接关系的其他费用。”而日本通商产业省1992年编制的《物流成本核算活用手册》中指出:“物流成本是指从有形或无形的物质源的供应者到需要者为主的实物流动所需要的成本,具体包括包装、装卸、运输、保管以及信息处理等各种物流活动所发生的费用。”

现代物流成本的范围广，贯穿于企业经营活动的全过程，包括从原材料供应开始一直到将商品送达消费者手中所发生的全部物流费用。我国在2006年颁布实施的《企业物流成本计算与构成》(GB /T20523—2006)中指出：“物流成本是企业物流活动中所消耗的物化劳动和活劳动的货币表现，包括货物在运输、储存、包装、装卸搬运、流通加工、物流信息、物流管理等过程中所耗费的人力、物力和财力的总和以及与存货有关的流动资金占用成本、存货风险成本和存货保险成本。”

▶▶▶▶ 任务导入 ▶▶▶

厦门中外运物流有限公司位于厦门市象屿保税区象兴一路5号，距离岛内码头(海天码头/象屿码头)1千米，距离海沧码头13千米，距离厦门机场5千米，是以经营保税物流为主的储运物流业务，具有保税区内进出口经营、海关认定的专业公共保税仓库、国际一级货运代理资质、自理报关等资质。

根据物流成本的含义，结合厦门中外运物流有限公司的具体情况，对该公司的物流成本和非物流成本进行分析。其2022年1月份的有关成本资料如下：

本月工资及福利费支出共820 000元，其中运输业务相关人员工资及福利360 000元，仓储业务相关人员工资及福利300 000元，行政部门人员工资及福利160 000元。

本月水电费9 000元，其中仓库水电费5 000元，车队管理处水电费3 000元，行政部门水电费1 000元。

本月燃料动力费共180 000元，其中运输车辆消耗燃料动力费130 000元，装卸搬运设备消耗燃料动力费30 000元，流通加工设备消耗燃料动力费12 000元，行政部门消耗燃料动力费8 000元。

本月折旧费用共129 000元，其中运输车辆折旧费用50 000元，仓库及储存设备折旧费用60 000元，仓库各种装卸搬运设备折旧费用12 000元，行政办公设备折旧费用7 000元。

本月共领用材料56 000元，其中包装过程消耗材料13 000元，流通加工消耗材料32 000元，运输过程消耗材料8 000元，行政部门消耗材料3 000元。

任务描述：以上的各项支出，哪些是物流成本？哪些是非物流成本？

▶▶▶▶ 任务实施 ▶▶▶

第一步：理解物流成本的内涵。

要正确划分物流成本和非物流成本，首先要理解物流成本的内涵，进行成本的合理分析，明确成本的归属领域，最后确定哪些是物流成本、哪些是非物流成本。

第二步：物流成本和非物流成本的列示对比，如表1-1所示。

表 1-1　物流成本和非物流成本的列示对比

项目	物流成本/元	非物流成本/元	合计
运输业务相关人员工资及福利费用	360 000		820 000
仓储业务相关人员工资及福利费用	300 000		
行政部门人员工资及福利费用		160 000	
仓库水电费	5 000		9 000
车队管理处水电费	3 000		
行政部门水电费		1 000	
运输车辆消耗燃料动力费	130 000		180 000
装卸搬运设备消耗燃料动力费	30 000		
流通加工设备消耗燃料动力费	12 000		
行政办公消耗燃料动力费		8 000	
运输车辆折旧费用	50 000		129 000
仓库及储存设备折旧费用	60 000		
仓库各种装卸搬运设备折旧费用	12 000		
行政办公设备折旧费用		7 000	
包装过程消耗材料费用	13 000		56 000
流通加工消耗材料费用	32 000		
运输过程消耗材料费用	8 000		
行政部门消耗材料费用		3 000	
合　计	1 015 000	179 000	1 194 000

二、物流成本的分类

对物流成本进行科学的分类是物流成本管理的重要基础。我们可以从不同的角度来对物流成本进行观察和分析，观察和分析的角度不同，对物流成本的认识也就不同。物流成本按不同的标准有不同的分类，一般而言大致有如下几种分类。

1.按物流成本的层次范围分

按物流成本层次范围分为宏观物流成本和微观物流成本。

宏观物流成本又称为社会物流成本，通常指一个国家在一定时期内发生的物流总成本，是不同性质微观企业物流成本的总和(并不是简单的相加)。人们往往用物流成本占国内生产总值的比重来衡量一个国家物流管理水平的高低，这种物流成本就是指宏观物流成本。

微观物流成本主要是指企业层面的成本。通常人们所说的某公司的物流成本均指微观物流成本，具体包括货主企业内的物流成本、物流企业内的物流成本和交易企业间的物流成本。对于企业物流成本的认识,也可按其所处的领域分为制造型企业、流通型企业和物流型企业,习惯上把制造业企业和流通业企业称为货主企业,本书重点研究物流企业的物流成本。

2.按物流成本是否具有可控性分

按照物流成本是否具有可控性分为可控成本和不可控成本。

可控成本是指对成本的发生能够予以控制的成本,即通过一定的方法、手段,使其按人们所希望的状态发展的,能被某责任单位或个人的行为所制约的成本。可控成本具有多种发展可能性,并且有关的责任单位或个人可以通过采取一定的方法与手段使其按所期望的状态发展。

不可控成本是指对成本的发生不能予以控制的成本,因而也不予以负责的成本。不可控成本一般是无法选择或不存在选择余地的成本。

知识链接

可控成本和不可控成本的划分是具有相对性的,它与成本发生的空间范围和时间范围有关。比如:一个部门的可控制成本对于另一个部门来说也许就是不可控制的;下一级责任单位不可控制的成本,对于上一级责任单位来讲往往是可控的;短期内固定成本是不可控成本,但从长期看,企业可以调整固定资产支出,固定成本成为可控成本。了解可控成本的这种空间范围上的相对性,有助于分清各责任单位或个人的经济责任,以利于正确评价与考核其成本业绩,提出切实有效的建议与措施,使可控成本不断降低。

3.按物流成本的习性分

按物流成本的习性分为变动成本和固定成本。

变动成本是指成本总额随业务量的增减变化而近似成正比例增减变化的成本。

固定成本是指成本总额保持稳定,与业务量的变化无关的成本,成本总额在相关范围内不随业务量变动而变动的成本。

知识链接

在生产经营活动中,还存在半变动成本或半固定成本,也称为混合成本。其中受变动成本影响较大的称为半变动成本,而受固定成本的特征影响较大的称为半固定成本。对于混合成本,可按一定方法将其分解成变动与固定两部分,并分别划归到变动成本与固定成本中。实务中,固定成本还可根据其支出数额是否能够按计划改变进一步分为约束性固定成本和酌量性固定成本两类。约束性固定成本是指企业管理部门在日常活动中难以控制并改变其数额的固定成本,如运输设备等固定资产折旧额、一定货物的保险费、仓库等房屋设备租金、行政管理人员的薪金等。这些费用是企业经营业务必须负担的最低成本,是维持整个生产能力必不可少的成本,具有很大程度的约束性。酌量性固定成本是指企业管理部门在日常经营活动中可以控制并能够改变其数额的固定成本,如广告费、职工培训费等。但其支出的数额却可变,一般都是企业在会计年度开始前,斟酌企业的具体情况和下年度财务负担能力,对这类固定成本做出增加或减少的决策,因此也称为“随意性固定成本”。同时兼有变动成本和固定成本两种不同性质的成本,它们既不完全固定不变,又不完全随业务量成正比例变动,因而不能简单地归为固定成本或变动成本,因而称为“混合成本”。

在成本习性分析中我们常把 y 作为混合成本总额,x 作为业务量,a 作为固定成本总额,b 作为单位变动成本,bx 作为变动成本总额。写成数学模型就是:

$y=a+bx$

当已知 a、b 时,或者计算出 a 和 b 以后,该模型提供了一个比较简单的计算方法:即在一定的业务量 x 时,就有一定的 y 与之对应,换言之成本总额就可以计算出来了。在运输业务中就涉及许多我们常见的成本,比如人工成本、燃油成本、维护成本、线路成本、管理成本或其他成本,这些成本可以人为地分成随服务量或运量变化的变动成本和不随服务量或运量变化的固定成本等。

4.按物流成本计算的方法分

按成本计算的方法分为实际成本和标准成本。

实际成本是指企业在物流活动中实际耗用的各种费用的总和。相对于预计成本而言,实际成本是指已经发生,以凭证为依据,可以明确确认和计量的成本。

标准成本是通过精确的调查、分析与技术测定而制定的,用来评价实际成本、衡量工作效率的一种预计成本。在标准成本中,基本上排除了不应该发生的“浪费”,因此被认为是一种“应该成本”,能够体现企业的目标和要求,主要用于衡量物流过程的工作效率和控制成本。

知识链接

按照经营管理水平和生产技术,标准成本分为:

(1)理想标准成本

理想标准成本是在最优的生产条件下,利用现有规模和设备能达到的最低成本,是理论上的业绩标准、生产要素的理想价格和可能实现的最高生产能力的理想水平。理想标准成本很难成为现实,即使出现也不可能持久,通常不作为考核的依据,它的主要用途是提供一个完美无缺的目标,揭示成本下降的潜力。

(2)正常标准成本

正常标准成本是衡量物流运作绩效的手段,指在效率良好的条件下,根据下期一般应该发生的物流运作要素消耗量、预计价格和预计物流运作经营能力利用程度制定出来的标准成本。在制定这种标准时,把物流运作经营活动中一般难以避免的损耗和低效率情况也计算在内，使之切合下期的实际情况。这是一种经过努力才能达到的标准。

正常标准成本从数值上看，大于理想标准成本，小于以往平均实际成本。实施以后实际成本可能是逆差，是要经过努力才能达到的一种标准，因而可以调动员工成本管理的积极性。

5. 按物流成本在决策中的作用分

按物流成本在决策中的作用分为机会成本、可避免成本、重置成本、差量成本等。

机会成本是经济学原理中一个重要的概念。机会成本是指在面临多方案选择决策时，被舍弃的选项中的最高价值者是本次决策的机会成本。机会成本不是实际支付的成本，但企业在做出最优决策时必须考虑。在决策分析过程中，从多个可供选择的方案中选取最优方案而放弃次优方案，从而放弃了次优方案所能取得的利益就成为一种损失。机会成本为正确合理的选择提供了逻辑严谨、论据有力的依据，在进行决策时，力求机会成本小一些，以保证决策的最优化。

可避免成本是指当决策方案改变时某些可免予发生的成本，即在决策中，如果选择某个特定方案就可以消除的成本。可避免成本通常用于决定是否停止某产品的生产或终止某项经营业务等的决策。如果采纳该方案，有些成本就不会再继续发生，因而可以消除；如果不采纳该方案，则这些成本还会继续发生。因此，这类成本被称为可避免成本。

知识链接

与可避免成本相对应的一个概念是不可避免成本，它是指某项决策行动不能改变其数额的成本，也就是与某一特定决策方案没有直接联系的成本。其发生与否，并不取决于有关方案的取舍。一个方案的取舍与决策，主要看可避免成本。

重置成本所反映的是现时价值，是指企业重新取得与其所拥有的某项资产相同或与其功能相当的资产需要支付的现金或现金等价物。因此，它是现时投入价值的最佳计量。重置成本属性的主要缺点是重置成本的确定缺乏客观性。由于计量重置成本之日，在市场上所销售的商品的价格可能并非完全一致，加之销售条件等可能不完全相同，因此，在重置成本数额的确定过程中，不可避免地会带有一些主观因素。另外，在计量重置成本之日，由于技术进步等原因，企业有些资产也可能在市场上很难找到与之相同甚至相似的资产，这些资产的重置成本只能依靠估计，重置成本的确定由此更带有主观的成分。重置成本法比较适合物价上涨较快的环境，在管理人员进行决策的时候使用，可以比较客观地反映出人力资源的真实成本，有利于管理人员做出正确的判断。

差量成本也称差别成本、差等成本，是指两个不同方案之间的预计成本的差异数。在进行成本决策时，由于各个方案预计发生的成本不同，就产生了成本的差异。差量成本是进行成本决策的重要依据。差量收入是同差量成本相联系的一个经济概念,是指两个备选方案的收入差额。不同方案的优劣,在收入相等的情况下,要通过差量成本的比较来判断,如果差量成本为正数,说明两个方案中前者成本高,则应选择后者;反之,则应选择前者。在收入不等的情况下,可以通过差量损益的计算来判断,即通过差量收入是否大于差量成本来判定和选择最优方案。如果在两个方案的比较中,差量收入大于差量成本,则选择前者;反之,则选择后者。差量成本、差量收入的概念及其相互关系都是进行成本决策分析的重要内容。

6.按物流成本"冰山学说"理论分

根据物流成本"冰山学说"理论,物流成本分为包括显性成本和隐性成本。

显性成本是指在物流活动(如运输、仓储、包装、装卸、流通加工、物流信息系统)过程中发生的可计算的成本。如仓库租金、运输费用、包装费用、装卸费用、加工费用是显性成本,这部分物流成本通常都受到企业的高度重视。显性成本反映的是实际应用成本,可以在产品或者服务的价值中得到反映并具有可直接计算的特点。

隐性成本主要指物流系统内部损耗。因为物流系统内部各要素、各子系统之间总是会存在相互制约、相互对立的情况,而制度的设计总是不完备的,因而这时比系统最优运作时多发生的成本(或少获得的收益)就是物流系统损耗。这种损耗由于不是直接反映在物流成本的计算中,极容易被人们忽略,所以被叫作物流隐性成本。库存资金占用成本、库存积压降价处理等是隐性成本,相对于显性成本来说,这些成本隐蔽性大、难以避免、不易量化。

实例 1-1

根据物流成本的分类,结合厦门中外运物流有限公司的具体情况,对变动物流成本和固定物流成本进行分析。其 2022 年 1 月份的仓库流通加工组的成本资料如下:

(1)混合成本:当工时为 5 000 时,混合成本 3 000 元;当工时为 2 500 时,混合成本 2 500 元;

(2)电力消耗:每工时 0.8 元;

(3)材料消耗:每工时 1 元;

(4)折旧费:1 000 元;

(5)管理人员工资:4 000 元。

问题:(1)如何利用公式法将混合成本分解?

(2)根据以上的支出情况,列出成本计算的总公式。

解析:

要确定哪些是变动物流成本,哪些是固定物流成本,首先要明确物流成本性态的划分,进行合理的分析,将混合成本进行分解,然后列示固定物流成本与变动物流成本。

在成本习性分析中，我们常把 y 作为混合成本总额，x 作为业务量，a 作为固定成本总额，b 作为单位变动成本，bx 作为变动成本总额。写成数学模型就是：

$y=a+bx$

(1)将混合成本的相关数据代入公式：

$$\begin{cases}3\ 000=a+5\ 000b\\2\ 500=a+2\ 500b\end{cases}$$

可知混合成本中的固定物流成本与单位变动物流成本为：

$a=2\ 000$(元)

$b=0.2$(元/工时)

(2)折旧费 1 000 元和管理人员工资 4 000 元属于固定支出，电力消耗 0.8 元/工时和材料消耗 1 元/工时属于变动支出，所以：

固定成本＝1 000＋4 000＋2 000＝7 000(元)

单位变动成本＝0.8＋1＋0.2＝2(元/工时)

成本计算的总公式为：$Y=7\ 000+2x$

三、物流成本的构成

对物流成本的构成情况进行全面、系统的分析对物流管理具有重要意义。

1.社会物流成本的构成

社会物流成本是指国民经济活动中物流活动的各项费用支出的总和。通常情况下，用社会物流成本总额占 GDP 的比重来衡量一个国家的物流发展水平的高低。国家和地方政府可以通过制定物流相关政策、进行区域物流规划、建设物流园区等措施来推动物流及相关产业的发展，从而降低社会物流成本占 GDP 的比重。目前，各国对社会物流成本的测算方法也各不相同，我国在社会物流成本的测算方法上仍处于探索阶段。

目前，各国物流学术界和实务界普遍认同的一个社会物流成本计算的概念性公式为：

物流总成本＝运输成本＋存货持有成本＋物流行政管理成本

知识链接

美国、日本等发达国家对物流成本的研究工作非常重视，已经对物流成本持续进行了必要的调查与分析，建立了一套完整的物流成本收集系统，并对各年的资料加以比较，随时掌握国内物流成本变化情况以供企业和政府参考。

下面利用美国和日本等国家对社会物流成本的统计方法，来具体分析社会物流成本中运输成本、存货持有成本以及物流行政管理成本的构成内容。

(1) 美国社会物流成本的构成内容及计算方法

历年来，美国权威物流成本核算机构在计算物流成本时都采用下述公式：

物流总成本＝运输成本＋存货持有成本＋物流行政管理成本

该公式也是其在多年的实践中不断改进的结果，具有一定的普遍性。美国社会物流成本包括的三个部分有各自的构成内容，也有各自测算的办法。

①运输成本

运输成本＝公路运输＋铁路运输＋水路运输＋油料管道运输＋航空运输＋货运代理相关费用＋货主费用

运输成本包括公路运输、铁路运输、水路运输、航空运输、货运代理相关费用、油料管道运输与货主费用等。公路运输包括城市内运输费用与区域间卡车运输费用，货主费用包括运输部门运作及装卸费用。近十年来，美国的运输费用大体占国民生产总值的比重为6%，并且一直保持着这一比重，说明运输费用与经济的增长是同步的。

② 存货持有成本

存货持有成本＝利息＋税、折旧、贬值、保险＋仓储费用＋机会成本

存货持有成本是指花费在保存货物上的费用，除了包括仓储、残损、人力费用及保险和税收费用外，还包括库存占压资金的利息。其中利息是当年美国商业利率乘以全国商业库存总金额得到的。把库存占压的资金利息加入物流成本，这是现代物流与传统物流成本计算的最大区别，只有这样，降低物流成本和加速资金周转速度才从根本利益上统一起来。美国库存占压资金的利息在美国企业平均流动资金周转次数达到10次的条件下，约为库存成本的1/4，为总物流成本的1/10，其数额之大不可忽视。仓储费用既包括公用仓库费用，也包括私人仓库费用。美国存货持有成本约占存货价值的25%。

③物流行政管理成本

物流行政管理成本＝社会物流总额 ×社会物流平均管理费用率

物流行政管理成本应该包括订单处理、IT成本以及市场预测、计划制订和相关财务人员发生的管理费用。由于这项费用的实际发生额很难进行真正的统计，因此，在计算物流行政管理成本时，是按照美国的历史情况由专家确定一个固定比例，乘以存货持有成本和运输成本的总和得出的。从第一篇《美国物流年度报告》于1973年出版时起，就一直用4%乘以存货持有成本和运输成本之和作为物流行政管理成本数据。

根据2021年6月，美国供应链管理专业协会(CSCMP)发布的《第32次美国物流年报(2021)》，2020年美国社会物流总成本为1.56万亿美元，GDP为20.9万亿美元，社会物流总费用占GDP的比值约为7.4%。从具体项目费用来看，运输费用仍保持最大比例，达1.06万亿美元；库存费用次之，为0.38万亿美元；管理费用为0.12万亿美元。

如图1-1所示，2011—2020年，美国社会物流总成本占GDP的比率一直保持在8%以下，并呈逐年缓慢下降的趋势。

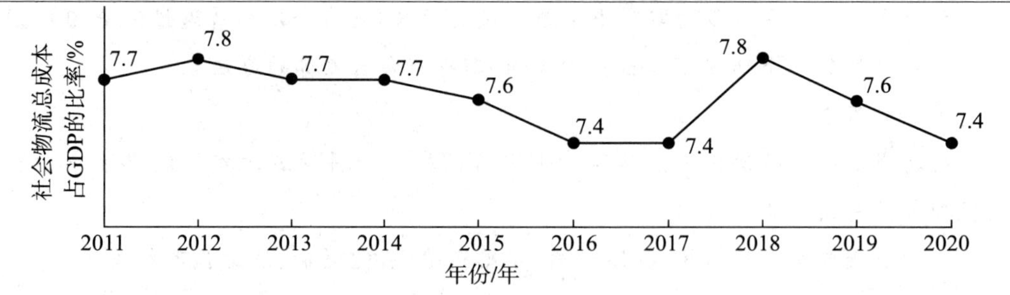

图 1-1 2011—2020 年美国社会物流总成本占 GDP 的比重

资料来源:CSCMP 供应链管理专业协会

美国的实践表明,物流成本中运输费用的比例大体不变,减少库存支出就成为降低物流成本的主要来源。减少库存支出就是要加快资金周转、压缩库存,这与同期美国库存平均周转期降低的现象是吻合的。因此,发展现代物流就是要把目标锁定在加速资金周转、降低库存水平上面。这是核心的考核指标。库存支出不仅仅是仓储的保管费用,更重要的是要考虑它所占有的库存资金成本,即存货占压资金的利息。理论上还应该考虑因库存期过长造成的商品贬值、报废等代价,尤其是产品周期短、竞争激烈的行业,如 PC 机、电子、家电等。总之,只有在物流成本中包含资金周转速度的内涵,才能真正反映出物流的作用,做出准确的评价。

(2) 日本社会物流成本的构成内容及计算方法

日本也是物流业发展很快的国家,日本的社会物流成本计算方法与美国略有区别,但从整体上看,也是有运输费、保管费和管理费三个部分。日本社会物流总成本公式中的一些比例和比率需要由专家估计。

日本社会物流总成本的公式:

社会物流总成本=运输费+保管费+管理费。

①运输费

在运输费方面,又分为货主企业支付给各种运输机构的营业运输费及自家运输费两种。营业运输费又分为卡车货运费、铁路货运费、内海航运货运费、国内航空货运费、货运站收入等多种。而自家运输费是以营业车平均行走一里的原价为基础,将自家卡车的行走里数、实际平均一日一车行走里数比、自家用卡车装载比率相乘而得出的。

运输费的公式如下:

运输费=营业运输费+自家运输费

其中,营业运输费=卡车货运费+铁路货运费+内海航运货运费+国内航空货运费+货运站收入;

自家运输费=营业用卡车平均行走一里的原价×自家卡车的行走里数×实际平均一日一车行走里数比×自家用卡车装载比率;

实际平均一日一车行走里数比=自家卡车实际平均一日一车行走里数比+营业用卡车实际平均一日一车行走里数比;

装载比率＝自家用卡车的平均装载率＋营业用卡车的平均装载率。

下面对确定运输费用的资料来源进行说明。

卡车货运费用：对卡车运输业支付的费用以该行业营业收入确定，其资料来自交通省编制的《铁路货运费》。

铁路货运费：对铁路货运业支付的费用以该行业营业收入确定，其资料来自交通省铁道局编制的《铁路统计年报》。

内海航运货运费：对内海航运业支付的费用以该行业营业收入确定，由于没有直接资料，则以该年度运输省海上交通局编制的《日本海运的现状》所记载的每家企业平均营业额乘上业者总数计算。

国内航空货运费：对国内航空货运业支付的费用以该行业的JAL、ANA、JAS三大公司的营业收入合计确定。

港湾运输货运费：对港湾运输业支付的费用以该行业营业收入确定，其资料由交通省海事局港运科提供。

货物运输承揽货运费：对货物运输承揽业支付的费用以该行业营业收入确定，其资料由交通省综合政策局复合货物流通科提供。

货运站收入：对货运站业支付的费用以该行业营业收入确定，其资料由交通省综合政策局货物流通设施科提供。

② 保管费

保管费是将日本经济企划厅编制的《国民经济计算年报》中的国民资产、负债余额中原材料库存余额、产品库存余额及流通库存余额的合计数乘上日本资材管理学会调查所得的库存费用比例和原价率得出的。这项保管费不是狭义的保管费，它不仅包括仓储业者的保管费或企业自有仓库的保管费，还包括仓库、物流中心的库内作业费用和库存所发生的利息、损耗费用等。

保管费的公式如下：

保管费＝(原材料库存余额＋产品库存余额＋流通库存余额)×原价率×库存费用比例

其中，库存费用比例＝利率除外的库存费用比例＋利率。

③管理费

物流管理费用无法用总体估计的方法求得，所以根据日本《国民经济计划年报》中的“国内各项经济活动生产要素所得分类统计”，将制造业和批发、零售业的产出总额，乘上日本物流协会根据行业分类调查出来的各行业物流管理费用比例0.5%计算得出。即：

管理费＝(制造业产出额＋批发、零售业产出额)×物流管理费用比例 0.5%

日本在社会物流成本规模估算上，将社会物流成本分为运输费、保管费、管理费三大类，以企业主所支付给物流业的营业物流成本，以及自己营运的自家物流成本合计而成。日本社会物流成本占GDP比重如图1-2所示。

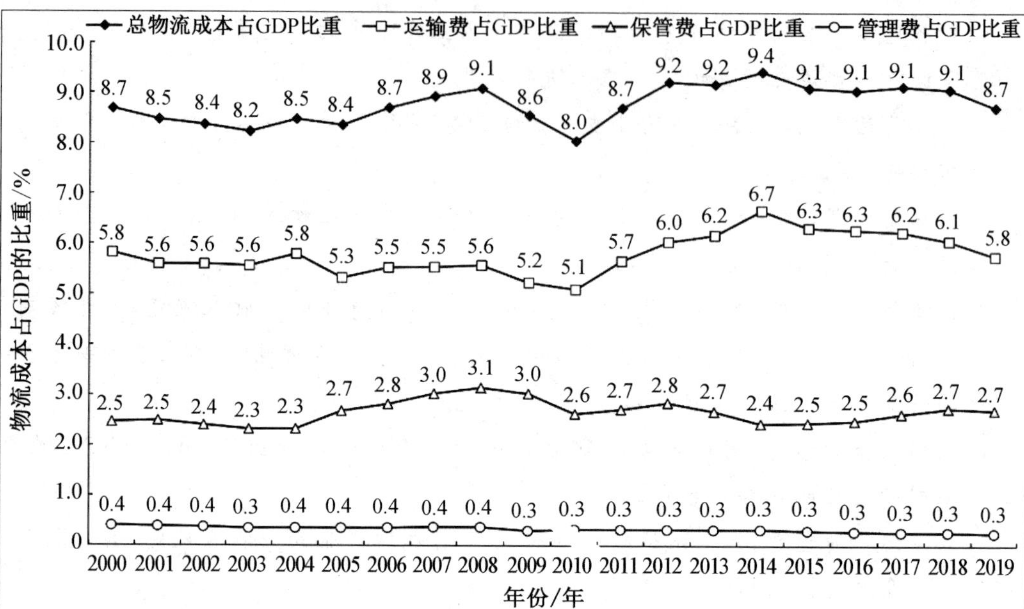

图 1-2　2000—2019 年日本社会物流总成本占 GDP 的比重

资料来源:2021 年度日本物流成本调查报告

(3)我国台湾地区物流成本的构成内容

我国台湾地区社会物流成本的构成由运输费、保管费和管理费三部分组成。计算公式如下:

运输费=营业运输费+自家运输费

其中,营业运输费=卡车运输费+铁路运输费+海上货运费+航空货运费+货物承揽运输费;

自家运输费=自家用卡车运输费。

保管费=利息费用+税+折旧+保险费用+仓储费用

管理费=(制造业物流管理费+批发零售业物流管理费)×管理费比例

运输费根据营业收入确定;保管费根据地区内库存金额确定,包括利息费用、税、折旧、保险费用、仓储费用;管理费根据制造业产值和批发零售业营业额之和乘以管理费比例(0.65%)确定。

(4)我国社会物流成本的构成

我国社会物流总成本的构成内容及计算方法,通常遵循国际惯例,以运输费用、保管费用、管理费用三部分组成统计类别。

运输费用=运费+装卸搬运等辅助费+运输附加费

保管费用=利息+仓储费用+保险费用+货物损耗费用+信息及相关服务费+配送费用+流通加工费用+包装费用+其他

管理费用=社会物流总额×社会物流平均管理费用率

社会物流总额是指一定时期内初次进入社会物流领域经社会物流服务已经或正在送达最终用户的全部物品的价值总额。它是一定时期内社会物流需求规模的价值量的表现，与货运量、物品周转量等指标共同反映社会物流需求规模。社会物流总额包括工业品物流总额、农产品物流总额、进口货物物流总额、再生资源物流总额、单位与居民物品物流总额。社会物流平均管理费用率是指报告期内各物品最初供给部门完成全部物品从供给地向最终需求地的社会物流活动中，管理费用额占部门物流总额比例的综合平均数。

根据中国物流与采购联合会的统计数据，2022 年全国社会物流总额为 347.6 万亿元，社会物流总费用 17.8 万亿元，社会物流总费用占 GDP 的比率为 14.7%，比 2021 年提高 0.1 个百分点。从结构看，运输费用 9.55 万亿元，增长 4.0%；保管费用 5.95 万亿元，增长 5.3%；管理费用 2.26 万亿元，增长 3.7%。近年来我国社会物流总成本占 GDP 的比率依然较高（如表 1-2 所示），美日等经济等发达国家的社会物流成本占 GDP 的比率基本保持在 8%左右，是我国社会物流总成本与 GDP 比值的一半，可见我国的物流效率与发达国家的水平还有较大的差距。

表 1-2　2013—2022 年我国社会物流总费用占 GDP 的比重

年份	社会物流总费用/万亿元	运输费用/万亿元	保管费用/万亿元	管理费用/万亿元	社会物流总费用占 GDP 比重/%
2013	10.2	5.4	3.6	1.3	18.0
2014	10.6	5.6	3.7	1.3	16.6
2015	10.8	5.8	3.7	1.4	16.0
2016	11.1	6.0	3.7	1.4	14.9
2017	12.1	6.6	3.9	1.6	14.6
2018	13.3	6.9	4.6	1.8	14.8
2019	14.6	7.7	5.0	1.9	14.7
2020	14.9	7.8	5.1	1.9	14.7
2021	16.7	9.0	5.6	2.2	14.6
2022	17.8	9.6	6.0	2.3	14.7

资料来源：国家统计局、中国物流与采购联合会

2.企业物流成本构成

根据我国《企业物流成本计算与构成》（GB /T20523—2006），物流成本指物流活动中所消耗的物化劳动和活劳动的货币表现。企业物流成本构成包括：企业物流成本项目构成、企业物流成本范围构成和企业物流成本支付形态构成三种类型，如图 1-3 所示。

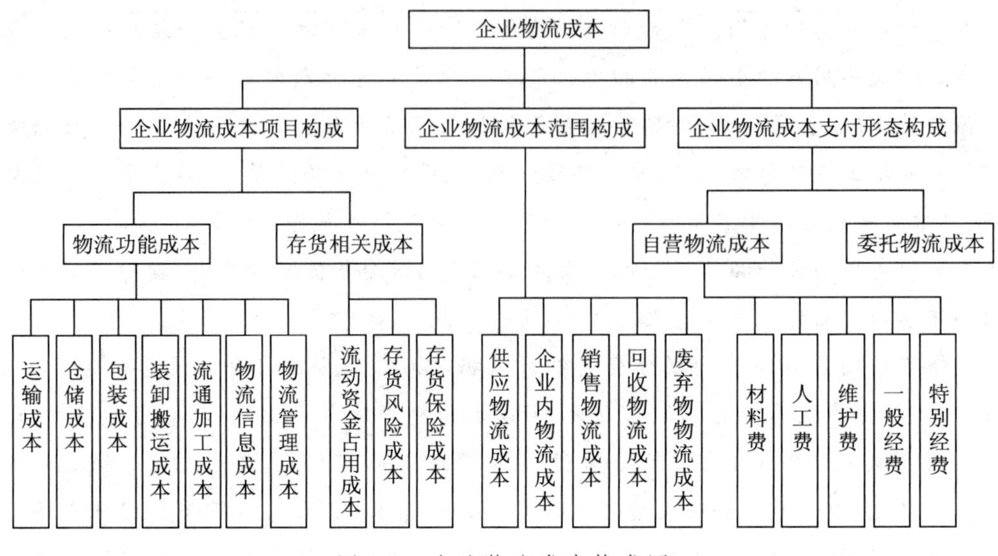

图 1-3　企业物流成本构成图

(1)物流成本项目类别构成

项目类别物流成本指以物流成本项目作为物流成本计算对象。按成本项目划分，物流成本由物流功能成本和存货相关成本构成。其中物流功能成本包括物流活动过程中所发生的包装成本、运输成本、仓储成本、装卸搬运成本、流通加工成本、物流信息成本和物流管理成本；存货相关成本包括企业在物流活动过程中所发生的与存货有关的资金占用成本、物品损耗成本、保险和税收成本。具体内容如表 1-3 所示。

表 1-3　企业物流成本项目构成表

成本项目			内容说明
物流功能成本	物流运作成本	运输成本	一定时期内，企业为完成货物运输业务而发生的全部费用，包括从事货物运输业务的人员费用、车辆（包括其他运输工具）的燃料费、折旧费、维修保养费、租赁费、养路费、过路费、年检费、事故损失费、相关税金等。
		仓储成本	一定时期内，企业为完成货物储存业务而发生的全部费用，包括仓储业务人员费用，仓储设施的折旧费、维修保养费、水电费、燃料与动力消耗等。
		包装成本	一定时期内，企业为完成货物包装业务而发生的全部费用，包括包装业务人员费用，包装材料消耗，包装设施折旧费、维修保养费，包装技术设计、实施费用以及包装标记的设计、印刷等辅助费用。
		装卸搬运成本	一定时期内，企业为完成装卸搬运业务而发生的全部费用，包括装卸搬运业务人员费用，装卸搬运设施折旧费、维修保养费、燃料与动力消耗等。
		流通加工成本	一定时期内，企业为完成货物流通加工业务而发生的全部费用，包括流通加工业务人员费用，流通加工材料消耗，加工设施折旧费、维修保养费、燃料与动力消耗费等。
	物流信息成本		一定时期内，企业为采集、传输、处理物流信息而发生的全部费用，指与订货处理、储存管理、客户服务有关的费用，具体包括物流信息人员费用，软硬件折旧费、维护保养费，通信费等。
	物流管理成本		一定时期内，企业物流管理部门及物流作业现场所发生的管理费用，具体包括管理人员费用、差旅费、办公费、会议费等。
存货相关成本	资金占用成本		一定时期内，企业在物流活动过程中负债融资所发生的利息支出（显性成本）和占用内部资金所发生的机会成本（隐性成本）。
	物品损耗成本		一定时期内，企业在物流活动过程中所发生的物品跌价、损耗、毁损、盘亏等损失。
	保险和税收成本		一定时期内，企业支付的与存货相关的财产保险费以及因购进和销售物品应交纳的税金支出。

（2）物流成本范围类别构成

范围类别物流成本指以物流活动的范围作为物流成本计算对象，具体包括供应物流、生产物流、销售物流、回收物流和废弃物流等不同阶段所发生的各项成本支出。具体内容如表 1-4 所示。

表 1-4 企业物流成本范围构成表

成本范围	内容说明
供应物流成本	经过采购活动，将企业所需原材料（生产资料）从供给者的仓库运回企业仓库为止的物流过程中所发生的物流费用。
生产物流成本	从原材料进入企业仓库开始，经过出库、制造形成产品以及产品进入成品库，直到产品从成品库出库为止的物流过程中所发生的物流费用。
销售物流成本	为了进行销售，产品从成品仓库运动开始，经过流通环节的加工制造，直到运输至中间商的仓库或消费者手中的物流活动过程中所发生的物流费用。
回收物流成本	退货、返修物品和周转使用的包装容器等从需方返回供方的物流活动过程中所发生的物流费用。
废弃物流成本	将经济活动中失去原有使用价值的物品，根据实际需要进行收集、分类、加工、包装、搬运、储存等，并分送到专门处理场所的物流活动过程中所发生的物流费用。

（3）物流成本支付形态类别构成

支付形态类别物流成本指以物流成本的支付形态作为物流成本计算对象，具体包括委托物流成本和企业内部物流成本。其中，企业内部物流成本其支付形态具体包括材料费、人工费、维护费、一般经费和特别经费。具体内容如表 1-5 所示。

表 1-5 企业物流成本支付形态构成表

<table>
<tr><th colspan="2">成本支付形态</th><th>内容说明</th></tr>
<tr><td rowspan="5">企业内部物流成本</td><td>材料费</td><td>资材费、工具费、器具费等。</td></tr>
<tr><td>人工费</td><td>工资、福利、奖金、津贴、补贴、住房公积金等。</td></tr>
<tr><td>维护费</td><td>土地、建筑物及各类物流设施设备的折旧费、维护维修费、租赁费、保险费、税金、燃料与动力消耗费等。</td></tr>
<tr><td>一般经费</td><td>办公费、差旅费、会议费、通信费、水电费、煤气费等。</td></tr>
<tr><td>特别经费</td><td>存货资金占用费、物品损耗费、存货保险费和税费。</td></tr>
<tr><td colspan="2">委托物流成本</td><td>企业向外部物流机构所支付的各项费用。</td></tr>
</table>

四、物流成本的特征

物流一直被认为是企业的第三利润源泉，在不少企业中，物流成本在企业销售成本中占了很大的比例，因而加强对物流活动管理的关键是控制和降低企业的各种物流费用。但是要加强物流成本管理，应了解企业活动中物流成本的特点与影响因素。物流成本的特征是从企业的物流实践中反映出来的物流成本的重要特性。

1. 物流成本的背反性

物流成本的二律背反一方面指的是物流的若干功能要素之间存在着一种此消彼

长、此盈彼亏的现象，往往导致整个物流系统效率的低下，最终会损害物流系统的功能要素的总体利益。如包装问题，在产品销售市场和销售价格皆不变的前提下，假定其他成本因素也不变，那么包装方面每少花一分钱，这一分钱就必然转到包装的收益上来，包装越省，利润越高。但是，一旦商品进入流通之后，如果简省的包装降低了产品的防护效果，造成了大量损失，就会造成储存、装卸、运输功能要素的工作劣化和效益减少，显然，包装活动的效益是以其他的损失为代价的，这就是这种二律背反的实证。对企业物流的决策者而言，研究企业物流成本时应该着眼于供应链的整体而不是某个局部的功能要素，也就是说，物流管理的目标是追求物流总成本的最优化。

2.物流成本的隐含性

物流成本的隐含性是指日本早稻田大学的物流成本学说权威西泽修教授提出来的“物流冰山说”。在传统的财务核算中，物流成本的计算总是被分解得支离破碎、难辨虚实。由于物流成本没有被列入企业的财务会计制度，制造企业习惯将物流费用计入产品成本；流通企业则将物流费用包括在商品流通费用中。因此，无论是制造企业还是流通企业，不仅难以按照物流成本的内涵完整地计算出物流成本，而且连已经被生产领域或流通领域分割开来的物流成本，也不能单独真实地计算并反映出来。从现代物流管理的角度来看，企业难以正确把握实际的企业物流成本。先进国家的实践经验表明，实际发生的物流成本往往要超过外部支付额的多倍以上。

3.物流成本的复杂性

由于物流活动涉及面广，物流成本归类科目众多、构成复杂，很多成本项目都无法准确掌握，有不少成本是物流部门不能控制的。产生物流的部门，也就是物流的发生源，是物流部门本部所不能控制的。因为产生物流需求的部门与管理物流的部门不统一，产生物流需求的部门是企业的生产、采购、销售等部门，管理这些部门所需的物流的部门是相对独立于这些部门的物流部门。生产部门的成本和物流的成本交融在一起，使物流成本的确定和核算相当复杂。这既是物流管理的难点，也是它的特点。我国大多数企业在理解和核算物流成本时采用的标准不同，企业根据自己对物流成本的理解来进行计算与控制的，缺乏统一的统计口径，这不仅影响到物流成本的准确性，也制约了物流成本在不同企业之间的可比性。

4.物流成本削减具有乘数效果

物流成本的控制对企业利润的增加具有显著作用。物流成本类似于物理学中的杠杆原理，物流成本的下降通过一定的支点，可以使销售额获得成倍的增长。而其上升一点，也可使销售额成倍的削减。例如，如果销售额为 100 万元，物流成本为 10 万元，那么物流成本削减 1 万元，不仅直接产生了 1 万元的利益，而且因为物流成本占销售额的 10%，所以间接增加了 10 万元的销售额，这就是物流成本削减的乘数效应。

实例 1-2

运输成本与库存成本的交替损益关系如图 1-4 所示。

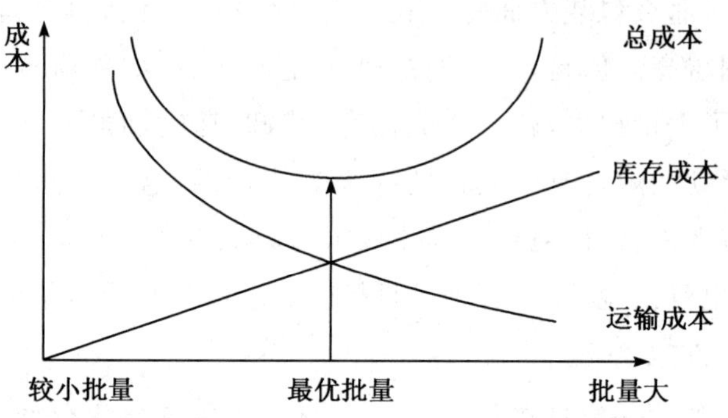

图 1-4　运输成本与库存成本的交替损益关系

问题：

1.解读上图的各项成本的特征和有效信息。

2.这些有效信息对物流成本的认识有何实际的意义？

解析：

1.上图的成本的曲线中，运输成本会随库存商品批量的增加而递减，而库存成本随商品批量的增加而增加，这充分表明了运输成本和库存成本之间存在交替损益的关系。如果为了节约运输成本而增加订货批量，减少运输次数，则可能造成库存积压和库存成本上升；反之，如果为了节约库存成本而减少订货批量，则可能会增加订货次数和运输次数，造成运输成本的上升。

2.库存成本和运输成本是物流成本的两个主要组成部分，占物流费用支出的绝大部分。如何做到在保持一定的客户服务水平的前提下，将库存控制和运输管理进行最佳均衡管理，降低库存成本和运输成本，使企业库存和运输成本趋于合理化，实现物流总成本最优，对企业物流而言是至关重要的。对企业物流的决策者而言，研究企业物流成本时应该着眼于供应链的整体而不是某个局部的功能要素，也就是说，物流管理的目标是追求物流总成本的最优化。

任务小结

物流成本是指物流活动中所消耗的物化劳动和活劳动的货币表现。对物流成本进行科学的分类是物流成本管理的重要基础，目前企业对物流成本的分类方法主要有：按物流成本的层次范围分、按照物流成本是否具有可控性分、按物流成本的习性分、按物流成本计算的方法分、按物流成本在决策中的作用分、按物流成本“冰山学说”理论分等。对物流成本的构成分析对物流管理具有重要意义，包括了解社会物流成本的构成和企业物流成本构成。物流成本的特点是从企业的物流实践中反映出来的物流成本的重要特性，包括物流成本的背反性、物流成本的隐含性、物流成本的复杂性、物流成本的乘数效果等。

任务二　物流成本管理认知

学习内容

1.物流成本管理的内容。

2.物流成本管理的意义。

3.物流成本管理的方法。

学习目标

1.认识物流成本管理的内容，理解物流成本管理的意义，掌握物流成本管理的方法。

2.能够运用物流成本管理模式，找出企业降低物流成本的途径。

3.树立正确的物流成本管理意识，正确运用物流成本管理的观念服务于物流管理各方面。

案例导入

中国物流成本为何要降

“降低全社会物流成本”“降低物流费用”“提高物流效率，降低物流成本”……这类提法，在很多政府文件中都能轻易找到。

各级政府每次出台提振经济、推动高质量发展的政策，“降低物流成本”几乎都是“必选项”。

2020 年 6 月 2 日，国务院办公厅转发国家发展改革委、交通运输部《关于进一步降低物流成本的实施意见》，再次要求深化关键环节改革，降低物流制度成本、要素成本、税费成本、信息成本、联运成本和综合成本，推动物流业提质增效，提升物流效率，加快恢复生产生活秩序。

近年来，中国社会物流成本水平保持稳步下降，但部分领域物流成本高、效率低等问题仍然突出。

影响物流成本的因素，既有结构、制度方面的，也有技术和管理方面的。为进一步降低物流成本，交通运输部研究制定了《降低交通运输物流成本工作方案》，将推进“结构性、制度性、技术性、管理性”降成本，巩固并扩大交通运输降低物流成本成果。

物流业贯穿一、二、三产业，衔接生产与消费，涉及领域广、发展潜力大、带动作用强。推动物流降本增效对促进产业结构调整和区域协调发展、培育经济发展新动能、提升国民经济整体运行效率具有重要意义。

资料来源：https://m.yicai.com/news/100654723.html

课前思考

1.什么是物流成本管理？

2.加强物流成本管理有哪些现实意义？

3.物流成本管理的方法有哪些？

成本管理是实现企业整体成本的最优目标，以成本信息的产生和利用为基础，用系统的观点审视企业活动过程，对企业成本进行分析、预测、决策、计划、控制和考核等一系列管理活动的总称。成本管理一般包括成本预测、成本计划、成本核算、成本分析、成本控制和成本决策等职能，是企业管理的一个重要组成部分，对于促进增产节支、加强经济核算、改进企业管理、提高企业整体管理水平具有重大意义。

知识学习

一、物流成本管理内容的认知

根据《中华人民共和国国家标准物流术语》(GB/T18354－2006）的解释，物流成本管理是对物流相关费用进行的计划、协调与控制。物流成本管理是通过管理成本去管理物流，即管理的对象是物流而不是成本。物流成本管理可以说是以成本为手段的物流管理方法。

物流成本管理的内容一般包括：物流成本预测、物流成本计划、物流成本核算、物流成本分析、物流成本控制和物流成本决策。

1.物流成本预测

物流成本预测是根据有关物流成本数据和获得的企业相关信息，运用一定的技术方法，对未来的物流成本水平及其变动趋势做出科学的估计。在物流成本管理的运输管理、库存管理以及流通加工等环节都存在着成本预测问题。成本预测的目的在于寻找降低成本的途径，挖掘降低成本的潜力。成本预测是成本决策、成本计划和成本控制的基础，为成本决策、编制成本计划、进行成本控制提供科学的依据，可以提高物流成本管理的科学性和预见性。

2.物流成本计划

物流成本计划也叫成本预算，是指在成本预测的基础上结合有关资料，采用定性与定量的方法选择最优成本方案的过程。根据成本决策所确定的方案、计划期的生产任务、降低成本的要求以及有关资料，通过一定的程序，运用一定的方法，以货币形式规定计划期物流各环节的耗费水平和成本水平，并提出保证成本计划顺利实现所采取的措施。物流成本计划的目的在于对每一个环节、每一个过程都选择最优的方案从而达到整体最优效果，为降低物流成本提出明确的目标。

3.物流成本核算

物流成本核算是根据企业确定的物流成本计算对象，采用相适应的成本计算方法，按照规定的成本项目，通过物流费用归集与分配的一定程序与方法，最终计算出各项物流活动或作业的实际总成本和单位成本。成本核算既是对物流过程中的实际耗费情况进行归集、分配及对象化的过程，也是对各种劳动耗费进行信息反馈和控制的过程。物流成本核算是物流成本管理的前提，其目的在于通过对实际成本核算资料与计划成本、目标成本的比较，了解成本计划的完成情况，同时为编制下期成本计划、进行成本预测和决策提供资料，为制定成本价格提供依据。

4.物流成本分析

物流成本分析是在成本核算及其有关资料的基础上，运用一定的技术经济分析方法，计算成本完成情况和成本差异额，并分析产生差异的原因的过程。通过成本分析，揭示一定时期内物流成本水平的变动程度，查明影响物流成本变动的各种因素。物流成本分析的目的，在于总结成本管理工作中的成绩，找出存在的问题，提出解决问题的办法，为掌握成本变动的规律提出改进的措施，从而有效地控制物流成本。

5.物流成本控制

物流成本控制是根据计划目标，对成本的发生和形成过程以及影响成本的各种因素和条件施加主动的影响，及时发现并纠正发生的偏差，采取措施，以保证实现物流成本控制目标的一种行为。成本控制一般按成本费用发生时间的先后分为成本的事前控制、事中控制和事后控制三个阶段。物流成本控制是物流成本管理的中心环节，其目的在于通过成本控制使物流成本按照事先测算确定的成本水平进行，防止与克服经营过程中损失和浪费现象的发生，使企业的人力、物力、财力得到合理利用，以达到减少各项消耗、保证物流成本降低目标的实现，提高经济效益。

6.物流成本决策

物流成本决策是在成本预测的基础上，结合其有关成本资料，运用定性与定量的科学方法，从若干个备选方案中选择一个最佳成本方案的过程。成本决策与成本预测紧密相连，它以成本预测为基础，是成本管理不可缺少的一项重要职能，它对于正确地制订成本计划、促使企业降低成本、提高经济效益都具有十分重要的意义。成本决策贯穿于整个生产经营过程，涉及面广，因此，在每个环节都应选择最优的成本决策方案，才能达到总体的最优。成本决策贯穿于企业经营的全过程，需要各部门共同参与并树立成本意识，并作为控制与考核成本的重要依据。

综上所述，物流成本管理的六个步骤是相互配合、相互依存的有机整体。物流成本预测是成本决策的前提；成本计划是成本决策所确定目标的具体化；成本控制是对成本计划的实施进行监督，以保证目标的实现；成本核算是对成本形成过程与结果的记录与反映，是物流成本管理的基础工作；成本分析既是对成本目标是否实现的检验，也是对其差异成因的确定。

知识链接

高职物流管理专业的学生从物流成本管理课程学到了什么?

随着物流产业的发展,物流成本管理在物流企业中的重要性更加突出,成为物流产业不可或缺的关键环节。物流成本管理相关专业人才备受业内人士的重视,企业的需求也越来越大。在物流企业中,无论是直接从事物流成本管理的工作,如物流成本核算专员、物控员,还是间接从事与物流成本管理的相关工作,如仓管员、配送员,成本管理都伴其左右,由此可见物流成本管理的重要性。

该课程的学习目标是培养学生物流成本管理的成本预测、成本计划、成本核算、成本控制、成本分析、成本决策等基本技能以及物流各主要环节的成本管理的能力,初步具备预测、计划、核算、分析、控制物流成本的工作能力,具备诚实、守信、善于沟通和合作的品质,为物流企业的发展提供优质的人才支撑。引导学生以物流成本管理作为项目导向、成本计算作为任务驱动进行物流管理实践,让学生在实践中领悟课程内涵,使学生掌握并丰富物流成本管理课程知识,为提高学生的物流成本管理技能和实践应用能力提供有效支撑,为他们今后走上工作岗位打下坚实的基础。

二、物流成本管理的意义

物流成本管理是物流管理的重要内容,而物流成本管理最基本的任务在于降低物流成本与提高物流服务水平。通过对物流成本的有效把握,利用物流要素之间的效益背反关系,科学、合理地组织物流活动,加强对物流活动过程中费用支出的有效控制,降低物流活动中的物化劳动和活劳动的消耗,从而达到降低物流总成本、提高企业的社会经济效益的目的。

物流成本管理的意义可从宏观和微观两个层面加以理解。

1.宏观层面

在任何经济发展时期,社会资源都是有限的,提高资源的利用效率,以最低的投入获得最大的产出,是宏观经济的基本要求。加强物流成本管理,可以使社会物流活动趋于合理化,有效地降低物流环节的损失,优化资源配置,提高经济运行质量。以物流成本为手段的物流管理,可以促进新的产业形态的形成,优化区域产业结构。现代物流企业的本质是第三产业,是现代经济分工和专业化高度发展的产物,物流产业结构的优化将对第三产业的发展起到积极的促进作用。物流成本的下降,用尽可能少的资源投入和消耗,创造出尽可能多的服务价值,从而推动资源节约型社会的创建。

2.微观层面

物流长期以来一直被称为企业的第三个利润源泉,在不少企业中,物流成本占了企业生产经营总成本的大部分,因此降低物流成本是每个企业想要解决的问题,而降低物流成本的关键在于加强物流成本管理。在其他条件不变的情况下,降低物流成本就意味着扩大企业的利润空间,提高企业的利润水平。物流成本的降低,有利于增强企业竞争优势,包括产品价格方面的竞争优势和服务质量的竞争优势。通过物流成本管理,可以优化物流方案,能给供应链上的企业带来丰厚的利润;通过物流成本节约,能盘活资金链,实现企业低成本、高效率运作。这样企业就能以最优质的服务赢得最高的客户满意度,最终实现企业物流的可持续发展。

实例 1-3

厦门中外运物流有限公司的物流成本管理

厦门中外运物流有限公司以保税物流为主要仓储物流业务。其业务资源有两大类,一类是外运国际物流中心(自有库),按照现代化立体仓库标准建造,拥有15 200平方米的仓库面积,具备国家海关保税仓库的资格,其中一层仓库面积8 000平方米,二层仓库面积 7 200 平方米(建立 7 700 个立体库位)。另一类是平面普通仓库(租赁库),达 10 000 平方米,属于公用型非保税仓库,紧邻厦门港区。此外还有5 000多平方米的露天堆场,能堆存一般化工品、钢材、大型机械等货物,能满足客户的批量需求。

厦门中外运物流主营仓储、保税区内集拼、综合物流、仓单质押、项目物流。主要业务成本包含:人工、装卸、拖车、理货、报关,自有仓库的有折旧、相关税费,外租的则有仓库租金。各项成本中只有人工成本是比较可控的,其他成本由于市场化的原因,都很透明,议价空间也比较小,至于折旧和相关税费更是无法调整。要控制人工成本有两种方法:(1)降低人工工资,但一般不采取;(2)减员增效。公司在项目部的成本管控主要采用第二种。

项目部操作特点:项目部主要是操作 DELL 项目,由于 DELL 是 24 小时生产面对全球供货的,因此项目部这个仓库也是 24 小时作业,这和其他项目每天 8 小时作业是不一样的。原先人员安排是三班倒,每班 10 人,需要员工 30 人。但在实际操作中发现,海关集中查验放货是在下午 4 点以后,仓库在下午 4 点到 8 点间的货量是最集中的,而在深夜 12 点后货量急剧下降,仅占全天操作量的 10%。根据这些特点,项目部进行重新排班,早班:08:00—17:30,12 个人;中班:15:30—24:00,8 个人;晚班:00:00—08:00。经过重新排班后,人员由原先的 30 人减少到 25 人,而在业务高峰期的 15:30—17:30,有 20 人在实际操作,使货物出入库的时间大大缩短,提高了效率,一年节约人工成本 21 万。

三、 物流成本管理的方法

物流成本管理的常用方法主要包括比较分析法、综合评价法、排除法以及责任管理法。企业可根据物流成本管理的需要进行选择利用,以有效地降低物流成本。

1.比较分析法

比较分析法是将实际达到的数据与特定的各种标准相比较,从数量上确定差异,并进行分析或者趋势分析的一种分析方法。

（1）横向比较：把企业的供应物流、生产物流、销售物流、退货物流和废弃物物流（有时包括流通加工和配送）等各部分物流费分别计算出来，然后进行横向比较，看哪部分发生的物流费用最多。如果是供应物流费用最多或者异常多，则再详细查明原因，堵住漏洞，改进管理方法，以便降低物流成本。

（2）纵向比较：把企业历年的各项物流费用与当年的物流费用加以比较，如果增加了，再分析一下为什么增加，在哪个地方增加了，增加的原因是什么。若增加的是无效物流费，则应立即改正。

（3）计划与实际比较：把企业当年实际开支的物流费与原来编制的物流预算进行比较，如果超支了，分析一下超支的原因，在什么地方超支，这样便能掌握企业物流管理中的问题和薄弱环节。

2.综合评价法

综合评价法是通过对物流成本的综合效益研究分析，发现问题，解决问题，从而加强物流管理的方法。

比如采用集装箱运输，一可以简化包装，节约包装费；二可以防雨、防晒，保证运输途中的物品质量；三可以起仓库作用，防盗、防火。但是，如果包装由于简化而降低了包装强度，货物在仓库保管时则不能往高堆码，会导致浪费库房空间，降低仓库保管能力。由于简化包装，可能还影响货物的装卸搬运效率等。那么，利用集装箱运输是好还是坏呢？这就要用物流成本计算这综合的尺度来综合评价，分别算出上述各环节物流活动的费用，经过全面分析后得出结论。

3.排除法

在物流成本管理中有一种方法叫活动标准管理（activity based management，ABM）。其中一种做法就是把物流相关的活动划分为两类，一类是有附加价值的活动，如出入库、包装、装卸等与货主直接相关的活动；另一类是非附加价值的活动，如开会、改变工序、维修机械设备等与货主没有直接关系的活动。其实，在商品流通过程中，如果能采用直达送货，则不必设立仓库或配送中心，实现零库存，等于避免了物流中的非附加价值活动。如果将上述非附加价值的活动加以排除或尽量减少，就能节约物流费用，达到物流管理的目的。

4.责任划分法

在生产企业里，物流的责任究竟在哪个部门？是物流部门还是销售部门？客观地讲，物流本身的责任在物流部门，但责任的源头却是销售部门或生产部门。分清责任有利于控制物流总成本，防止销售部门随意改变配送计划，杜绝无意义、不产生任何附加价值的物流活动。

5.基于价值链的成本管理方法

基于价值链的成本管理理论关注企业的整个经济活动过程，从产品原料的采购、生产到销售、售后服务，其重点在于确认企业占据价值链中的哪一部分或哪些部分，从而分析采用何种组合才能达到总成本最小、总价值最大的目标。价值链之间的竞争在很多情形下也表现为价值链的成本竞争。基于价值链的成本管理不仅要考虑核心企业自身的利益，而且要考虑价值链相关企业，如供应商、分销商等企业的利益。建立信息共享、利益双赢、风险共担的合作机制。

实例 1-4

怎样合理降低采购成本?

陈舒是一名在校的物流管理专业的大三学生，已经取得了采购师和物流师的职业资格证书，正在多方寻找就业机会，一天在招聘网站看到一家企业招聘采购员的职位要求：

1.了解供应商的开发和管理，能控制公司的采购成本支出，工作中时刻保持成本控制的意识；

2.良好的沟通能力、判断能力、谈判技巧、甄别筛选的能力；

3.对合同法及基本商业法规有基本的了解；

4.大专及以上学历，商贸类相关专业，能熟练使用常用办公软件和网络应用；

5.完成上级领导布置的其他工作。

陈舒通过对采购师职位技能的分析，总结出要成为一名合格的采购员，最重要的就是要有控制采购成本的能力。

如何控制公司的采购成本支出？陈舒总结了如下几点：

1.事先制订合理的采购计划，查询当前市场行情，掌握影响成本的因素和事件；事中寻找多家合格厂商的报价，制作底价或预算，运用议价技巧；事后选择价格适当的厂商签订合约，利用数量或现金折扣。

2.熟悉采购价格构成：供应商成本的高低，规格与品质，采购物料的供需关系，生产季节和采购时机，交货条件，付款条件。

3. 熟悉采购商品成本构成：工程或制造的方法，所需的特殊工具、设备，直接及间接材料成本，直接及间接人工成本，制造费用或外包费用，营销费及税费、利润等。

4.采购员必须以采购要求，根据市场行情，分析物料的质量状况和价格变动情况，选择物美价廉的物料进行购买。

5.判断采购价格是否合理：进行成本分析、价格分析、市场调研，多家厂商报价。

6.寻找供应商：利用现有的资料，采用公开征求的方式，通过同业介绍、阅读专业刊物、协会或采购专业顾问公司、参加产品展示会。

采购员上述多方面职业能力的培养，是可以从物流成本管理课程中去学习的，包括物流成本预测、物流成本计划、物流成本核算、物流成本分析、物流成本控制和物流成本决策等内容。

任务小结

物流成本管理是对物流相关费用进行的计划、协调与控制。物流成本管理是通过管理成本去管理物流，即管理的对象是物流而不是成本。物流成本管理可以说是以成本为手段的物流管理方法。物流成本管理的意义可从宏观和微观两个层面加以理解。物流成本管理的方法主要包括比较分析法、综合评价法、排除法责任管理法以及基于价值链的成本管理方法。

项目小结

本项目主要对物流成本和物流成本管理进行认知和学习。通过学习，了解物流成本的概念、分类、构成及特征，掌握物流成本管理的内容，理解物流成本管理的意义和方法。本项目的学习难点是对物流成本管理内容的理解，建议结合企业实际案例帮助学生理解。树立学生对成本—收益的基本意识。明确学习《物流成本管理》这门课程的意义和作用，树立学好该门课程的信心，掌握正确的学习方法。

教学分享

1.学习课时：建议 4 课时(其中理论学习 2 课时，实践 2 课时)

2.教学方法

建议采用讲解、体验式教学(包括视频资料学习、参观物流企业、网络平台的资源学习等)、小组讨论、案例教学等方法。应把握的知识重点包括：物流成本认知和物流成本管理认知。

3.学习环境要求

(1)学习场地：①多媒体教室。
　　　　　　② 典型物流企业。

(2)学习资料：①物流成本实训软件。
　　　　　　②视频资源。
　　　　　　③课程网络资源。

课后习题

一、单项选择题

1.物流成本的降低，对(　　)具有乘数效应。

A.企业利润的减少　　B.企业资产的增加

C.企业利润的增加　　D.企业资产的减少

2.物流活动中所消耗的物化劳动和活劳动的货币表现称为(　　)。

A.物流收益　B.物流成本　C.物流价值　D.物流价格

3.效益背反理论主要包括(　　)与服务水平的效益背反和物流各功能活动的效

益背反。

A.物流价格　B.物流收益　C.物流价值　D.物流成本

4.降低物流成本是企业的(　　)。

A."第一利润源泉"　B."第二利润源泉"

C."第三利润源泉"　D."第四利润源泉"

5.与存货有关的流动资金占用所发生的机会成本是(　　)。

A.显性成本　B.弹性成本　C.实际成本　D.隐性成本

6.著名的管理学权威彼得·德鲁克曾经讲过:"(　　)是经济领域里的黑暗大陆。"

A.仓储　B.运输　C.流通　D.配送

7.下面关于"社会物流总成本的构成"不正确的说法是(　　)。

A. 运输成本　B.存货持有成本

C. 物流行政管理成本　D.仓储和信息成本

8.(　　)是物流成本管理的中心环节。

A.物流成本核算　B.物流成本控制

C.物流成本分析　D.物流成本预测

9.降低物流成本的目的是追求(　　)的最小化。

A.局部物流成本　B.各个部门的物流成本

C.设备费、运输费、仓储费　D.物流总成本

10.物流成本管理的对象是(　　)。

A.物流　B.成本　C.物流费用　D.运输费用

11.(　　)是根据有关成本数据和企业具体的发展情况,运用一定的技术方法,对未来的成本水平及其变动趋势做出科学的估计。

A.物流成本预测　B.物流成本分析

C.物流成本决策　D.物流成本核算

12.(　　)是指运用预算的方法,设定成本费用标准,将实际物流成本(费用)与预算标准作比较,发现并纠正不利差异,提高经济效益。

A.物流成本降低　B.物流成本控制

C.物流成本预测　D.物流成本分析

13.在物流成本管理方法中,下列选项不是比较分析中的内容的是(　　)。

A.横向比较　B.纵向比较

C.综合比较　D.计划与实际比较

二、判断题

1.(　　)物流成本是指在物流过程中企业为了提供有关的物流服务要占用和耗费的一定的活劳动和物化劳动中必要劳动时间的货币表现,是物流服务价值的重要组成部分。

2.(　　)企业物流信息系统的管理与维护费用随着信息流量的变化而变化。

3.(　　)物流成本管理是企业物流管理的核心内容。

4.(　　)"物流冰山"学说是日本早稻田大学西泽修教授提出的。

5.(　　)按照"物流成本冰山说",企业内部消耗的物流费用小于企业向外支付的委托物流费用。

6.(　　)宏观物流成本是核算一个国家在一定时期内发生的物流总成本,是不同性质企业微观物流成本的总和。

7.(　　)物流成本管理的最终目标就是要在保证在一定物流服务水平的前提下实现物流成本的降低。

8.(　　)社会宏观物流成本是流通企业物流成本的综合。

9.(　　)物流成本在产品成本中占有很大比重,在其他条件不变的情况下,降低物流成本意味着扩大了企业的利润空间提高了利润水平。

10.(　　)物流成本管理的前提是编制物流成本预算。

三、思考题

1.什么是物流成本?

2.物流成本的构成有哪些?

3.物流成本如何分类?

4.简述物流成本的特性。

5.简述物流成本管理的内容、意义和方法。

技能训练

1.查找某企业成本分析数据统计表,对其中的物流成本做出评价,找出其物流成本过高的环节,并提出有效降低成本的方案或者措施。

2.小组讨论分析:为什么中国企业的物流成本高?

教学评价

班级＿＿＿＿＿ 学号＿＿＿＿＿ 姓名＿＿＿＿＿ 成绩＿＿＿＿＿

项目一知识技能测评表

<table>
<tr><th>学习任务</th><th>分项评价指标</th><th>学生学习结果评价</th></tr>
<tr><td rowspan="4">任务一：物流成本认知</td><td>物流成本的概念</td><td>A(　　) B(　　) C(　　)</td></tr>
<tr><td>物流成本的分类</td><td>A(　　) B(　　) C(　　)</td></tr>
<tr><td>物流成本的构成</td><td>A(　　) B(　　) C(　　)</td></tr>
<tr><td>物流成本的意识</td><td>A(　　) B(　　) C(　　)</td></tr>
<tr><td rowspan="3">任务二：物流成本管理认知</td><td>物流成本管理的内容</td><td>A(　　) B(　　) C(　　)</td></tr>
<tr><td>物流成本管理的意义</td><td>A(　　) B(　　) C(　　)</td></tr>
<tr><td>物流成本管理的方法</td><td>A(　　) B(　　) C(　　)</td></tr>
<tr><td colspan="3">学生自我评价：</td></tr>
<tr><td colspan="3">学生对教学有何建议：</td></tr>
<tr><td colspan="3">教师总体评价：

年　　月　　日</td></tr>
</table>

说明：在(　　)中打√，A表示理解掌握，B表示基本理解掌握，C表示未理解掌握。

◆ 项目二 ◆ 物流成本核算

知识目标

1.了解物流成本核算的特点、物流成本核算模式；

2.理解物流成本核算的含义、构成和特征；

3.掌握物流成本核算对象、程序和方法。

技能目标

1.能够根据企业情况选择合适的物流成本核算模式；

2.能够运用作业成本法核算物流成本。

思政目标

1.树立正确的职业观；

2.培养工匠精神；

3.遵守法律法规。

任务一　物流成本核算认知

学习内容

1.物流成本核算的含义；

2.物流成本核算的对象；

3.物流成本核算的特点；

4.物流成本核算的程序；

5. 物流成本核算模式的选择。

学习目标

1.理解物流成本核算的含义，把握物流成本核算对象、特点和程序；

2.能够根据企业情况选择物流成本核算模式；

3.学会编制物流成本核算表。

案例导入

小林是厦门中外运物流有限公司的刚入职的成本核算工作人员。面对企业发生的各项成本数据，无从下手。现行的会计核算制度中没有物流成本科目，许多工商类企业经营活动中与物流相关的费用分散在企业的成本费用类会计科目中。

应当如何整理并理顺各项物流成本呢？经过思路整理，小林明白首先要明确物流成本核算的对象，了解物流成本核算的特点，根据物流成本核算的原则，选择恰当的物流成本核算模式，为具体的物流成本核算奠定必要的基础。

课前思考

1. 什么是物流成本核算？
2. 应当如何确认物流成本核算对象？
3. 应当如何把握物流成本核算的程序？
4.物流成本核算模式有哪些？

知识学习

一、物流成本核算的含义

物流成本核算是根据企业确定的成本计算对象，采用相应的成本计算方法，按照规定的成本项目，通过一系列物流费用的汇集与分配，从而计算出各物流环节的成本计算对象的实际总成本和单位成本。成本核算既是对物流过程中的实际耗费情况进行归集、分配及其对象化的过程，也是对各种劳动耗费进行信息反馈和控制的过程。

从物流成本管理系统来看，物流成本核算的意义在于通过对实际成本核算资料与计划成本、目标成本的比较，了解成本计划的完成情况，同时为编制下期成本计划、进行成本预测和决策提供资料，并为制定成本价格提供依据。物流成本管理的前提是物流成本计算，只有搞清物流成本的大小，才能够实施物流成本分析，编制物流成本预算，控制物流成本支出。

二、物流成本核算的对象

如何将物流成本准确计算出来？认识物流成本，不能只停留在概念本身的理解上，还必须对物流成本的计算对象和范围、计算方法等有一个全面掌握。

根据我国《企业物流成本构成与计算》(GB /T20523－2006)：物流成本计算以物流成本项目、物流范围和物流成本支付形态三个维度作为成本计算对象。物流成本表包括成本项目、范围和支付形态三个维度，具体包括主表企业物流成本表(见表 2-1)和附表企业内部物流成本支付形态表(见表 2-2)。

表 2-1 企业物流成本表(主表)

编制单位: 年 月 单位:元

成本项目			范围及支付形态																	
			供应物流成本			企业内物流成本			销售物流成本			回收物流成本			废弃物流成本			物流总成本		
			内部	委托	小计	内部	委托	小计	内部	委托	小计	内部	委托	小计	内部	委托	小计	内部	委托	小计
物流功能成本	物流运作成本	运输成本																		
		仓储成本																		
		包装成本																		
		装卸搬运成本																		
		流通加工成本																		
		小计																		
	物流信息成本																			
	物流管理成本																			
	合计																			
存货相关成本	资金占用成本																			
	物品损耗成本																			
	保险和税收成本																			
	其他成本																			
	合计																			
物流总成本																				

表 2-2 企业内部物流成本支付形态表(附表)

编制单位:年 月 单位:元

成本项目			内部支付形态																	
			材料费			人工费			维护费			一般经费			特别经费			合计		
物流功能成本	物流运作成本	运输成本																		
		仓储成本																		
		包装成本																		
		装卸搬运成本																		
		流通加工成本																		
		小计																		
	物流信息成本																			
	物流管理成本																			
	合计																			

续表

成本项目		内部支付形态					
		材料费	人工费	维护费	一般经费	特别经费	合计
存货相关成本	资金占用成本						
	物品损耗成本						
	保险和税收成本						
	其他成本						
	合计						
物流总成本							

现行的会计核算制度和核算方法不能掌握物流成本的实际情况，在财务会计中把生产经营费用大致分为生产成本、管理费用、销售费用、财务费用等，因此，在损益表所能看到的物流成本在整个销售额中只占极少的比重。只有对物流成本进行全面的计算，分析出混在有关成本费用中的物流成本，才能对物流成本进行全面、有效的管理。

▶▶▶▶ 任务导入 ▶▶▶

厦门中外运物流有限公司 2023 年 1 月份经分析并汇总的各项物流成本的数据如下：

运输环节的成本共计 213 060 元，其中 180 500 元为委托外包运输来完成；

仓储成本共计 38 000 元，全部为企业内部费用；

装卸搬运成本共计 32 000 元，其中 12 500 元为委托外包来完成；

流通加工成本共计 22 000 元；

物流信息成本共计 1 200 元；

物流管理成本共计 12 000 元；

库存货物的流动资金占用利息支出共计 32 000 元；

存货的保险费支出共计 9 000 元。

任务描述：请根据上述成本数据编制企业物流成本主表。

▶▶▶▶ 任务实施 ▶▶▶

第一步：明确物流成本项目，理解物流成本的核算对象。

物流成本计算以物流成本项目、物流范围和物流成本支付形态三个维度作为成本计算对象。

第二步：编制企业物流成本主表，如表 2-3 所示。

表 2-3 厦门中外运物流有限公司物流成本表(主表)

2023 年 1 月 31 日 单位:元

成本项目			物流总成本		
			自营	委托	成本项目合计
物流功能成本	物流运作成本	运输成本	32 560	180 500	213 060
		仓储成本	38 000		38 000
		包装成本			
		装卸搬运成本	19 500	12 500	32 000
		流通加工成本	22 000		22 000
	小计		112 060	193 000	305 060
	物流信息成本		1 200		1 200
	物流管理成本		12 000		12 000
	合计		125 260	193 000	318 260
存货相关成本	资金占用成本		32 000		32 000
	物料损耗成本				
	保险和税收成本		9 000		9 000
	其他成本				
	合计		41 000		41 000
物流总成本			166 260	193 000	359 260

三、物流成本核算的特点

我国《企业物流成本构成与计算》(GB /T20523—2006)虽然从物流成本计算的成本项目、范围和支付形态三个维度进行了确定,但目前我国物流成本计算与传统生产成本计算相比还存在不少问题,呈现出不同的特点,主要表现在下面几个方面。

1.物流成本计算的范围太大,计算要素难以确定

物流成本计算的范围太大,计算要素难以确定,以不同的对象计算物流成本的结果相差很大。物流成本的计算难以归集,一些非物流费用与物流费用很难界定清楚。比如,向外部支付的运输费、保管费、装卸费等费用一般都容易列入物流成本,可是本企业内部发生的物流费用,如与物流相关的人工费、物流设施建设费、设备购置费,以及折旧费、维修费、电费、燃料费等是否也列入了物流成本中呢?此类问题的确定都与物流成本的大小直接相关。

2.按现行会计核算制度计算物流成本难度很大

现行会计核算制度不支持物流成本计算,没有单独设置物流成本科目,对物流成本没有分列记账,而是将企业所有的成本都分列在不同的成本费用项目中,如“材料采购”、“管理费用”、“销售费用”及“财务费用”等账户中进行混合核算。根据现行会计核算制度,购买原材料所支付的物流费用计算在原材料的成本中,工厂生产的产品从工

厂运到销售点的物流成本计算在销售费用中;另外,与物流有关的利息支出是计入财务费用中的。所以,传统的会计核算体系不能提供足够的物流成本分摊数据,如果把这些由“原材料”、“主营业务成本”、“营业费用”、“财务费用”等科目核算的与物流有关的费用划分出来,并单独加以汇总计算在操作上存在很大的难度,操作成本也会很高。在企业的物流管理中,目前不可能为了建立物流独立的核算体系而更改已经成熟的财务核算体系。

3.核算方法难以统一

我国目前并没有关于企业物流成本会计核算方面的规章制度,只以《企业会计准则》、《行业会计制度》、《企业会计制度》等作为依据显然是不全面的。物流企业特别是第三方物流企业的经营是一个多环节、多群体合作的全程服务过程,决定了其成本确定的特殊性和复杂性。我国目前在规章制度方面缺乏明确的针对性和专业性,使得物流成本会计核算的过程和结果都缺乏客观性和可信性。

四、物流成本核算的程序

物流成本核算的一般程序是指对企业在经营过程中发生的各项物流费用,按照成本核算的要求,通过一系列物流费用的汇集与分配,最后计算出各物流环节成本计算对象的实际总成本和单位成本的基本过程。

根据物流成本计算原则和费用的分类,可将物流成本计算的一般程序归纳如下五个方面。

1.确定物流成本核算对象

物流成本计算对象指企业或物流管理部门,为归集和分配各项成本费用而确定的、以一定的时期和空间范围为条件而存在的成本计算实体。物流成本计算对象需要对以下三个基本构成要素进行分析:

(1)成本承担实体。成本承担实体是指其发生并应合理承担各项费用的特定经营成果的体现形式,包括有形的各种产品和无形的各种劳务作业等。物流成本的承担者根据实际情况,可以是某一客户、某一物流作业种类、物流责任中心乃至整个企业。

(2)成本计算期间。物流活动是持续不继进行的,必须截取其中的一段时间作为汇集物流费用、计算物流成本的时间范围。这个时间范围就是物流成本的计算期间。物流成本计算期间可以以年、季、月为周期,也可以是某项作业周期或者物流环节,视具体情况而定。例如:远洋运输按照航次周期,配送和运输以及装卸搬运按照合同签订的时间范围,仓储可按照存货周期。

(3)成本计算空间。成本计算空间就指物流成本发生并能组织企业成本计算的地点或区域。物流成本计算空间的选取主要取决于物流范围、物流功能范围和物流成本控制的重点。

①对物流范围的选取。物流范围是指物流成本的计算领域,也指物流的起点和终点的长短,也就是对物流活动过程的空间上的截取。对于某一物流来说,其成本核算

对象的起止点确定后，就不能随意改变，以符合成本计算的一贯性和可比性原则。

②对物流功能范围的选取。物流功能范围是指在运输、保管、配送、包装、装卸、信息管理等众多的物流功能中，把哪种物流功能作为计算对象。可以想见，把所有的物流功能作为计算对象的成本与只把运输、保管这两种功能作为计算对象，所得到的物流功能成本会相差悬殊。

③物流成本控制的重点因素的选取。物流成本的计算应服务于物流成本管理的目的。在实际工作中，不可能将所有的物流活动耗费都精确地加以记录与计算，否则，既不经济也不实际。在众多的物流作业活动中，选取物流成本控制重点作为成本计算对象，对物流活动耗费较大的物流作业进行单独的费用记录与计算，对物流成本管理会产生事半功倍的效果。

2.审核有关成本支出的原始凭证资料

成本核算是以有关的原始凭证为凭据。为了保证成本核算的真实、正确和合法，成本核算必须对有关成本支出原始凭证进行严格认真的审核，以正确地反映和监督各项成本业务，保证核算资料的真实性、正确性和合法性。原始凭证的审核，应从原始凭证的形式和实质两个方面进行。只有经过审核无误的原始凭证记录才能作为成本计算的依据。

3.确定成本项目

为了正确地反映物流成本的构成，需要合理地确定成本项目。物流成本项目要根据具体情况与需要设置，把哪些列入物流成本计算项目中，对物流成本的计算影响颇大。因此，应立足于本企业的实际情况，既要有利于加强成本管理，又要正确核算物流成本。

物流企业通常设置直接材料、燃料及动力、直接人工和间接费用等成本项目。在实际工作中，为了使成本项目更好地适应企业的经营特点和管理要求，企业可以对上述成本项目进行适当调整。在规定或者调整成本项目时，应考虑以下几个问题：

(1)各项费用在管理上有无单独反映、控制和考核的需要；

(2)各项费用在物流成本中所占比重的大小；

(3)某种费用专设成本项目所增加的核算工作量的大小。

4.进行物流费用的归集与分配

归集与分配物流费用是指将应计入的物流成本的费用，在各项成本对象之间按照成本项目进行分配和归集，计算出按成本项目反映的各种成本对象的成本。

(1)物流费用的归集

对企业生产经营中所发生的各种物流成本，按一定的对象，如各种产品、作业、各个车间或部门所发生的成本数据进行归集汇总。直接成本按成本对象进行归集，而间接费用按发生地点和用途进行归集。

(2)物流费用的分配

物流费用的分配是指将归集的间接费用分配给成本对象的过程。为求得各成本对象的成本，对不能直接计入成本对象的费用，在按照费用发生的地点和用途归集后，按一定的分配标准所进行的分配。这一过程需要注意以下几个方面：一是对于不同成本项目的归集和分配应根据其自身的特点采用不同的方法；二是物流成本费用分配要遵循“受益原则”，即对能直接计入各成本对象的部分直接归集，对不能直接计入的部分按照受益程度的大小分配计入各成本计算对象。可供选择的分配基础有很多，如人工工时、机器工时、占用面积、直接人工工资、订货次数、直接材料成本、直接材料数量等。

5.设置和登记账簿

为了正确计算各种对象的成本，必须正确编制各种费用的分配表和归集的计算表，并且登记各类有关明细账，这样才能将各种费用最后分配、归集到成本的明细账中，计算出各种对象的成本。

五、物流成本核算模式的选择

物流成本核算是为物流成本管理提供资料的，因此，采用什么模式核算，提供哪些资料都要考虑物流成本管理的要求。对于物流成本的核算一般可以采用会计模式、统计模式、会计模式与统计模式相结合的混合方法。

1.会计模式的物流成本核算体系

会计方式的物流成本核算，是要通过凭证、账户、报表的完整体系，对物流耗费予以连续、系统、全面的记录的计算方法。分为三种具体形式：独立的物流成本核算体系、结合财务会计体系的物流成本计算、物流成本二级账户。

(1)独立的物流成本核算体系

独立的物流成本核算要求把物流成本核算与财务会计核算截然分开、单独建立起物流成本的凭证、账户和报表体系。在单独核算的形式下，物流成本的内容在传统成本核算和物流成本核算中得到双重反映。具体的做法是，对于每项物流业务，均由基层成本核算人员根据原始凭证编制物流成本记账凭证一式两份，一份连同原始凭证转交财务部门，据以登记财务会计账户；另一份留基层核算员，据以登记物流成本账户。

这种核算模式的优点是与财务会计核算体系截然分开，提供的成本信息比较系统、全面、连续、准确、真实，对现行成本计算的干扰不大；缺点是工作量大，易引起核算人员的不满。

(2)结合财务会计体系的物流成本核算

这是把物流成本核算与企业财务会计和成本核算结合起来，即在产品成本计算的基础上增设一个“物流成本”科目，并按物流领域、物流功能分别设置二级、三级明细账，按费用形态设置专栏。当费用发生时，借记“物流成本”及有关明细账，月末按照会计制度规定，根据各项费用的性质再还原分配到有关的成本科目中去。采用这种核算模式时，在会计处理上，当发生各项费用时，与物流成本无关时，直接记入相关的成本费用，而与物流成本相关的部分计入相应设置的物流成本账户，会计处理为：

借:×××物流成本

贷:材料、应付工资、现金等

会计期末,再将各个物流成本账户归集的物流成本余额按照一定的标准分摊到相应的成本费用账户中,以保证各成本费用账户余额的完整性和真实性,会计处理为:

借:管理费用、销售费用、生产成本或制造费用等

贷:×××物流成本

这种核算模式的优点是所提供的成本信息比较系统、全面、连续。在一套账表中提供两类不同的信息,可减少一定的核算工作量。这种核算方式的缺点是需要对现有的产品成本计算体系进行较大的,甚至是彻底的调整;需要划分现实物流成本、观念物流成本(如物流资金利息)的界限;责任成本、质量成本等管理成本都需要与产品成本结合,难度较大。

(3)物流成本二级账户(或辅助账户)核算形式

物流成本二级账户(或辅助账户)核算形式是指在不影响当前财务会计核算流程的前提下,通过在相应的成本费用账户下设置物流成本二级账户,进行独立的物流成本二级核算统计,是一种账外计算。

以制造企业为例,制造企业的物流成本包括的内容及下设二级科目为:

①销售人员的工资及福利费:计入营业费用(一级科目)— 销售物流费用(二级科目);

②生产要素的采购费用(包括运输费、保险费):计入材料采购(一级科目)— 供应物流费用(二级科目);

③企业内部仓库保管费:计入管理费用(一级科目)— 供应物流成本(二级科目);

④采购人员的工资、差旅费、办公费等:计入管理费用(一级科目)— 供应物流成本(二级科目);

⑤生产过程中的搬运费等:计入制造费用(一级科目)— 生产物流成本(二级科目);

⑥有关设备、仓库的折旧费,按期不同属性,分别归入供应、生产、销售和废弃物物流费用(二级科目);

⑦物流信息费按照归属,在摊销时计入相应的物流成本二级科目;

⑧存货资金占用贷款利息:计入财务费用(一级科目)— 相应的物流成本(二级科目);

⑨回收废弃物发生的物流费,计入相应的物流支出(二级科目)。

这种核算模式的优点是物流成本在账外进行计算,既不需要对现行成本计算的账表体系进行调整,又能提供比较全面、系统的物流成本资料,其计算方法也较简单,易为财务人员所掌握。

2.统计方法的物流成本核算

这是指在不影响当前财务会计核算体系的基础上,通过对有关物流业务的原始凭

证和单据进行再次归类整理，对现行成本核算资料进行分析，从中抽出物流成本的部分，然后再按物流管理的要求对上述费用按不同的物流成本核算对象进行重新归类、分配、汇总，整理成物流管理所需的成本信息。

这种方法的优点是运用简单、灵活、方便。统计方式核算物流成本，不需要设置完整的凭证、账户和报表体系，主要是通过对企业现行成本核算资料的剖析，分离出物流成本的部分，按不同的物流成本计算对象进行重新归类、分配和汇总，加工成所需的物流成本信息。

这种方法的缺点是连续性、系统性、全面性差，易流于形式，工作量大。与会计方式的物流成本核算比较起来，由于统计方式的物流成本核算没有对物流耗费进行连续、全面、系统的跟踪，据此得来的信息，其精确程度受到很大的影响。但正由于它不需要对物流耗费作全面、系统、连续的反映，所以运用起来比较简单、方便。在会计人员素质不高、物流管理意识淡薄、会计电算化尚未普及的情况下，可运用此法，以简化物流成本核算，满足当前物流管理的需要。

3.会计方式与统计方式相结合的物流成本核算方法

所谓会计方式与统计方式相结合，即物流耗费的一部分内容通过会计方式予以核算，另一部分内容通过统计方式予以核算。运用这种方法，也需要设置一些物流成本账户，但不像第一种方法那么全面、系统。而且，这些物流成本账户不纳入现行成本核算的账户体系，对现行成本核算来说，它是一种账外核算，具有辅助账户记录的性质。

会计方式与统计方式相结合的物流成本核算的具体做法如下：

(1)设置物流成本辅助账户

由于在会计与统计相结合的方法模式下，企业物流成本核算包括显性成本核算和隐性成本核算两个方面，其中隐性物流成本核算是在现行的会计核算体系之外，通过统计存货的相关资料，按一定的公式计算得出，计算方法相对简单，不涉及会计科目的选取和物流成本账户的设置问题。涉及的会计科目选取和物流成本账户的设置问题，主要是针对显性物流成本的核算而言。

显性物流成本往往需要设置物流成本辅助账户(针对财务会计所设账户)，具体需要设置哪些物流成本账户，取决于物流成本计算对象的选取和物流成本管理的要求。基本的物流成本计算对象主要包括三维，即以物流成本功能、物流范围和物流成本支付形态作为成本计算对象，根据这三个维度，以“物流成本”作为一级账户，以物流成本功能所包括的具体成本作为二级账户，以各物流范围成本作为三级账户，以各支付形态物流成本作为四级账户，按照以上思路，共需设置 100 多个物流成本明细账户。例如物流成本中自营运输成本的核算可以设置下列明细账户：

①物流成本—运输成本—供应物流成本；

②物流成本—运输成本—企业内物流成本；

③物流成本—运输成本—销售物流成本；

④物流成本—运输成本—回收物流成本；

⑤物流成本—运输成本—废弃物物流成本。

根据需要在每个第三级明细科目下可分别设置第四级明细科目:人工费、维护费、一般经费。

其他物流成本明细账户的设置可参照物流运输成本账户的设置,不再一一列举。总之,物流成本明细账户的设置只是开辟了一条核算物流成本的通道或者说是一种方法,明细账户设置本身不是目的,目的是通过这样一个通道来核算物流成本。

(2)登记相关的物流成本辅助账户

对现行成本核算体系中已经反映,但分散于各科目之中的物流成本,如计入管理费用中的对外支付的市内运杂费、物流相关固定资产折旧、本企业运输车队的费用等,制造费用的物流人员人工费、物流相关资产的修理费、保险费等,在按照会计制度的要求编制凭证、登记账簿、进行正常成本核算的同时。据此凭证登记相关的物流成本辅助账户,进行账外的物流成本核算。

实例 2-1

某企业以银行存款支付购进材料的货款和运费共计 7 000 元,其中货款 6 000 元,运费 1 000 元,企业应如何进行账务处理?

解析:

在企业进行正常成本核算的同时,根据此凭证登记相关的物流成本辅助账户,进行账外的物流成本核算,作如下的会计分录:

借:材料采购　7 000

　(×××物流成本　1 000)

　贷:银行存款　7 000

其中,材料采购账户和银行存款账户是正常登记,而括号中的物流成本账户则登记在有关的物流成本总账、明细账和三级账户。

(3)对于现行成本计算中没有包括,但应该计入物流成本的费用,根据有关统计资料进行计算,并单独设置台账反映。

各费用的计算方法与统计核算方式的计算方法相同。物流相关的资金利息费用按企业物流资产占有额乘以一定的机会成本率得到,而外企业垫付的物流成本按照本企业的采购数量或者销售数量乘以单位物流成本计算确定。

(4)期末(月末、季末、年末),汇总计算物流成本辅助账户及相应的二级、三级、四级账户和费用专栏成本数额,合计编制各种类型的物流成本报告。

从实践操作来看,由于企业的物流成本有显性和隐性之分,显性成本是指在企业现行成本核算体系中已经反映但分散于各个会计科目之中的物流成本;而隐性成本是在企业现行成本核算体系中没有反映但应计入物流成本的费用,主要表现为企业存货占用自有资金所产生的机会成本。考虑到上述两种物流成本各自的含义和特征,以及目前我国企业物流成本管理水平与要求、会计管理与核算的基础工作的现状、会计电算化的普及程度等因素,所以,会计与统计相结合的方法模式是我国企业在进行物流成本核算时的一个较好的选择。

任务小结

本任务以物流成本核算的认知为主,包括物流成本核算的对象、特点、程序以及核算模式的选择。通过相关实例说明物流成本计算与构成。物流成本计算以物流成本项目、物流范围和物流成本支付形态三个维度作为成本计算对象。物流成本表包括成本项目、范围和支付形态三个维度,具体包括主表企业物流成本表和附表企业内部物流成本支付形态表。

任务二　物流成本核算方法

学习内容

1.企业生产类型及其特点;

2.企业生产特点对成本计算方法选择的影响;

3.产品成本核算的传统方法;

4.物流作业成本法。

学习目标

完成本学习任务后,你应当能:

1.明确企业生产特点对物流成本计算的影响;

2.掌握产品成本核算传统方法;

3.运用作业成本法计算相关物流成本。

案例导入

厦门中外运物流有限公司 2021 年 12 月份对甲、乙两种物资进行流通加工业务,其中甲物资 1 000 件,乙物资 500 件;甲物资加工的直接材料费用 2 000 元,直接人工 3 000 元,乙物资加工的直接材料费用 5 000 元,直接人工 4 000 元。本月份共发生流通加工的制造费用 15 000 元,如表 2-4 所示。

表 2-4 流通加工业务制造费用明细表

项目	明细科目	发生额/元
制造费用	工资及福利费	2 000
	折旧费	3 000
	修理费	1 500
	办公费	3 500
	水电费	3 000
	其他杂费	2 000
合计		15 000

课前思考

应如何计算甲、乙两种物资的流通加工成本？有哪些方法？

企业产品的成本核算是对生产经营过程中所发生的生产费用，按照一定对象和标准进行归集和分配，以计算出产品的总成本和单位成本。企业选择哪种产品成本计算方法，在很大程度上取决于产品生产的特点。这里所说的“产品”是广义的，实际上，它泛指企业的产出物，即最终的成本计算对象，它不仅可指企业生产的产成品，还可指企业提供的劳务，如运输、保管、包装、装卸等，因而“产品”也指物流企业最终完成的各项物流服务。

知识学习

一、企业生产类型及其特点

企业的生产类型可以按产品的生产工艺过程和生产的组织形式进行划分：

1.企业生产按产品的生产工艺过程划分

产品的生产工艺过程是指产品从投入生产到完工的生产工艺加工过程。以生产过程是否可以间断为特点，可分为单步骤生产和多步骤生产。

(1)单步骤生产。也称简单生产，是指生产工艺过程不能间断、不能分散在不同工作地点进行的生产。这类生产的周期比较短，一般只能由一个企业进行，而不能由几个企业进行协作生产，通常没有自制半成品或其他中间产品。如发电、采掘等企业，是简单生产的典型企业。

(2)多步骤生产。也称复杂生产，是指在生产工艺上可以间断，由几个生产步骤组成的生产。其生产活动可分散在不同时期或者不同的地点进行，这种生产可以由一个车间来完成，可在一个企业进行，也可由几个企业协作进行。由于复杂生产，产品需经过几个步骤才能加工完成，所以也称多步骤生产。

2.企业生产按其组织的方式分类

生产组织方式,是指企业生产的专业化程度,即在一定时期内生产产品品种的多少、同类产品的数量及其生产的重复程度,可分为大量生产、成批生产和单件生产三种类型。

(1)大量生产。大量生产是不断重复生产品种相同的产品的生产方式。这种生产的特点是生产的产品品种稳定、品种少但产量大、生产的重复性强,如纺织、酿酒、造纸等。

(2)成批生产。成批生产是按预先规定的产品批别、数量进行的生产。这种生产的特点是产品品种较多、各种产品的生产往往成批地重复进行,如家用电器、服装、制鞋等工业。根据批量的大小,成批生产又分为小批生产、中批生产、大批生产三种类型。其中,小批生产和大批生产的工艺特点分别与单件生产和大量生产的工艺特点类似。中批生产的工艺特点介于小批生产和大批生产之间。

(3)单件生产。单件生产是根据订单的要求制造某种特定性能、规格的产品,这种生产的特点是产品种类较多,但很少重复生产,如造船、重型机械、专用设备制造等工业。

二、企业生产特点对成本计算方法选择的影响

由于物流成本是在生产过程中形成的,因此生产类型的不同对物流成本计算方法的选择影响较大。物流企业在确定成本计算方法时,必须从企业的具体情况出发,考虑企业的生产类型特点和成本管理的要求,采用不同的产品成本计算方法。

生产经营的特点和管理的要求对产品成本计算方法的影响主要表现在成本计算对象上。成本计算方法是按照一定的成本对象归集生产经营费用,以便计算出各种产品的总成本和单位成本。

例如,对于物流服务过程不可间断,或者不需要划分几个生产步骤,因而没有必要分生产步骤来计算产品成本,这时就要求按产品,即物流服务的品种来划分成本计算对象,这种成本计算方法称为品种法。

又如,大批量多步骤的物流活动,产品成本计算不仅要求按物流服务的品种计算产品成本,而且还要求按照物流活动的步骤计算成本,这时就要求以每种产品及其步骤的成本作为计算对象,这种成本计算方法称为分步法。

再如,在单件小批量或者复杂物流活动中,为了反映和监督各种或各批产品成本计划完成情况,产品成本计算就要求以每件或者每批产品作为产品成本计算的对象,这种成本计算方法称为分批法。

为了适应不同的生产特点和管理要求,根据不同的成本计算对象,形成三种基本的成本计算方法:即品种法、分批法、分步法等。根据不同的生产特点,各种成本计算方法有各自的特点和要求,其适用范围如表 2-5 所示。

表 2-5 不同生产特点的成本计算方法

成本计算方法	生产类型		成本计算对象	成本计算期
	生产组织特点	生产工艺特点		
品种法	大量、大批生产	单步骤生产 多步骤生产	品种	会计报告期
分批法	单件、小批生产	单步骤生产 多步骤生产	批别	生产周期
分步法	大量、大批生产	多步骤生产	步骤	会计报告期

知识链接

除了以上方法之外，还有一些可与基本方法结合使用的成本计算方法。例如，采用品种法计算成本，在产品品种规格繁多的情况下，为了简化成本工作，可以先将产品划分为若干类别，分别计算各类别产品成本，然后在各个类别内部采用一定的分配标准，计算出各种产品的成本，这种方法称为分类法。

在定额管理制度比较健全的企业中，为了加强成本的定额控制，还可以以定额成本为基础，计算产品的实际成本，这种方法称为定额法。这些方法与企业生产经营类型的特点没有直接联系，不涉及成本计算对象。它们的应用或者是为了简化成本计算工作，或者是为了加强成本管理，只要具备条件，在哪种经营类型的企业都能用。因此，从计算产品实际成本的角度来说，它们不是必不可少的。基于上述情况，这些方法通称为辅助方法，一般应与各种类型生产经营企业采用的基本方法结合起来使用，而不能单独使用。

产品成本计算的基本方法和辅助方法的划分，是从计算产品实际成本的角度考虑的，并不是因为辅助方法不重要；相反，有的辅助方法比如定额法，对控制生产经营费用、降低产品成本具有重要的作用。

以上讲述的五种产品成本计算方法，即品种法、分批法、分步法、分类法、定额法，是目前我国实际工作中被广泛采用的几种主要方法。

此外，在西方发达国家，为了向企业的决策人进行短期生产经营决策提供数据，还采用只计算产品变动成本而将固定成本直接计算计入当期损益的变动成本法。为了加强企业内部成本控制和分析，还采用了一种只计算产品的标准成本，而将实际成本与标准成本的差异直接计入当期损益的标准成本法。为了改变将间接成本分配到各种产品的标准，提高产品成本计算的正确性而采用作业成本法。

由于企业生产经营情况错综复杂，在实际工作中，各种成本计算方法往往同时使用或者结合使用。这主要取决于企业的生产经营特点和管理要求，其目标是力求达到既正确计算产品成本，又简化成本核算工作的目的。

三、产品成本的核算传统方法

1.品种法

(1)品种法的概念

品种法是以产品品种或者物流服务种类为成本计算对象,归集和分配费用,计算成本的一种方法。对于物流活动的产品成本计算,用品种法计算成本工作比较简单,因此,品种法也称简单法。

(2)品种法的适用范围

它主要适用于大量大批的单步骤生产企业,是最基本的成本计算方法,也可用于不需要分步骤计算成本的大量大批多步骤的企业。在品种单一的情况下,可采用简单法计算产品成本。在生产经营多品种的情况下,间接费用则要采用适当的方法,在各成本核算对象之间进行分配,需要按产品的品种分别设置成本明细账。

(3)品种法的特点

这种方法一般运用于大量大批单步骤的简单生产,如运输作业等。这类生产往往品种单一,封闭式生产,月末一般没有在产品存在。即使有在产品的存在,数量也很少,所以一般不需要将生产经营费用在完工产品与在产品之间进行分配。

由于大量大批的生产是不间断的连续生产,无法按照产品的生产周期来归集生产费用,计算产品成本,因而只能定期按月计算产品成本,从而将本月的销售收入与产品生产成本配比,计算本月损益。因此,产品成本是定期按月计算的,与会计报告期一致,与产品生产周期不一致。当期发生的物流费用总和就是该种完工产品的总物流成本。总物流成本除以作业量,就可以计算出该产品的单位成本。

在这种简单的方法下,生产经营中发生的一切费用都属于直接费用,可以直接计入该种产品成本。由于品种法不存在完工产品与在产品之间的成本划分问题,计算方法比较简单,故又称之为简单法。

(4)品种法的核算程序(见图 2-1)

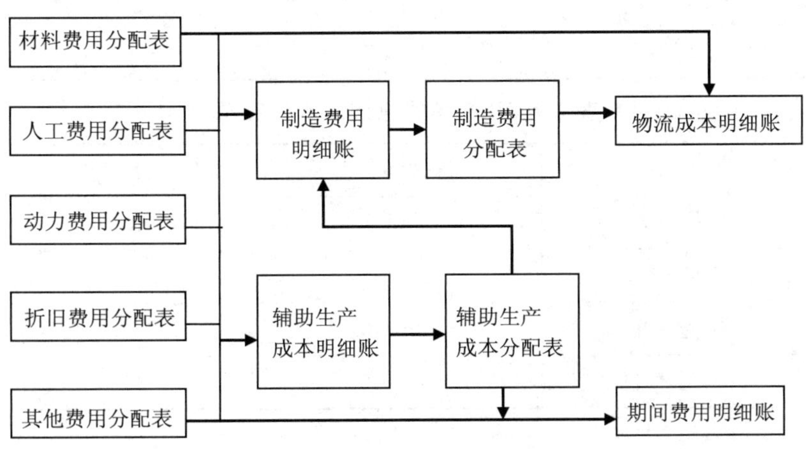

图 2-1　品种法成本核算程序

▶▶▶▶ 任务导入 ▶▶▶

厦门中外运物流有限公司2022年12月份对A产品1 000件和B产品2 000件进行包装，其中用于包装A产品耗费的直接材料费用为8 000元，直接人工费用为5 000元；用于包装B产品耗费的直接材料费用为7 000元，直接人工费用为4 000元。两种物资包装共同消耗制造费用90 000元。

任务描述：计算两种产品的包装成本，其中制造费用以生产工人工资为标准分配计入两种产品包装成本。

▶▶▶▶ 任务实施 ▶▶▶

第一步：计算分配率。

计算制造费用分配率＝90 000÷(5 000＋4 000)＝10

第二步：计算两种产品分摊的制造费用。

A产品分摊的制造费用＝10×5 000＝50 000(元)

B产品分摊的制造费用＝10×4 000＝40 000(元)

第三步：汇总两种产品的包装总成本和单位成本。

A产品的包装总成本＝8 000＋5 000＋50 000＝63 000(元)

B产品的包装总成本＝7 000＋4 000＋40 000＝51 000(元)

A产品的包装单位成本＝63 000÷1 000＝63(元/件)

B产品的包装单位成本＝51 000÷2 000＝25.5(元/件)

第四步：开设成本计算单，如表2-6、表2-7所示。

表2-6 A产品的包装成本计算单

项目	总成本/元	单位成本/(元/件)
直接材料	8 000	8
直接人工	5 000	5
制造费用	50 000	50
合计	63 000	63

表2-7 B产品的包装成本计算单

项目	总成本/元	单位成本/(元/件)
直接材料	7 000	3.5
直接人工	4 000	2
制造费用	40 000	20
合计	51 000	25.5

2.分批法

(1)分批法的概念

分批法是以产品批别(物流作业的批次)为成本计算对象来归集生产费用而计算产品成本的一种方法。这些物流作业提供各项服务通常是按照客户的订单要求来确定的,因此分批法也称订单法。

(2)分批法的适用范围

这种方法适用于单件、小批生产、单步骤的物流作业。因为这些物流作业提供各项服务通常是按照客户的订单要求来确定的,而每个客户的订单要求又不相同,所以,物流企业要按照这些不尽相同的要求去分批次地提供服务,这就需要计算各批次的物流作业成本。

(3)分批法的特点

以产品批别为成本计算对象,以产品的生产周期作为成本计算期,生产费用一般不需要在月末完工产品与在产品之间进行分配。分批法是以产品的批别作为成本计算对象并按其设置产品成本明细账进行成本核算。在单件小批生产的企业中,其生产经营活动基本是按照客户的购货订单组织的,即一单(订单)一批。当客户的一张订单包括几种产品,或虽只有一种产品且数量较大不便一次性投产时,企业也可根据实际情况将其划分成较小的批别,分批投产;如果不同客户都订购同一产品,且数量不多,企业可将订单合并为一批组织生产。因此,分批法又称分批计算的品种法。

▶▶▶▶ 任务导入 ▶▶▶

厦门中外运物流有限公司 2022 年 12 月份承接货物的流通加工业务,以批次为成本核算对象,1 月承接流通加工四个批次的货物,分别为 101 批号、102 批号、103 批号、104 批号。四批货物的成本资料如表 2-8 所示。

表 2-8 厦门中外运物流有限公司成本资料明细表

批号	批量/件	直接材料/元	直接人工/元	消耗工时/小时	制造费用/元
101	10	2 000	3 000	2 000	15 000
102	20	3 000	4 000	1 000	
103	10	4 000	3 800	550	
104	5	1 080	1 500	200	

任务描述:采用简化的分批法计算四个批次的货物的流通加工成本,其中制造费用以消耗工时为标准分配计入两种产品流通加工成本。

▶▶▶▶ 任务实施 ▶▶▶

第一步：计算分配率

计算制造费用分配率＝15 000÷(2 000＋1 000＋550＋200)＝4(元/小时)

第二步：计算四批货物应分摊的制造费用，如表2-9所示。

表2-9 制造费用分配表

批号	消耗工时/小时	分配率/(元/小时)	分配额/元
101	2 000	4	8 000
102	1 000		4 000
103	550		2 200
104	200		800

第三步：根据相关费用凭证和制造费用分配表登记各批次物流作业成本明细账，如表2-10～2-13所示。

表2-10 101号批次产品流通加工成本明细账

单位：元

月份	直接材料	直接人工	制造费用	合计
1月	2 000	3 000	8 000	13 000

表2-11 102号批次产品流通加工成本明细账

单位：元

月份	直接材料	直接人工	制造费用	合计
1月	3 000	4 000	4 000	11 000

表2-12 103号批次产品流通加工成本明细账

单位：元

月份	直接材料	直接人工	制造费用	合计
1月	4 000	3 800	2 200	10 000

表2-13 104号批次产品流通加工成本明细账

单位：元

月份	直接材料	直接人工	制造费用	合计
1月	1 080	1 500	800	3 380

第四步：开设成本计算单。

根据各批次物流作业成本明细账编制成本计算单，如表2-14～表2-17所示。

表 2-14 101 号产品成本计算单

项目	总成本/元	单位成本/(元/件)
直接材料	2 000	200
直接人工	3 000	300
制造费用	8 000	800
合计	13 000	1 300

表 2-15 102 号产品流通加工成本计算单

项目	总成本/元	单位成本/(元/件)
直接材料	3 000	150
直接人工	4 000	200
制造费用	4 000	200
合计	11 000	550

表 2-16 103 号产品流通加工成本计算单

项目	总成本/元	单位成本/(元/件)
直接材料	4 000	400
直接人工	3 800	380
制造费用	2 200	220
合计	10 000	1 000

表 2-17 104 号产品流通加工成本计算单

项目	总成本/元	单位成本/(元/件)
直接材料	1 080	216
直接人工	1 500	300
制造费用	800	160
合计	3 380	676

分批法的成本计算对象可以是客户的原定单，或是企业根据客户的原定单进行调整（分类、汇总）后下达的产品批别或工号。由此看出，分批法虽然是按照产品的批别计算成本，但在组织生产和进行成本核算时仍会考虑到产品的品种问题。一般情况下，企业组织生产时，一批产品就是一种产品，每个产品成本明细账也只能是同一种产品，所以在计算成本时与品种上没有本质上的不同。

3.分步法

(1)分步法的概念

分步法是指按照产品生产(物流作业)的步骤归集生产经营费用,计算出成本的一种方法。为了加强成本管理,不仅要求按照产品品种归集生产费用、计算产品成本,而且要求按照产品的生产步骤归集生产费用、计算各步骤产品成本,以提供反映各种产品及其各生产步骤成本计划执行情况的资料。

(2)分步法的适用范围

分步法适用于大量大批多步骤生产的物流作业,即适用于多环节、多功能、综合性的物流企业。

(3)分步法的特点

以物流作业及其所经过的生产步骤作为成本计算对象,据以开设物流成本明细账来归集成本费用和计算物流作业的成本。成本计算期与会计报告期相一致。月末,需将各步骤成本明细账归集的费用采用适当的方法在完工物流作业和未完工物流作业之间进行分配。除了按品种计算和结转产品成本外,还需要计算和结转产品的各步骤成本。

(4)分步法的分类

在实际工作中,根据成本管理对各生产步骤成本资料的不同要求和简化核算的要求,各生产步骤成本的计算和结转,可以采用逐步结转和平行结转两种方法。

①逐步结转分步法。逐步结转分步法是指按照某项物流作业的先后顺序,逐步计算并结转各步骤的成本,直到最后步骤完成,计算出此项物流作业的总成本。上一步骤的成本明细账转入下一步骤的成本明细账中,以便逐步计算各步骤的成本和最后步骤的产成品成本。它的具体计算程序如图 2-2 所示。

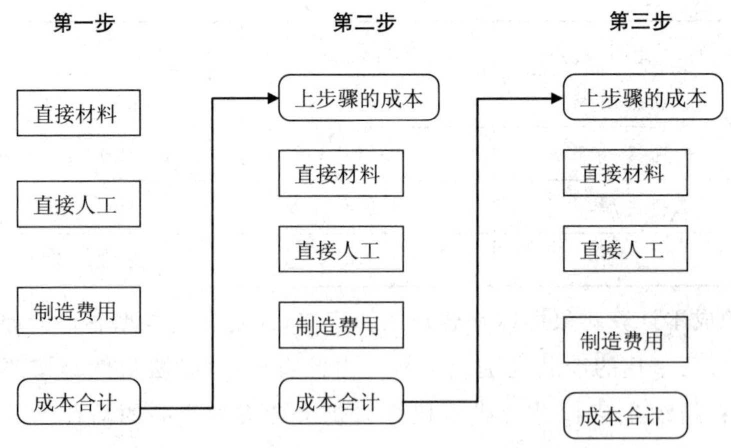

图 2-2 逐步结转分步法成本核算程序图

实例 2-2

顺达物流公司提供配送业务的服务，需经过分拣、配装、流通加工、配送运输四个步骤来完成配送这项物流作业。

要求：用逐步结转分步法计算每个步骤的成本及配送作业总成本。

解析：

顺达物流公司配送业务的服务成本按照各项物流作业的先后顺序，逐步计算并结转下一步骤的成本，直到最后步骤完成具体成本资料，具体如表 2-18～2-21 所示。

表 2-18 分拣成本明细表

单位：元

月份	直接材料	直接人工	制造费用	合计
1月	2 500	8 500	7 000	18 000

表 2-19 配装成本明细表

单位：元

月份	直接材料	直接人工	制造费用	合计
1月	1 500	5 500	5 000	12 000
本月转入	18 000			
本月合计	19 500	5 500	5 000	30 000

表 2-20 流通加工成本明细表

单位：元

月份	直接材料	直接人工	制造费用	合计
1月	1 500	5 500	7 000	14 000
本月转入	30 000			30 000
本月合计	31 500	5 500	7 000	44 000

表 2-21 配送运输成本明细表

单位：元

月份	直接材料	直接人工	制造费用	合计
1月	1 000	1 500	1 000	3 500
本月转入	44 000			44 000
本月合计	45 000	1 500	1 000	47 500

从以上的计算结果看，完成配送作业需要经过四个步骤，逐步结转每一个步骤的成本，最终计算出完成配送作业总额 47 500 元。这种方法适用于管理上要求计算各步骤物流成本的多步骤的物流作业。

②平行结转分步法。平行结转分步法是指不计算各步骤的成本，而只计算本步骤发生的费用和应由本步骤承担的份额，然后将各步骤成本应计入同一物流作业成本的份额经过平行结转来计算最终物流作业总成本的一种方法。这种方法适用于不要求单独核算各步骤半成品成本的企业。其基本特点是：成本计算对象是各步骤计入的成本份额，各步骤不计算半成品成本，各生产步骤之间没有成本结转关系，而是将成本总额一齐汇总，计算出完工产品的成本。以月度为成本计算期，在计算各步骤的成本份额时，需要将各该步骤的成本费用在产成品和在产品之间进行分配。它的具体计算程序如图 2-3 所示。

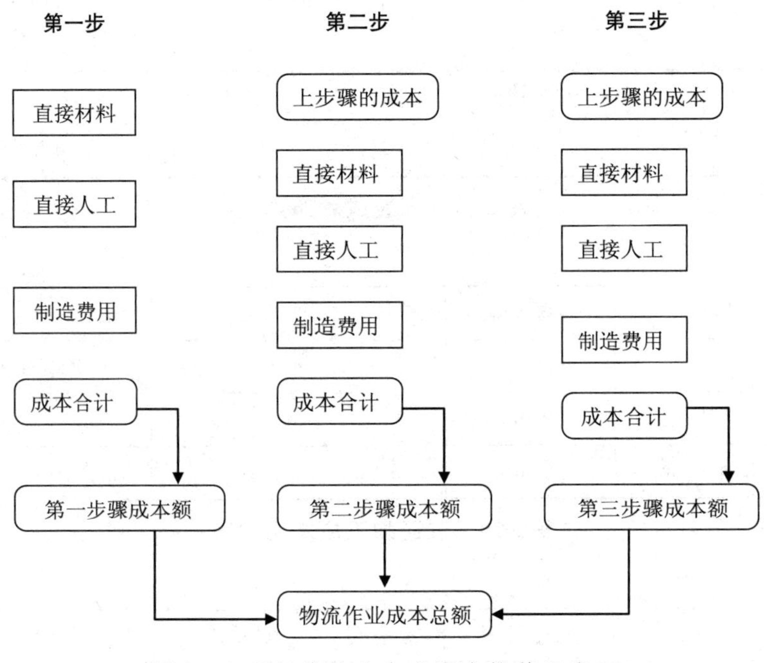

图 2-3 平行结转分步法成本核算程序图

实例 2-3

实例 2-3 同实例 2-2 顺达物流公司提供配送业务的服务的成本资料。

要求：用平行结转分步法计算每个步骤的成本及配送作业总成本。

解析：

用平行结转分步法计算每个步骤的成本及配送作业总成本，具体成本资料如表 2-22～2-25 所示。

表 2-22 分拣成本明细表

单位：元

月份	直接材料	直接人工	制造费用	合计
1月	2 500	8 500	7 000	18 000

表 2-23　配装成本明细表

单位：元

月份	直接材料	直接人工	制造费用	合计
1月	1 500	5 500	5 000	12 000

表 2-24　流通加工成本明细表

单位：元

月份	直接材料	直接人工	制造费用	合计
1月	1 500	5 500	7 000	14 000

表 2-25　配送运输成本明细表

单位：元

月份	直接材料	直接人工	制造费用	合计
1月	1 000	1 500	1 000	3 500

表 2-26　配送作业成本汇总表

单位：元

项目	分拣	配装	流通加工	配送运输	合计
直接材料	2 500	1 500	1 500	1 000	6 500
直接人工	8 500	5 500	5 500	1 500	21 000
制造费用	7 000	5 000	7 000	1 000	20 000
成本合计	18 000	12 000	14 000	3 500	47 500

从以上的计算结果看，完成配送作业需要经过四个步骤，采用平行结转每一个步骤的成本，最终计算出完成配送作业总额 47 500 元。这种方法适用于大量在管理上不要求计算各步骤成本的大批多步骤的物流作业。

四、现代物流成本核算方法——作业成本法

1.物流作业成本法的概念

作业成本法(简称 ABC)，是以成本动因理论为基础，通过对作业进行动态追踪，反映、计算作业和成本对象的成本，评价作业业绩和资源利用情况的方法。物流作业成本法就是利用作业成本法的基本原理对企业物流成本进行计算和控制的方法。物流作业成本法，简称物流 ABC，以特定物流活动为核算对象，通过成本动因来确认和计算作业量，进而以作业量为基础分配间接费用的物流成本管理方法。

(1)资源

资源是指支持作业消耗的成本、费用的来源。它是企业在一定期间内，为了生产产品或者提供劳务服务所发生的各类成本、费用项目，或者是作业执行过程中所需要花费的经济代价。在制造业中典型的资源项目一般有原材料、辅助材料、燃料、动力费用、工资及附加费、折旧费、办公费、修理费、运输费等。与某项作业直接相关的资源应该直接计入该作业，如果一项资源支持多种作业，那么应当使用资源动因基准将资源计入各项相应的作业中去。例如，在物流作业中，发生采购订货单是采购部门的一项作业，那么相应办公场地的折旧、采购人员的工资、办公费都是采购订货作业的资源费用。

(2)作业

作业是指企业组织为了某一目的而进行的消耗资源的活动或事项，是企业为提供一定量的产品或者劳务所消耗的人力、技术、原材料、方法和环境的集合体。企业经营过程的每个环节，或是生产过程的每道工序都可以被看为一项作业。

对于物流企业，一般的活动涉及的作业有原材料或劳务的接收、储存、分配，如原材料搬运、车辆调度等；生产物流活动涉及的作业有原材料准备、设备测试等；产品集中储存和销售活动涉及的作业有库存管理、送货车辆管理、订单处理等；产品或服务营销活动涉及的作业有报价、定价等。此外，仓库、物流设备设施等投入活动也会涉及很多相关的作业。物流作业必须在合理的范围内确认，范围太大或者太小都不利于物流成本的计算。

可以将生产作业分为四种类型：

①单位水平作业。能够使每一单位产品受益的作业。单位水平作业反映对每单位产品或服务所进行的工作。单位水平作业所使用的资源量是同产品或销量成比例的，或者是同直接人工小时、机器小时成比例的。比如，对每一个产品所进行的质量检查消耗的间接人工明显地与生产数量有关。这类作业在生产过程中不断发生，并与产品产量成正比变动。

②批量水平作业。生产每批产品而从事的作业。这种作业成本与产品批数成比例变动。每生产一批产品进行一次作业。批量水平作业由生产批别次数直接引起，与生产数量无关。例如，为新的生产批别准备机器，一旦机器被准备好，每批是生产供销100单位还是1 000单位，准备成本都不变。又如，如果只对每批产品的第一件进行检查，这时所消耗的间接人工与批次成比例。我们可将批量水平成本进一步扩展，如购买材料的订货费用与订货次数成比例，与每次的订货数量无关。处理顾客订单的成本与订单数量有关，与每次送货的数量无关。生产计划也被认为是批量水平作业，因为每个生产周期都要做一个生产计划，所以生产计划成本与生产周期的数量成比例，与每年生产周期内的生产数量无关。批量水平作业和单位水平作业的主要区别在于完成批量水平作业所需要的资源不依赖于每批次所包含的单位数。

③产品水平作业。产品水平作业是每一类产品的生产和销售所需要的工作，是为支援各种产品的生产而从事的作业，这种作业成本与生产产品的品种成比例变动。产

品和产品线的数量越多,产品水平作业成本也就越高。这种作业成本与产品产量及批量大小无关,但与产品种类多少成正比变动。有关产品水平作业的例子有:制图、工艺设计、流程设计、产品改良、技术支持等。再如,取得专利权以及药品生产许可证的成本随着引入的产品数量增加而增加。

④能力水平作业。能力水平作业是使企业生产经营正常运转的工作。这些作业与产品的种类、生产的批次、每种产品的生产数量无关。能力水平作业使整个企业或者某个机构、部门受益的作业。包括机器设备的租金、折旧、保养费,保险费和税金,房屋维修费、绿化费、照明、保安等。此外,能力水平作业还包括企业管理、会计、人力资源管理费用。

(3)作业中心和作业成本库

作业中心是相同或相似的作业职能的合并,是一系列相互联系、能够实现某种特定功能的作业集合。把相关的一系列作业消耗的资源费用归集到作业中心,就构成这个作业中心的成本库,作业成本库是作业中心的货币表现。例如,在原材料采购作业中,材料采购、材料检验、材料入库、材料仓储保存等是相互联系的,可以归类于材料处理作业中心。确定了物流作业后对其进行合并、整合,就可以建立物流作业成本库。

(4)成本动因

成本动因是成本形成的起因,是指驱动或产生成本、费用的各种因素。成本动因是指决定成本发生的那些重要的活动或事项,它可以是一个事项、一项活动或作业。成本动因支配着成本行动,决定着成本的产生,并可作为分配成本的标准。作业和成本动因的区别在于作业是为达到组织的目的和组织内部各部门的目标所需的种种行为;而成本动因是导致成本升降的因素,是作业成本计算法的核心内容。

成本动因是指一项作业产出的计量单位,如直接人工小时、产品种类、机器准备次数等。成本动因充当着作业和产品之间的纽带,根据成本动因在资源流动中所处的位置将其分为资源动因和作业动因。

资源动因是引起作业成本变动的因素,是指资源被各作业消耗的种类和原因,是把资源成本分配到作业的基本依据。如,购货作业的资源动因是从事这一活动的职工人数,生产准备作业的资源动因是人工小时数。

作业动因是引起产品成本变动的因素,是表示成本对象对于作业需求的强度和频率。它用来把作业成本分配到成本对象或者其他作业,它反映了产品消耗作业的情况。如购货作业动因是发送购货单数量,生产准备作业的作业动因是生产准备次数。

2.物流作业成本法的基本原理

作业成本法是一种通过对所有作业活动追踪地进行动态反映,计量作业和成本对象的成本、评价作业业绩和资源利用情况的方法,是一种比传统成本核算方法更加精细和准确的成本核算方法。

作业成本法最初作为一种正确分配制造费用、计算产品制造成本的方法被提出。其基本思想是在资源和产品之间引入一个中介——作业,基本原则是作业消耗资源,产品消耗作业;生产导致作业的发生,作业导致成本的发生。根据这一原则,作业成本计算按如下两个步骤进行：

第一步，确认作业、主要作业、作业中心，按同质作业设置作业成本库；以资源动因为基础将间接费用分配到作业成本库；作业是基于一定目的，以人为主体，消耗了一定资源的特定范围内的工作，是构成产品生产、服务程序的组成部分。实际工作中可能出现的作业类型一般有：起动准备、购货订单、材料采购、物料处理、设备维修、质量控制、生产计划、工程处理、动力消耗、存货移动、装运发货、管理协调等。将有共同资源动因的作业确认为同质作业，将同质作业引发的成本归集到同质作业成本库中以合并分配。按同质作业成本库归集间接费用不但提高了作业成本计算的可操作性，而且减少了工作量，降低了信息成本。

第二步，以作业动因为基础将作业成本库的成本分配到最终产品。产品消耗作业，产品的产量、生产批次及种类等决定作业的耗用量，作业动因是各项作业被最终产品消耗的方式和原因。例如，起动准备作业的作业动因是起动准备次数，质量检验作业的成本动因是检验小时。明确了作业动因，就可以将归集在各个作业成本库中的间接费用按各最终产品消耗的作业动因量的比例进行分配，计算出产品的各项作业成本，进而确定最终产品的成本。

成本计算程序如下图所示：

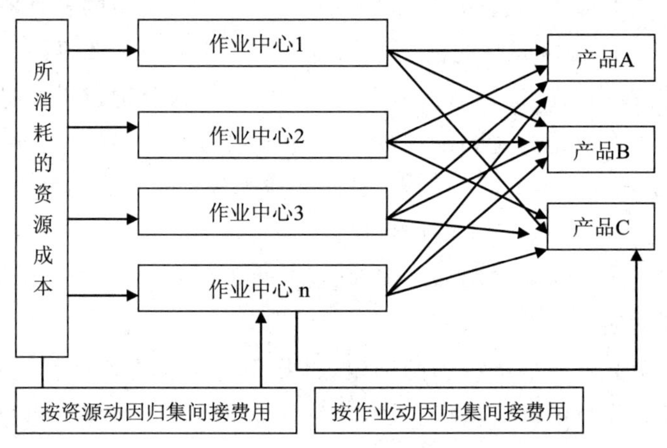

图 2-4 作业成本法核算程序图

物流分解到作业中心后，形成物流作业成本库中的成本，对这些成本需要根据物流作业动因，计算某项物流作业的成本。其计算公式为：

某物流作业中心的成本分配率

＝某物流中心成本总额÷该中心成本动因量化总和

成本动因量化根据物流作业动因确定，所依据的作业动因可以是作业次数、机器时数和单据数量，将其加总就可得到量化总和。

当成本归集到各作业中心，并依据作业动因计算出作业成本分配率后，就可以按照不同产品所消耗的作业量的多少来分配作业成本，最终计算出产品应承担的作业成本，其计算公式为：

某成本对象应分配的间接成本

＝该成本对象消耗的该项物流作业量总和×该项物流作业成本分配率

最后，将直接成本和间接成本加以汇总，最终计算出物流成本计算对象的总成本和单位成本。

3.作业成本法的特点

物流作业成本法是以作业为中心，通过对作业成本的确认和计量，对所有作业活动进行跟踪、动态反映，为尽可能消除“不增值作业”，改进“可增值作业”，及时提供有用的信息，促使损失、浪费减少到最低限度，提高决策、计划、控制的科学性和有效性，促进企业管理水平提高。因此，物流作业成本法不仅是物流成本核算方法，而且是一种物流成本控制和管理方法。

4.作业成本法的核算的应用

实例 2-4

某物流公司对甲(150 000 件)、乙(300 000 件)两种产品进行包装，所发生的成本资料如表 2-27 所示。

表 2-27 某物流公司包装成本资料

项目	甲产品	乙产品	合　计
直接成本/元	15 000	10 000	25 000
间接成本总计/元			505 000
其中：准备费用/元			120 000
检验费用/元			100 000
电费/元			150 000
维护费/元			135 000
准备次数/次	4 000	1 000	5 000
检验时数/小时	2 000	500	2 500
耗电量/度	100 000	150 000	250 000
机器工时/小时	20 000	80 000	100 000

要求：用作业成本法计算两种产品的包装总成本和单位成本，写出计算过程并填写表 2-28 和表 2-29。

解析：

准备作业动因分配率＝120 000/(4000＋1000)＝24(元/次)

检验作业动因分配率＝100 000/(2 000＋500)＝40(元/小时)

供电作业动因分配率＝150 000/(100 000＋150 000)＝0.6(元/度)

维护作业动因分配率＝135 000/(20 000＋80 000)＝1.35(元/小时)

表 2-28 间接成本分配表

作业中心	作业动因	作业动因分配率	甲产品		乙产品		作业成本合计/元
			动因数量	分配额/元	动因数量	分配额/元	
准备	次数	24	4 000	96 000	1 000	24 000	120 000
检验	小时	40	2 000	80 000	500	20 000	100 000
供电	度	0.6	100 000	60 000	150 000	90 000	150 000
维护	小时	1.35	20 000	27 000	80 000	108 000	135 000
合计				263 000		242 000	505 000

表 2-29 产品包装成本汇总

项目	甲产品	乙产品	合计
产量/件	150 000	300 000	
直接成本/元	15 000	10 000	25 000
间接成本/元	263 000	242 000	505 000
总成本/元	278 000	252 000	530 000
单位成本/(元/件)	1.85	0.84	

5.传统成本法与作业成本法的比较

(1)作业成本法与传统成本法的联系

①两者的最终目的相同,都是计算最终产品成本。传统成本核算制度的是通过各种材料、费用的分配和再分配,最终计算出产品生产成本;在作业成本制度下,发生的间接费用或间接成本先在有关作业间进行分配,建立成本库,然后再按各产品耗用作业的数量,把作业成本计入产品成本。

②作业成本是责任成本与传统成本核算的结合点。责任成本按内部单位界定费用,处于相对静止状态,传统成本核算是按工艺过程进行归属,处于一种动态。在作业成本制度下,作业成本的实质是一种责任成本,更严谨一点说,它是一种动态的责任成本,其原因是它与工艺过程和生产组织形式紧密结合。

③对直接费用的确认和分配相同。两者都符合"谁受益,谁负担,多受益,多负担"的公平配比原则,对发生的直接费用予以确认。

(2)作业成本核算与传统成本核算的区别

作业成本计算与传统成本计算相比较,作业成本法从根本上解决了传统成本法的缺陷。

①作业成本法与传统成本法的计算步骤不同:作业成本法不是直接考虑产品成本或工时成本,而是首先确定间接费用分配的合理基础——作业,然后找出成本动因,具有相同性质的成本动因组成若干个成本库,一个成本库所汇集的成本可以按其具有代表性的成本动因来进行间接费用的分配,使之归属于各个相关产品。

②作业成本法与传统成本法相比,缩小了间接费用分配范围。由统一分配改为由若干个成本库进行分配;增加了分配标准,由传统的按单一标准分配改为按多种标准分配,对每种作业选取属于自己合理的分配率。作业成本法针对生产过程中每种作业选取属于自己的分配率,按各产品消耗成本动因或作业的数量将成本库的成本逐一分配到产品总成本中去,这样,成本核算的核心就集中在了生产对资源一步步消耗的各个具体环节中,抓住了许多动态变量,真正消除了传统成本法中用人工工时等作为唯一标准去分配全部间接费用的不合理性,解决了传统成本法带来的成本信息失真问题,使成本核算更准确,更具有相关性和配比性。

企业的最终目标是为了实现企业价值最大化,而不管采用哪种方法进行成本核算与管理,也都是为此目标的实现而服务。因此,结合实际情况和环境将传统成本法与作业成本法相融合,一方面,有助于企业降低成本,提高经营管理水平,实现企业目标;另一方面,也为作业成本法的推广和应用开辟了广阔前景。

实例 2-5

某企业生产甲、乙两种产品,经过 A 和 B 两个生产车间,A 车间是机器加工车间,B 车间是装配车间。某月份该企业发生制造费用 1 000 000 元,A、B 车间的机器小时分别为 4 000 小时和 16 000 小时,直接人工小时分别为 2 000 小时和 1 000 小时。该月份其他有关资料如表 2-30 和表 2-31 所示。

表 2-30 产品成本资料汇总表

项目	甲产品	乙产品
产量/件	200	800
直接材料的单位成本/(元/件)	100	50
每小时直接人工工资率/(元/小时)	25	20
A 车间直接人工小时	400	1 600
B 车间直接人工小时	200	800

表 2-31 企业作业情况表

作业中心	资源分配/元	动因	动因量		动因率
			甲产品	乙产品	
移动材料	150 000	移动数	150	350	300
启动机器	100 000	启动数	10	15	4 000
设备维修	200 000	维修小时	800	1 200	100
质量控制	120 000	产品数量	200	800	120
产品运输	160 000	运输次数	20	60	2 000
其他	180 000	机器小时	6 000	14 000	9
	90 000	人工小时	800	2 200	30

要求：分别用传统成本计算方法和作业成本法计算两种产品的包装总成本和单位成本，写出计算过程和填写成本计算表，并对传统成本法与作业成本法的核算结果的进行比较。

解析：

(1)按传统成本法计算

使用传统的成本计算方法分三步计算其产品成本：

第一步，先将制造费用按机器小时分到两个生产车间A和B，如表2-32所示。

表2-32 制造费用分配表1

分配对象	分配标准/机器小时	分配率/(元/机器小时)	分配额/元
A部门	4 000		200 000
B部门	16 000		800 000
合计	20 000	50	1 000 000

第二步，再根据直接人工工时将制造费用分给甲产品和乙产品，如表2-33所示。

表2-33 制造费用分配表2

<table>
<tr><th colspan="2">部门</th><th>甲产品</th><th>乙产品</th><th>合计</th></tr>
<tr><td rowspan="3">A部门</td><td>分配标准/人工小时</td><td>400</td><td>1 600</td><td>2 000</td></tr>
<tr><td>分配率/(元/人工小时)</td><td>—</td><td>—</td><td>100</td></tr>
<tr><td>分配额/元</td><td>40 000</td><td>160 000</td><td>200 000</td></tr>
<tr><td rowspan="3">B部门</td><td>分配标准/人工小时</td><td>200</td><td>800</td><td>1 000</td></tr>
<tr><td>分配率/(元/人工小时)</td><td>—</td><td>—</td><td>800</td></tr>
<tr><td>分配额/元</td><td>160 000</td><td>640 000</td><td>800 000</td></tr>
<tr><td colspan="2">合计</td><td>200 000</td><td>800 000</td><td>1 000 000</td></tr>
<tr><td colspan="2">单位产品制造费用/(元/件)</td><td>1 000</td><td>1 000</td><td></td></tr>
</table>

第三步，计算甲产品和乙产品的单位成本和总成本，如表2-34所示。

表2-34 甲产品和乙产品的成本计算表

项目	甲产品	乙产品
单位产品直接材料成本/(元/件)	100	50
单位产品直接人工成本/(元/件)	75	60
单位产品制造费用/(元/件)	1 000	1 000
单位成本/(元/件)	1 175	1 110
总成本/元	235 000	888 000

其中：

甲单位产品直接人工成本＝25×(400＋200)÷200＝75(元/件)

乙单位产品直接人工成本＝20×(1 600＋800)÷800＝60(元/件)

(2)按作业成本法计算

第一步，按成本动因率分配各作业中心的成本，如表 2-35 所示。

表 2-35　间接成本分配表

项目		甲产品	乙产品
材料移动/元		45 000	105 000
启动机器/元		40 000	60 000
设备维修/元		80 000	120 000
质量控制/元		24 000	96 000
产品运输/元		40 000	120 000
其他/元	机器小时	54 000	126 000
	人工小时	24 000	66 000
总计/元		307 000	693 000
单位产品制造费用/(元/件)		1 535	866.25

第二步，计算甲产品和乙产品的单位成本和总成本，如表 2-36 所示。

表 2-36　甲产品和乙产品的成本计算表

项目	甲产品	乙产品
单位产品直接材料成本/(元/件)	100	50
单位产品直接人工成本/(元/件)	75	60
单位产品制造费用/(元/件)	1 535	866.25
单位成本/(元/件)	1 710	976.25
总成本/元	342 000	781 000

(3)传统成本法与作业成本核算结果的比较，如表 2-37 所示。

表 2-37　传统成本法与作业成本核算结果比较表

项目	甲产品单位成本/(元/件)	乙产品单位成本/(元/件)
传统成本法	1175	1110
作业成本法	1710	976.25

从上表可见，与作业成本法相比，采用传统成本法甲产品少分配535元，乙产品多分配133.75元。作业成本法比传统的成本计算方法需要更多的数据，较好地反映了制造费用的同类性质，并且按不同的成本动因进行分配，提供的成本信息相对比较精确。通过确认各种作业的成本，使管理人员知道哪些作业消耗的资源较多，哪些作业的消耗的资源较少，从而便于采取管理措施，降低成本。

尽管作业成本与传统成本法相比具有极大的优势，然而，并不是说作业成本法就没有缺陷。由于作业成本法的基础数据仍然来自传统的成本计算，传统成本计算的随意和可选择性，也会影响到作业成本法；实施作业成本法，可能会给企业带来较长期的经济利益，短期内实施效果不明显。

任务小结

本任务以学习物流成本核算方法为主要内容。成本核算方法有传统的品种法、分批法、分步法和现代的作业成本法。传统成本计算方法只是按产品提供最终成本信息，而作业成本法的成本信息资料除了包括产品成本外，还包括各作业的成本、各作业投入与产出的状况等资料，其详细程度高于传统成本计算法。对于物流企业而言，成本核算方法的选择要综合考虑到众多的因素，科学选择成本计算方法。

项目小结

物流成本的核算是按照我国《企业物流成本计算与构成》(GB /T20523－2006)的相关规定以及企业经营管理的需要，对物流服务过程中实际发生的各种劳动耗费进行计算，提供真实、有用的物流成本信息。物流成本核算的主要方法有传统的品种法、分批法、分步法，现代物流成本核算方法有作业成本法。本项目内容是物流企业各作业环节进行核算的方法和依据，学生应重点学习。

教学分享

1.学习课时：建议8课时(其中理论学习4课时，实践4课时)。

2.教学方法

建议采用知识精点讲解和技能培训并举的教学方法。通过实例和案例讲解，让学生掌握物流成本的多种核算方法。应把握的知识重点包括物流成本各种核算方法，学习的重点和难点是作业成本法的应用。

3.学习环境要求

(1)学习场地：①多媒体教室；

②典型物流企业。

(2)学习资料：①物流成本实训软件；

②视频资源；

③课程网络资源。

课后习题

一、单项选择题

1.物流成本管理的前提是(　　)。

A.成本计划　　B.成本决策　　C.成本决策　　D.成本核算

2.根据我国《企业物流成本计算与构成》(GB /T20523—2006):物流成本计算以物流成本项目、物流范围和(　　)三个维度作为成本计算对象。

A.物流时间　　B.物流地点　　C.物流服务　　D.物流成本支付形态

3.在计算物流成本之前,首先要明确物流成本的(　　)。

A.计算范围　　B.计算方法　　C.含义　　D.特点

4.物流成本计算程序的第一步是(　　)。

A. 确定物流成本计算对象　　B.审核和控制各项费用和支出

C.确定成本项目　　D.归集和分配物流成本

5.物流成本费用的分配要遵循(　　)原则。

A. 相关性　　B. 权责发生制　　C. 受益　　D. 重要性

6.(　　)的划分一般是指对物流活动范围、物流功能范围及物流成本控制的重点因素进行选取。

A.成本承担实体　　B.物流成本计算空间

C. 成本计算期间　　D. 成本计算方法

7.独立的物流成本核算体系属于(　　)的物流成本核算。

A.统计方法　　B.独立方式　　C.会计方式　　D.宏观方式

8.下列哪种方法适用于大量大批多步骤的物流活动,并且管理上不要求计算各步骤成本的物流企业(　　)。

A. 逐步分项结转分步法　　B. 逐步综合结转分步法

C. 平行结转分步法　　D. 分批法

9.按照产品的品种计算产品成本的方法称为(　　)。

A.作业成本法　　B.品种法　　C.分批法　　D.分步法

10.按照产品的批别计算产品成本的方法称为(　　)。

A.分批法　　B.逐步结转分步法

C.品种法　　D.平行结转分步法

11. 逐步综合结转分步法是指各步骤所耗上一步骤的成本,可以以(　　)成本项目,综合计入下一步骤的成本费用明细账中。

A. 直接材料　　B. 直接人工　　C. 制造费用　　D. 管理费用

12. 下列方法中(　　)各步骤不计算所消耗上一步骤的成本,只计算本步骤发生的其他各项费用,以及这些费用中应计入最终物流作业总成本的“份额”。

A. 逐步分项结转分步法　　B. 逐步综合结转分步法

C. 平行结转分步法　　D. 分批法

13. 能够引发发货部门物流成本发生的成本动因是(　　)。

A. 购货单数量　　B. 发货单数量

C. 作业批次数量　　D. 搬运数量

14.按照物流作业项目计算物流成本的方法称为(　　)。

A.ABC 法　　B.品种法　　C.标准成本法　　D.分步法

15.物流作业成本法，简称物流 ABC，以特定物流活动成本为核算对象，通过(　　)来确认和计算作业量，进而以作业量为基础分配间接费用的物流成本管理方法。

A.生产工时　　B. 成本动因　　C. 作业数量　　D. 作业质量

二、判断题

1.(　　)成本核算既是对物流过程中的实际耗费情况进行归集、分配及其对象化的过程，也是对各种劳动耗费进行信息反馈和控制的过程。

2.(　　)品种法是物流成本计算的最基本的计算方法，它适用于大量大批单步骤的物流活动。

3.(　　)分步法在计算和结转各步骤成本时，可分为逐步结转分步法和平行结转分步法。

4.(　　)分类法和定额法通称为辅助方法，它们能单独使用。

5.(　　)分批法又叫订单法，是指以产品的批别(物流作业批次)作为成本计算对象来归集生产费用，计算产品(物流作业批次)成本的一种方法。

6.(　　)作业是指企业组织为了某一目的而进行的消耗资源的活动或事项，指企业为提供一定量的产品或者劳务所消耗的人力、技术、原材料、方法和环境的集合体。

7.(　　)对现在和将来重要的物流作业应单独设为一个物流作业中心。

8.(　　)为减少工作量，可以把不同动因的物流作业合并，建立物流作业中心。

9.(　　)成本动因可分为资源动因和作业动因两种。

10.(　　)在选择成本动因时，为避免作业成本核算过于复杂，要筛选具有代表性和重要影响的成本动因。

技能训练

1.顺达运输公司 1 月份发生的各项成本数据情况如下：

折旧费 7 000(其中运输车辆的折旧 4 000 元，装卸搬运的设备折旧 2 000 元，办公设备的折旧 1 000 元)，运输燃油费用 10 000 元，维修费 2 500 元(其中运输车辆的维修 2 000 元，办公设备的维修 500 元)，用于包装的材料费用 1 000 元，各项人员的工资及福利费用 80 000 元(其中驾驶人员 30 000 元，外包装卸搬运人员工资的 10 000 元，保管人员工资 10 000 元，管理人员工资 30 000 元)，电话及网络通信费用 10 000 元，业务招待费 2 000 元。

要求：

(1)对该运输公司的成本进行功能分类并计算。

(2)根据上述成本数据编制企业物流成本主表。

表 2-38　顺达运输公司业成本分类表

<table>
<tr><th>项目</th><th>构成</th><th>金额</th><th>合计/元</th></tr>
<tr><td rowspan="4">运输成本</td><td>车辆折旧</td><td></td><td rowspan="4"></td></tr>
<tr><td>燃油费用</td><td></td></tr>
<tr><td>维修费</td><td></td></tr>
<tr><td>驾驶人员工资及福利费</td><td></td></tr>
<tr><td>保管成本</td><td>保管人员工资及福利费</td><td></td><td></td></tr>
<tr><td>包装成本</td><td>包装材料费</td><td></td><td></td></tr>
<tr><td rowspan="2">装卸搬运成本</td><td>搬运设备折旧</td><td></td><td rowspan="2"></td></tr>
<tr><td>搬运工人工资及福利费(外包)</td><td></td></tr>
<tr><td>信息成本</td><td>电话及网络通信费</td><td></td><td></td></tr>
<tr><td>物流总成本</td><td colspan="3"></td></tr>
</table>

表 2-39　顺达运输公司物流成本主表

单位：元

<table>
<tr><th colspan="3" rowspan="2">成本项目</th><th colspan="3">物流总成本</th></tr>
<tr><th>自营</th><th>委托</th><th>成本项目合计</th></tr>
<tr><td rowspan="9">物流功能成本</td><td rowspan="5">物流运作成本</td><td>运输成本</td><td></td><td></td><td></td></tr>
<tr><td>仓储成本</td><td></td><td></td><td></td></tr>
<tr><td>包装成本</td><td></td><td></td><td></td></tr>
<tr><td>装卸搬运成本</td><td></td><td></td><td></td></tr>
<tr><td>流通加工成本</td><td></td><td></td><td></td></tr>
<tr><td colspan="2">小计</td><td></td><td></td><td></td></tr>
<tr><td colspan="2">物流信息成本</td><td></td><td></td><td></td></tr>
<tr><td colspan="2">物流管理成本</td><td></td><td></td><td></td></tr>
<tr><td colspan="2">合计</td><td></td><td></td><td></td></tr>
<tr><td rowspan="5">存货相关成本</td><td colspan="2">资金占用成本</td><td></td><td></td><td></td></tr>
<tr><td colspan="2">物料损耗成本</td><td></td><td></td><td></td></tr>
<tr><td colspan="2">保险和税收成本</td><td></td><td></td><td></td></tr>
<tr><td colspan="2">其他成本</td><td></td><td></td><td></td></tr>
<tr><td colspan="2">合计</td><td></td><td></td><td></td></tr>
<tr><td colspan="3">物流总成本</td><td></td><td></td><td></td></tr>
</table>

2.某物流企业某月对 2 000 件甲产品和 1 000 件乙产品进行包装。本月的费用支出及人工工时如表 2-40 所示。

表 2-40　产品成本支出表

单位:元

成本项目	甲产品	乙产品
直接材料	30 000	19 800
直接人工	46 000	25 000
人工工时	2 000	1 000
制造费用	67 500	

要求:以人工工时为分配依据,用品种法计算两种产品的总成本和单位成本,写出计算过程并填写成本计算表(见表 2-41 和表 2-42)。

表 2-41　甲产品成本计算单

项目	总成本/元	单位成本/(元/件)
直接材料 直接人工 制造费用		
合计		

表 2-42　乙产品成本计算单

项目	总成本/元	单位成本/(元/件)
直接材料 直接人工 制造费用		
合计		

3.某物流企业 1 月份共有三张配送订单,订单批号分别为 101、102、103,用车数量分别 5 辆、10 辆、12 辆,该月发生配送的间接费用共计 103 500 元。各批次配送发生的有关成本资料如表 2-43 所示。

表 2-43　配送成本资料表

单位:元

批号	直接材料	直接人工	间接费用
101	15 000	25 000	103 500
102	20 000	30 000	
103	40 000	35 000	

要求:用分批法计算各批次配送的总成本和单位成本,写出计算过程并填写成本计算表(间接费用按直接人工费用标准进行分配)。

（1）填写制造费用分配表，如表 2-44 所示。

表 2-44　制造费用分配表

批号	消耗工时/元	分配率	分配额/元
101			
102			
103			

（2）根据相关费用凭证和制造费用分配表登记各批次物流作业成本明细账，如表 2-45～2-47 所示。

表 2-45　101 号批次产品配送成本明细账

单位：元

月份	直接材料	直接人工	制造费用	合计
1 月				

表 2-46　102 号批次产品配送成本明细账

单位：元

月份	直接材料	直接人工	制造费用	合计
1 月				

表 2-47　103 号批次产品配送成本明细账

单位：元

月份	直接材料	直接人工	制造费用	合计
1 月				

（3）根据各批次物流作业成本明细账编制成本计算单，如表 2-48～2-50 所示。

表 2-48　101 号批次产品配送成本计算单

项目	总成本/元	单位成本/（元/辆）
直接材料		
直接人工		
制造费用		
合计		

表 2-49　102 号批次产品配送成本计算单

项目	总成本/元	单位成本/（元/辆）
直接材料		
直接人工		
制造费用		
合计		

表 2-50　103 号批次产品配送成本计算单

项目	总成本/元	单位成本/(元/辆)
直接材料		
直接人工		
制造费用		
合计		

4.某企业本月生产甲、乙两种产品，其所发生的成本资料如表 2-51 所示。

表 2-51　甲、乙两种产品成本资料表

项目	甲产品	乙产品
产量/件	10 000	2 000
直接人工工时/小时	25 000	4 000
单位产品直接材料成本/(元/件)	20	20
单位产品直接人工成本/(元/件)	12	10
制造费用总额/元	232 000	

根据作业分析，该公司根据各项作业的成本动因性质设立了机器调整准备、质量检验、设备维修、生产订单、材料订单、生产协调等六个作业成本库，如表 2-52 所示。

表 2-52　作业动因分配表

作业成本库	可追溯成本/元	成本动因	作业量		
			甲产品	乙产品	合计
机器调整准备	50 000	准备次数	300	200	500
质量检验	45 000	检验次数	150	50	200
设备维修	30 000	维修工时	200	100	300
生产订单	55 000	订单份数	195	80	275
材料订单	25 000	订单份数	140	60	200
生产协调	27 000	协调次数	50	50	100
合计/元	232 000				

要求：用作业成本法计算两种产品的总成本和单位成本。写出计算过程并填写表 2-53～2-55。

表 2-53　作业动因分配表

作业成本库	可追溯成本/元	成本动因	作业量			成本动因分配率
			甲产品	乙产品	合计	
机器调整准备						
质量检验						
设备维修						
生产订单						

续表

作业成本库	可追溯成本/元	成本动因	作业量			成本动因分配率
			甲产品	乙产品	合计	
材料订单						
生产协调						
合计/元						

表 2-54 制造费用分配表

作业成本库	成本动因分配率	甲产品		乙产品		作业成本合计/元
		作业量	作业成本/元	作业量	作业成本/元	
机器调整准备						
质量检验						
设备维修						
生产订单						
材料订单						
生产协调						
合计						
产量/件						
单位产品应分摊的制造费用/(元/件)						

表 2-55 产品生产成本计算表

项目	甲产品	乙产品	合计
产量/件			
直接材料/元			
直接人工/元			
制造费用/元			
总成本/元			
单位成本/(元/件)			

5.顺达厂对甲(20 000 件)、乙(40 000 件)两种产品进行包装,具体资料如表 2-56 所示。

表 2-56 产品成本资料表

项目	甲产品	乙产品	合计
直接成本/元	20 000	100 000	120 000
间接成本总计/元			720 000
其中:准备费用			200 000

续表

项目	甲产品	乙产品	合计
检验费用			145 000
电费			180 000
维护费			195 000
准备次数/次	600	400	1 000
检验时数/小时	1 000	450	1 450
耗电量/度	120 000	180 000	300 000
机器工时/小时	20 000	100 000	120 000

要求:用作业成本法计算两种产品的包装总成本和单位成本。写出计算过程并填写表 2-57、2-58。

表 2-57 间接成本分配表

作业中心	作业动因	作业动因分配率	甲产品		乙产品		作业成本合计/元
			动因数量	分配额/元	动因数量	分配额/元	
准备							
检验							
供电							
维护							
合计							

表 2-58 产品包装成本计算表

项目	甲产品	乙产品	合计
产量/件			
直接成本/元			
间接成本/元			
总成本/元			
单位成本/(元/件)			

教学评价

班级__________ 学号__________ 姓名__________ 成绩__________

项目二知识技能测评表

学习任务	分项评价指标	学生学习结果评价
任务一：物流成本核算认知	物流成本核算的含义	A(　　) B(　　) C(　　)
	物流成本核算的对象	A(　　) B(　　) C(　　)
	物流成本核算的特点	A(　　) B(　　) C(　　)
	物流成本核算的程序	A(　　) B(　　) C(　　)
	物流成本核算模式的选择	A(　　) B(　　) C(　　)
任务二：物流成本核算方法	企业生产特点对成本计算方法选择的影响	A(　　) B(　　) C(　　)
	品种法	A(　　) B(　　) C(　　)
	分批法	A(　　) B(　　) C(　　)
	分步法	A(　　) B(　　) C(　　)
	作业成本法	A(　　) B(　　) C(　　)
学生对教学有何建议：		
教师总体评价： 年　　月　　日		

说明：在(　　)中打√，A表示理解掌握，B表示基本理解掌握，C表示未理解掌握。

◆ 项目三 ◆
运输成本管理

知识目标

1.了解运输成本的概念和构成、汽车运输成本分类、海洋运输成本分类；
2.理解运输成本的影响因素；
3.掌握运输成本的控制方法、汽车运输成本核算、海洋运输成本核算。

技能目标

1.能够对汽车运输成本进行归集、分配和核算；
2.能够对海洋运输成本进行归集、分配和核算。

思政目标

1.树立建设交通强国的理念；
2.培养物流成本管理的意识；
3.树立绿色运输的理念。

任务一 运输成本认知

学习内容

1.运输成本的概念、作用、构成；
2.运输成本的影响因素；
3.运输成本的控制方法。

学习目标

1.能够分析企业或项目的运输成本影响因素；
2.掌握运输成本的控制方法，根据企业与客户需求选择合理的运输方式。

案例导入

巴拿马运河遭遇干旱,多家航运企业运输价格上涨

据美国有线电视新闻网2023年6月13日报道,全球贸易的重要水道——巴拿马运河持续遭遇干旱影响,轮船吃水深度受到限制,物流企业的通行成本面临上涨的压力。

美国有线电视新闻网援引巴拿马运河管理局的消息称,中美洲大部分地区过去数月遭遇罕见干旱,湖泊河流水位骤降、缺水日益严重。全长超过80公里的巴拿马运河属水闸式运河,高出海平面26米。船舶通行时要利用水闸升高或降低水位,每次需将2亿升淡水排入海洋中。这些淡水的重要来源之一就是当地的人工湖——加通湖。由于缺乏降水补充,湖水水位持续降低,气象部门预测,到7月湖泊水位将刷新最低纪录。

受缺水影响,巴拿马运河管理局近期接连下调大型船舶吃水的最大深度,从最深超过15米已下调至13.41米,并有可能进一步下调。有国际物流业公司担忧,限制货轮吃水深度,意味着一些集装箱货轮可能需要削减40%载货量才能通行,物流成本将大幅增加。目前,已有多家依赖巴拿马运河航线的航运企业将单个集装箱的运输价格上涨300～500美元,约合人民币2100～3600元。

资料来源:https://baijiahao.baidu.com/s?id=1768780748111758019&wfr=spider&for=pc

课前思考

1.巴拿马运河遭遇干旱对航运企业造成什么影响?

2.运输成本项目构成有哪些?

知识学习

一、运输成本的概念

运输成本在整个物流系统中所占的比重也很大,是物流成本的主要构成部分;一般综合分析计算,运输费在社会物流费用中约占50%。运输成本的有效控制对物流总成本的节约具有举足轻重的作用。2021年运输成本在社会物流总成本中所占的比重如图3-1所示。

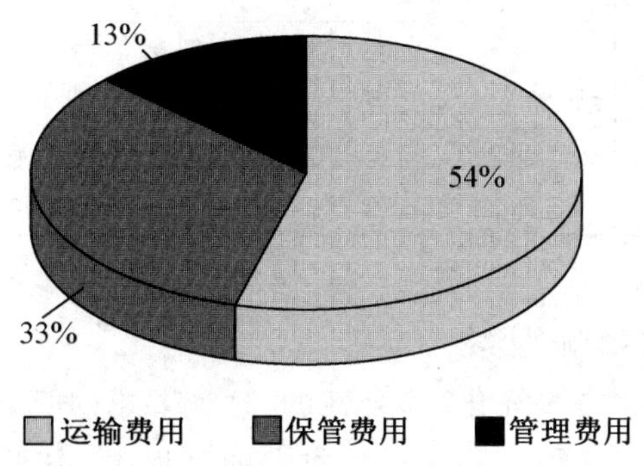

图3-1 2021年运输成本在物流总成本中所占的比重

1.运输成本的概念

运输服务是一种创造价值的服务活动，而运输成本是运输企业在一定时间内为完成一定货物运输量而消耗的物化劳动和活劳动的货币表现，也是其全部费用的总和，可称为该期运输总成本。单位运输产品分摊的运输费用支出，可称单位运输产品成本，简称运输成本。

2.运输成本的作用

运输成本是制定货物运输价格的重要依据。运输成本必须通过运输收入来补偿，因此，制定货物合理的运输价格，才能取得运输成本的合理补偿。因此，运输企业在生产经营过程中消耗的各种资源是否得到有效补偿、补偿多少，对于运输企业而言是个至关重要的问题，需要企业通过核算成本获得这方面的成本有效信息，并进行有效的运输决算管理，由此来确定运输盈利额。所以，运输成本是评价运输经济效益的综合性质量指标。

3.运输成本的构成

按照运输方式不同，运输成本包括汽车运输成本、铁路运输成本、水路运输成本和航空运输成本等，不同的运输方式所包含的运输成本有不同的构成类别和范围。为了便于成本核算，一般可以分为直接营运成本和间接营运费用，具体如表 3-1 所示。

直接营运成本是指与生产运输直接相关的费用支出，间接营运费用指企业为组织运输生产而发生的各种管理费用。

表 3-1　运输成本构成表

<table>
<tr><th colspan="3">运输成本项目</th><th>具体内容</th></tr>
<tr><td rowspan="6">直接营运成本</td><td colspan="2">直接人工费</td><td>支付营运车辆司机工资</td></tr>
<tr><td rowspan="2">直接材料费</td><td>燃料费</td><td>营运车辆运行过程中所耗用的各种燃料费</td></tr>
<tr><td>轮胎费</td><td>营运车辆运行过程中所耗用的外胎、内胎、垫带费和零星修补费等</td></tr>
<tr><td rowspan="3">其他直接费用</td><td>修理费</td><td>营运车辆进行各级保养及修理所发生的料工费</td></tr>
<tr><td>折旧费</td><td>按规定计提的营运车辆的折旧费</td></tr>
<tr><td>其他费用</td><td>指不属于以上各项的与营运车辆运行直接相关的费用，包括车管费、行车事故损失、车辆牌照及检验费、保险费、车船税及各种行车杂费等</td></tr>
<tr><td colspan="3">间接营运费用</td><td>指车队、车站和车场等基层运营单位为组织与管理营运过程所发生的，应由企业成本的管理费和营业费用，包括工资、职工福利费、劳动保护费、取暖费、水电费、办公费、差旅费、修理费、保险费、设计制图费和试验检验费等</td></tr>
</table>

二、运输成本的影响因素

影响运输成本的因素是多样化、综合性的，这就要求对运输成本的分析要采用系统的观点进行综合分析。在控制物流运输成本的过程中，也要进行综合治理，多管齐下。综合考虑，影响的基本要素包括以下四点：

1.运输距离

运输距离是影响运输成本的主要因素,因为它直接对劳动、燃料和维修保养等变动成本发生作用。图 3-2 显示了距离和成本的一般关系,并说明了以下两个要点:

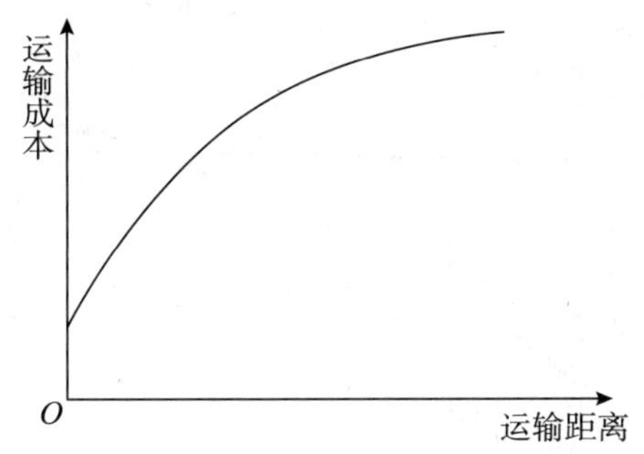

图 3-2 距离和运输成本之间的一般关系

(1)成本曲线不是从原点开始的,因为它存在与距离无关、但与货物的提取和交付活动所产生的固定费用有关。

(2)成本曲线是随距离减少而增长的一个函数,这种特征被称作递减原则(tapering principle),即运输距离越长,城市之间的运输距离所占的比例越高,而不是使市内的公里数更大。于是,承运人可以使用更高的速度,使城市间每公里单位费用相对较低,并且有更多的距离适用相同的燃料和劳动费用;而市内运输通常会频繁地停车,因此要增加额外的装卸成本。

2.运输量

第二个因素是运输量。它之所以会影响运输成本,是因为与其他许多物流活动一样,大多数运输活动中都存在着规模经济。这种关系如图 3-3 所示,它说明了每单位重量的运输成本随运输量的增加而减少。之所以会产生这种现象,是因为提取和交付活动的固定费用以及行政管理费用可以随装载量的增加而被分摊。但是,这种关系受到运输工具(如卡车)最大尺寸的限制,一旦该车辆满载,对下一辆车会重复这种关系。这种关系对企业物流管理部门的启示是,小批量的物品应该整合成更大的运输量,以期利用规模经济性。

运输时间与物流综合成本之间的函数关系如图 3-3 所示。

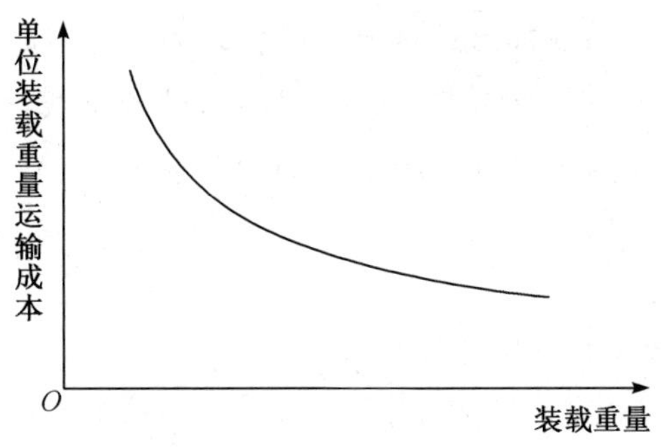

图 3-3 装载重量与运输成本的关系

另外，不同运输量与不同运输方式之间也有不同的成本比较和选择组合。如图3-4就表明了公路运输、铁路运输、水路运输和管道运输四种运输方式的运距与运输成本之间的比较和选择组合模型。

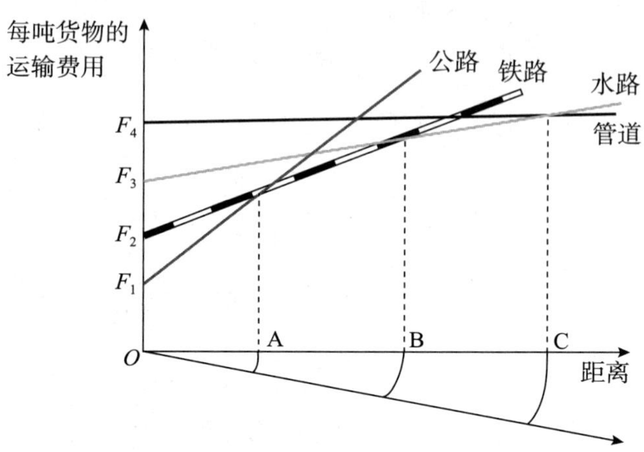

图3-4 几种运输方式的运距与运输成本之间的关系

例如，如果企业所订(发)货的重量平均少于10千克，则选用航空运输方式可以降低运输成本；如果平均重量在10～35千克之间，则用卡车运输较为有利；当超过35千克时，由铁路部门运送将会降低运输费用。

3.运输时间要求

在上述选择条件中，输送物品的种类、运输量和运输距离等三个条件是货物自身的性质和存放地点决定的，因而属于不可变量。事实上，对这几个条件进行大幅度变更，从而改变运输服务方式的可能性很小。与此相反，运输时间和运输成本是不同运输方式相互竞争的重要条件，运输时间与成本的变化必然带来所选择的运输方式的改变。换句话说，这两个因素作为运输方式比较选择要素的重要性日益增强。

缩短运输时间与降低运输成本之间是一种此长彼消的关系，如果要利用快速的运输服务方式，就有可能增加运输成本；同样，运输成本下降有可能导致运输速度减缓，所以，如何有效地协调这两者之间的关系，使其保持一种均衡状态，是企业选择运输方式时必须考虑的重要因素。图3-5说明了运输时间与物流综合成本之间的函数关系。

图3-5中的销售成本曲线加上运送成本曲线即为总成本曲线。这条总成本曲线呈U字形，从它的最低点作垂直于代表运送时间的横轴的垂线，可知最佳延误送达时间为D点，其含义是指较长的运送时间所获得的边际收益，正好与丧失顾客惠顾的边际成本相等。

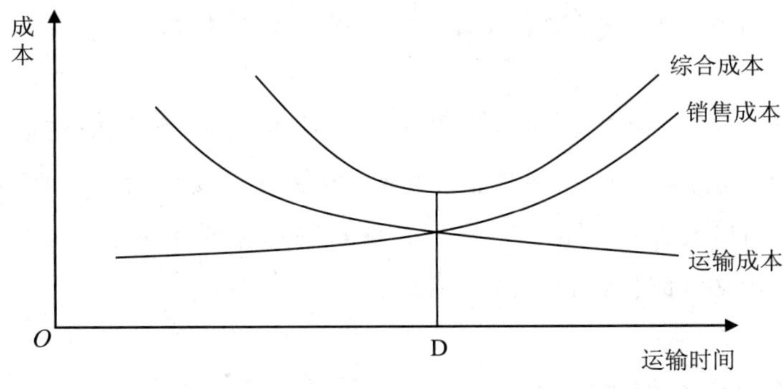

图 3-5 运输时间与物流综合成本之间的函数关系

上述分析表明，企业必须对物流运输系统决策进行系统的检查与评价。假如运送到东海岸的货物的平均重量为 50 千克，根据图 3-4 的模型，企业应采用铁路运送；但铁路运送不仅缓慢而且会引起短期缺货丧失市场销售的机会成本（见图 3-5），因此最好采用卡车运送。这样，企业虽然要支付较高的运输费用，但却降低了丧失市场销售的机会成本。当然，在得出这一结论之前，企业物流管理人员还应考虑不同的运输方式所带来的在途库存及货币时间价值计算的资金成本。

4.产品密度

产品密度把重量和空间方面的因素结合起来考虑。这类因素之所以重要，是因为运输成本通常表示为每单位重量所花费的金额，如每吨公里金额数或每担金额数等。在重量和空间方面，单独的一辆运输卡车更多的是受到空间限制，而不是重量限制。即使该产品的重量很轻，车辆一旦装满，就不可能再增加装运数量。既然运输车辆实际消耗的劳动成本和燃料成本主要不受重量影响，那么产品的疏密度越高，相对的可以把固定运输成本分摊到增加的重量上去，使这些产品所承担的每单位重量的运输成本相对较低。图 3-6 就是用于说明每单位的运输成本随产品密度的增加而下降的关系。

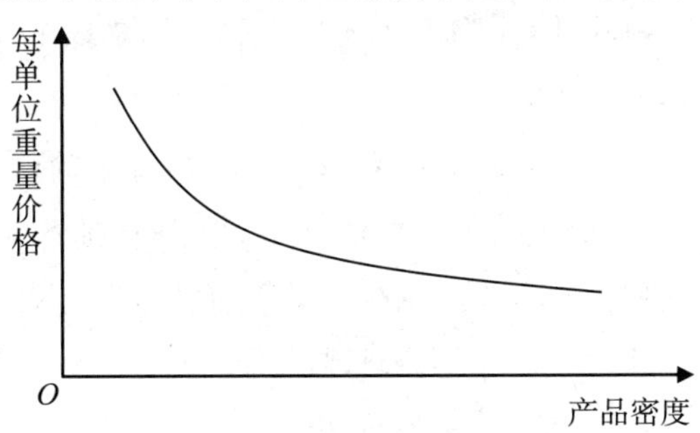

图 3-6 产品密度与运输成本之间的关系

一般来说，企业物流运输作业人员应设法增加产品密度，以便能更好地利用装载车辆的容积，使车辆能装载更多数量的货物。增加货物包装密度，可以将更多单位的产品装载进具有固定体积的车辆中去。在某种程度上，由于车辆已经满载，即使再增加产品的密度，也无法再提高收益。例如，从容积的角度来看，像啤酒或汽水之类的液体货物在装入公路货车容量的一半时，重量就会达到满载程度。显然，这类货物在还没有充分利用容量时，就有可能受到重量的限制。尽管如此，努力增加产品密度通常会使运输成本降低。

总之，降低成本是企业在任何时期都十分强调的战略，尤其是在企业经营处于微利的环境条件下，运输成本的下降是企业生存、发展的重要手段之一，物流成本一直被称作企业经营中的“黑暗大陆”，只有真正高度重视运输成本的削减，选择合适的运输方式，才能使物流成为企业利润的第三源泉。

三、运输成本的控制方法

物流中的运输成本在整个物流中占有重要的地位，而在物流企业全部物流成本中，运输成本所占的比重最大，因此对运输成本的有效管理和控制，可以体现出物流管理的成效，同时也直接影响到企业在竞争中的地位。运输成本管理的方法通常有：

1.强化运输成本的核算和考核

结合企业自身实际，寻找改善运输管理、降低运输成本的最佳途径。健全物流管理体制，建立物流运输管理专职部门，实现物流管理的专门化。应用物流作业成本法（物流 ABC），把反映物流运输成本的数据从财务会计的数据中准确剥离出来，统一企业成本计算的口径。在提高物流服务水平的同时，加强预算管理，强化成本管理意识，实行定额管理和目标成本管理，进行成本控制目标分解，明确责任，实现责、权、利结合，加强成本核算和考核。

2.增强全员的物流成本意识

运输成本占物流总成本和销售额的比例较大，凸显了运输成本管理的重要性。对运输成本的控制需要以物流管理部门为主导，需要物流运输乃至于整个物流功能环节及所涉及的各个部门、所有人员的共同配合，进行科学规划和协调，做到人人关心成本管理，全员参与成本控制，共同降低物流运输成本和物流总成本。

3.消除运输中不合理现象

物流运输不是一个孤立的环节，在组织运输时，要对运输活动及涉及的其他环节进行科学规划、统筹安排，尽量压缩不必要的环节，减少个别环节所占用的成本。对有条件直运的，应尽可能采取直达运输，减少二次运输。同时，更要消除对流及隐含运输、迂回运输、重复运输、过远运输等不合理现象。

4.合理选择运输方式，提高运输效率

（1）合理选择运输工具。在目前多种运输工具并存的情况下，必须注意根据不同货物的特点及对物流时效的要求，对运输工具所具有的特征进行综合评价，以便做出合理选择运输工具的策略，并尽可能选择廉价运输工具。

（2）合理选择运输方式。要合理组织多式联运。采用零担凑整、集装箱、捎脚回空运输等方法，扩大每次运输批量，减少运输次数。采用合装整车运输、分区产销平衡合理运输、直达运输、“四就”直拨运输等合理运输形式，有效降低运输成本。

(3)提高运输工具技术装载量。改进商品包装，改善车辆的装载技术和装载方法，对不同货物进行搭配运输或组装运输，可以使同一运输工具装载尽可能多的货物，最大限度利用运输工具的装载吨位，充分使用装载容积，提高运输工具的使用效率。对有条件的货物开展托盘运输。

5.科学设计运输网络，实现优化运输

在运费、运距及生产能力和消费量都已确定的情况下，可充分运用运筹学、管理数学中的线性和非线性规划技术、网络技术等解决运输的组织问题，制订科学合理的运输计划和方案；运用 GPS、GIS 等先进技术，对运输活动及过程进行跟踪、监控和调度，实现对车辆和线路的最优化、节点配送的优化等功能，也可进一步提高运输效率，提高安全性，降低成本。

6.运用现代化的物流信息系统控制和降低物流运输成本

现代物流的开展离不开现代化的物流信息系统。通过实施运输管理系统(TMS)和其他管理信息系统的有效对接，可使运输环节作业或业务处理准确、迅速；也有利于建立起物流经营统一战略系统，通过信息系统的数据汇总，进行预测分析，控制和降低物流成本；同时可以做到与用户需求信息资源的共享，应对可能发生的各种需求，及时调整运输计划，避免无效作业，减少作业环节，消除操作延迟，从而在整体上控制物流运输无效成本发生的可能性。

7.通过整合运力促进资源优化配置，降低运输成本

消除由于企业内部各部门间壁垒、企业之间壁垒、区域壁垒造成的物流运输资源浪费现象和对效率的影响。企业内部实现信息化管理，企业间尝试通过综合信息平台的建立，加强横向沟通和信息共享，共享资源，实行物流外包。这样可以减少企业间的重复建设所造成的资源浪费、效率低下等现象，优化社会和企业资源配置，减少企业投资，降低运输成本。

8.通过提高物流运输服务质量降低运输成本

加强物流运输服务质量管理，是降低物流运输成本的有效途径。不断提高物流质量，可以减少和消灭各种差错事故，降低各种不必要的费用支出，降低物流运输过程的消耗；可以保持良好的信誉，吸引更多的客户，形成规模化、集约化经营，提高效率，从根本上降低物流运输成本。

9.加强物流运输管理和操作人才的培养

人才是企业最重要、最有活力、最宝贵、最能给组织带来效益的资源。物流企业要发展，实现现代化物流，就必须重视物流人才队伍的建设。通过内部培养和外部引进的方式，培养人才、使用人才、留住人才。通过他们所掌握的先进知识、理念和技术以及努力工作，实现物流运输活动的优化、效率的提高和成本的降低。

实例 3-1

厦门中外运物流公司有3个仓库，分别是A、B、C，供应量分别是7吨、4吨、9吨，每天向4个配送中心送货，分别是甲、乙、丙、丁，需求量分别是10吨、3吨、2吨和5吨。单位运价表如图3-2所示，请确定初始可行方案。

表 3-2 物流公司运输产销地一览表

产地＼销地	甲	乙	丙	丁
A	2	3	7	6
B	1	3	2	6
C	3	5	4	8

解析：

第一步：建立货物的供需平衡表及运价表，如表3-3所示。

表 3-3 物流公司运输供需平衡及运价表

产地＼销地	甲	乙	丙	丁	供应量/吨
A	2	3	7	6	7
B	1	3	2	6	4
C	3	5	4	8	9
需求量/吨	10	3	2	5	20

第二步，利用最小元素法寻找初始方案。

首先，从表中找出最小运价为1，这表明由B给甲供应货物，运价最省，因为B供应量为4吨，甲需要10吨，所以先确定由B给甲供应货物4吨，甲还需要6吨货物，B所有货物已运出，这样，表中B所在的行不再考虑。

其次，在剩下的A和C两行运价中找出最小运价为2，这表明剩下的节点中，A给甲供应货物最省，因为A供应量为7吨，甲尚需6吨，所以确定由A给甲供应货物6吨，A还有1吨货物为运出，甲所有的需求已得到了满足，此时，甲所在的列也不再考虑。

然后，在剩下的A和C两行与乙、丙和丁三列的交叉点中，找出最小运价为3，这表明剩下的节点中，A给乙供应货物最省，因为A供应量还有1吨，乙需要3吨，所以确定由A给乙供应货物1吨，A所有货物已运出，乙得到了1吨货物的满足，此时，A所在的行也不再考虑。

依次计算确定，得到最小元素法确定的初始方案，如表3-4所示。

表 3-4　运输初始方案表

产地＼销地	甲	乙	丙	丁	供应量/吨
A	6	1			7
B	4				4
C		2	2	5	9
需求量/吨	10	3	2	5	20

任务小结

本任务以运输成本的认知为主，包括运输成本的概念、作用、构成，运输成本的影响因素，运输成本的控制方法等。通过完成本学习任务后，让学生掌握运输成本的基本构成、影响因素和运输成本的控制方法，根据企业与客户需求选择合理的运输方式。

任务二　汽车运输成本核算

学习内容

1.汽车运输成本的概念和分类；

2.汽车运输成本的核算。

学习目标

1.能够对汽车运输成本进行归集、分配；

2.掌握汽车运输成本的总成本和单位成本的核算。

案例导入

某汽车运输公司当月发生的燃料费 20 000 元；轮胎费 1 500 元；司机工资及福利费共 10 700 元；过路过桥费 2 500 元；基本建设银行借款的利息 2 000 元；车辆修理费用、折旧费共 5 000 元；各种赔偿金、违约金、滞纳金和罚款 5 000 元；运输保险费、公证费 3 000 元。以上的费用哪些费用支出属于汽车输运成本，哪些费用支出不属于汽车运输成本？

课前思考

1.什么是汽车运输成本？汽车运输成本包括哪些内容？

2.如何正确区分汽车运输成本和非汽车运输成本？

知识学习

一、认识汽车运输成本

1.汽车运输成本的概念

汽车运输成本是汽车货物运输企业在生产过程中为实现货物位移的各种耗费，包括车辆、装卸机械、燃料、轮胎、配件、工具等的价值耗费和相当于职工工资部分的价值耗费。

汽车运输企业完成一定的运输工作量所支付的各种费用的总和，称为汽车运输总成本。分摊到单位产品(计算单位为：千吨公里)上的成本即为单位成本(计算单位为：元/千吨公里)。准确地核算汽车运输成本，可以掌握运输生产消耗，为确定运价和运输盈利额提供依据，并揭示降低成本的方向。

2.汽车运输成本的分类

(1) 按照生产要素划分

按生产要素分类，可以反映企业在一定时期内同类性质费用的全部支出，便于按费用性质归口管理。具体将运输成本分成：

①外购材料费；

②外购燃料费；

③外购动力费；

④外购低值易耗品；

⑤职工工资、职工福利费；

⑥固定资产折旧费；

⑦固定资产维修费；

⑧其他费用支出。

(2)按照经济用途划分

按照经济用途划分，便于研究分析成本或者超支的原因，为降低成本提供具体的途径。具体将运输成本分成：

①车辆费用：企业营运车辆从事运输生产活动所发生的各项费用。包括：司机工资福利费、燃料、轮胎折旧、车辆修理、车辆折旧、年费、车辆保险费、事故处理费、车船使用税(按照吨位计算)、路桥费、其他。

②营运间接费：运输企业以下的基层分公司、车队、车站所发生的营运管理费用。

(3)按照成本性态划分

① 固定成本：在一定的运量范围之内与行驶里程和运量无关的相对固定的成本支出。例如：管理人员的工资、营运间接费用、管理费用、按照规定比例计提的工会经费等等。

②车公里变动成本：在汽车运输中随着行驶里程变动的成本。例如：车辆燃料耗费、轮胎、折旧、维修费等。

③吨公里变动成本:随着运输周转量而变动的成本。例如:吨公里燃料附加,按照营运收入和规定比例计算缴纳的运输管理费,按照周转量计算的行车补贴等。

▶▶▶▶ 任务导入 ▶▶▶

小张目前在厦门中外运物流有限公司进行毕业顶岗实习,学习运输成本的核算。一天,财务部王经理给出了以下资料让小李整理,要求区分汽车运输成本和非汽车运输成本:

中外运1月份汽车运输业务发生的情况如下:车队管理人员工资及福利费用100 00元,车队管理处水电1 000元,燃料费12 000元,轮胎费用1 000元,司机工资及福利费用共计15 000元,过桥过路费5 000元,基本建设银行借款的利息3 000,车辆修理及折旧6 000,各种赔偿金、罚款等3 000。运输的保险费4 000元。

任务描述:正确进行汽车运输成本的核算分类和核算。

▶▶▶▶ 任务实施 ▶▶▶

小张综合在校所学,得出以下几方面思考:

第一步:明确汽车运输成本的内容,如表3-5所示。

表3-5 汽车运输成本项目表

	汽车运输成本的项目	非汽车运输成本的项目
1	运输过程的各种材料耗费,包括消耗的燃料+轮胎+配件+润滑料+原材料+低值易耗品的费用	应在基本建设资金和各种专项经费中开支的费用
2	营运业务费用,如过桥费等	应在企业留用利润中开支的奖金
3	工资+福利+奖金等	基本建设资金和各种专项经费
4	固定资产的折旧+修理+租赁费用	基本建设借款和专项借款的利息以及流动资金借款的罚息
5	按规定计提的工会经费+职工教育经费	超出国家规定开支标准的各项费用支出
6	财产和运输保险费+公证费	应在企业留用利润中开支的各项赔偿金+违约金+滞纳金和罚金
7	流动资金贷款利息	与本企业经营无关的其他费用
8	办公费+会议费+差旅费等管理费用	
9	经审批不得计入成本的费用	

第二步:确定汽车运输成本的项目。

根据任务所示,对厦门中外运物流有限公司1月份的汽车运输成本进行汇总,如表3-6所示。

表 3-6 厦门中外运汽车运输成本项目表

单位:元

序号	应计入汽车运输成本的项目	金额	非汽车运输成本的项目	金额
1	车队管理人员工资及福利费用	10 000	基本建设银行借款的利息	3 000
2	车队管理处水电费	1 000	各种赔偿金十罚款等	3 000
3	燃料费	12 000		
4	轮胎费用	1 000		
5	司机工资及福利费用共计	15 000		
6	过桥过路费	5 000		
7	车辆修理及折旧	6 000		
8	运输的保险费	4 000		
合计		54 000		6 000

二、汽车运输成本的核算

汽车运输成本的核算,是指将营运车辆在生产过程中所发生的费用,按照成本计算对象和成本项目,依照一定的步骤方式和程序进行分类和确认,据此得出汽车运输的总成本和单位成本。

1.汽车运输成本的计算对象

按照不同燃料和厂牌对营运车辆进行车型划分,以完成的各项运输业务分别进行成本核算。也就是说以不同车型完成的各项运输业务进行费用的归集和分配。

对于特殊货物运输企业,应该以不同用途和不同类型来划分车辆,分别作为核算对象,例如集装箱专用车可以作为一种车型归集计算运输成本。

2.汽车运输成本的计算单位

汽车运输成本的计算单位以汽车运输工作量的计算单位为计量依据,是以吨公里或千吨公里为计算单位。

另外,大型运输车以千吨位公里为计算单位,而集装箱以千标准箱公里为计算单位。

知识链接

箱与标准箱的换算方法

现行集装箱国际标准规格中，集装箱有不同的尺寸规格，一些国家和地区还在使用与国际标准集装箱规格不同的集装箱，为统一计量，根据集装箱运输术语(GB/T 17271－1998)，以20英尺集装箱作为标准箱换算单位TEU(twenty-feet equivalent units，简称TEU)。

目前各国大部分集装箱运输，都采用20英尺和40英尺长的两种集装箱。为使集装箱箱数计算统一化，把20英尺集装箱作为一个计算单位，40尺集装箱作为两个计算单位，以利统一计算集装箱的营运量。

但是不同国家或地区由箱换算到TEU的方法稍有差别。我国的换算方法完全按照集装箱长度与标准箱长度的比值将箱换算为TEU，一个10英尺、20英尺、35英尺、40英尺和45英尺的集装箱分别相当于0.50TEU、1.00 TEU、1.75 TEU、2.00 TEU和2.25TEU。荷兰鹿特丹港的换算方法，不是完全按照集装箱长度与标准箱长度的比值进行换算，而是将8～19英尺、20～29英尺、30～39英尺、40～44英尺和45英尺分别换算为0.80TEU、1.00TEU、1.70TEU、2.00TEU和2.25TEU。

3.汽车运输成本的成本项目内容

汽车运输成本项目是指经营汽车运输业务的各项支出，反映了汽车运输成本的构成。根据运输企业会计制度规定，汽车运输成本项目分为车辆直接费用、辅助营运费用和营运间接费用几部分。具体内容如下：

(1)车辆直接费用

①工资和职工福利费。工资和职工福利费指按规定支付给营运车辆司机的基本工资、工资性津贴和生产性奖励金，以及按规定的工资总额和比例计提的职工福利费；随车售票乘务人员工资和工资性津贴，实行承包经营企业的司乘人员个人所得的承包收入也包括在本项目内。

②燃料费。燃料费指营运车辆运行中所耗用的各种燃料，如汽油、柴油等，自动装卸车辆卸车时所耗用的燃料也在本项目。

③轮胎费。轮胎费指营运车辆耗用的外胎、内胎、垫带的费用支出，以及轮胎翻新费和零星修补费。

④修理费。修理费指营运车辆进行各级维护和小修所发生的工料费、修复旧件费用和行车耗用的机油费用，以及车辆大修费用。

⑤车辆折旧费。车辆折旧指营运车辆按规定方法计提的折旧费。

⑥公路运输管理费。公路运输管理费指按规定向公路运输管理部门缴纳的运输管理费。

⑦车辆保险费。车辆保险费指向保险公司缴纳的营运车辆的保险费用。

⑧事故费。事故费指营运车辆在运行过程中损失，因行车肇事所发生的事故损

失，扣除保险公司赔偿后的事故费用。

⑨税金。税金指规定缴纳的车船使用税。

⑩其他费用。不属于上述以上各项的车辆营运费用，如行车杂支、过桥费等。

(2)辅助营运费用

辅助营运费用是指辅助生产部门发生的费用，主要是企业不进行独立核算的辅助生产部门为车队等生产部门提供保养、修理等辅助劳务而发生的辅助生产费用。具体包括：

①辅助生产部门的人员工资、福利费。

②辅助生产部门的发生的各项管理费用。

③辅助生产部门进行各级维护和小修作业所发生的业务费用，以及对外维修所发生各种耗费。

④辅助生产部门自制设备和配件所发生的材料等费用。

⑤辅助生产部门进行零件修补、旧件修复等业务所发生的各种消耗。

(3)营运间接费用

营运间接费用是不能直接计入成本计算对象的各种间接费用，指运输企业以下的基层分公司、车队、车站发生的营运管理费用但不包括企业行政管理部门(总公司或公司)的管理费用。具体包括：

①车队管理费，指基层车队所发生的营运管理费用。

②车站经费，指基层车站所发生的营运管理费用。

4.汽车运输成本的计算期间

汽车运输成本的计算期间，应按月、季、年计算从年初至各月末止的累计成本。一般不计算"在产品"成本。营运车辆在经营跨月运输业务时，一般以行车路单签发日期所归属的月份计算其运输成本。

5. 汽车运输成本的核算实例

▶▶▶▶ 任务导入 ▶▶▶

小张在熟悉运输成本项目的基础上，拿到厦门中外运2月份的汽车运输成本资料，为了进一步弄清楚汽车运输成本的核算方法，下面来计算2月份汽车运输总成本和单位成本。

厦门中外运物流有限公司的车辆数据资料如下：

表3-7 厦门中外运车辆数据资料表

指标	A型车	B型车
数量/辆	5	10
原值/(元/辆)	200 000	150 000
计划残值/(元/辆)	5 000	4 000

续表

指标	A 型车	B 型车
预计清理费/(元/辆)	1 000	1 000
使用年限/年	10	10
行驶里程定额/(公里/辆)	500 000	500 000
载重/(吨/辆)	15	5
运输次数/(次/日)(假定每月均按30个工作日计算)	1	2
大修理费/(元/年)	5 000	8 000
大修理次数/(次/年)	1	1

本月A型车共行驶20 000公里，运量1 000吨，领用燃料2 000升，每升7元；A型车一次性领用轮胎20个，每个900元，总残值3 000元，该批轮胎行驶里程定额300 000公里；本月共支付保险费等4 000元。

本月B型车共行驶60 000公里，运量为2 000吨，领用燃料3 000升，每升7元；B型车一次性领用轮胎40个，每800元，总残值6 000元，该批轮胎行驶里程定额500 000公里；本月共支付保险费等6 000元。

另外，本车队每辆车有一名固定司机，工资为4 200元/月，全车队后备两名司机，工资为3 150元/月。

本月附属维修辅助车间发生职工工资2 000元，发生其他车间经费1 000元。另外，该车间进行日常维护消耗材料费共5 000元，其中A型车消耗材料2 000元，B型车消耗材料3 000元。该车间该月完成的各项修理业务共计耗用200工时，生产零配件业务耗用100工时。A型车耗用修理工时60个，生产零配件工时40个。B型车耗用修理工时140个，生产零配件工时60个。

本月发生车站经费、车队管理费共20 000元，管理人员工资及福利共12 360元。其他业务直接费用共16 740元。

▶▶▶▶ 任务实施 ▶▶▶

第一步:计算车辆的直接费用

车辆的直接费用＝工资、职工福利费＋轮胎费＋修理费＋车辆折旧费＋燃料费＋公路运输管理费＋车辆保险费＋事故费＋税金＋其他费用

1.工资和职工福利费

对于有固定车辆的司机和工作人员的工资、福利，按照实际发生的数额直接计入相关运输成本；对于没有固定车辆的后备司机和工作人员的工资、福利，按营运车吨位或者营运车吨日分配计入相关成本项目。其计算公式为：

$$\text{每营运车吨日工资分配额(元/车吨日)}=\frac{\text{应分配的司机工资总额}}{\text{总营运车吨日}}$$

$$\text{某车型应分摊的司机工资额(元)}=\frac{\text{该车型实际}}{\text{总营运车吨日}}\times\text{每营运车吨日工资分配额}$$

(1)计算2月份营运车吨日

A型车车吨日=5×15×30×1=2 250(车吨日)

B型车车吨日=10×5×30×2=3 000(车吨日)

(2)计算费用分配率

后备司机每营运车吨日工资分配率=3 150×2/(2 250+3 000)=1.2(元/车吨日)

(3)计算各车型应负担的后备司机工资费用

A型车应负担后备司机工资=2250×1.2=2 700(元)

B型车应负担后备司机工资=3000×1.2=3 600(元)

(4)计算各车型应负担的总工资费用

A型车应负担工资成本=4 200×5+2 700=23 700(元)

B型车应负担工资成本=4 200×10+3 600=45 600(元)

2.轮胎费

外胎的一般领用按实际发生数直接计入当月运输成本,当一次领用较多时,可在一年内分月摊入各月的运输成本,一般按每千胎公里摊销额和月度内实际行驶胎公里数计算。计算公式为:

$$\text{每千胎公里摊销额(分配率)}=\frac{\text{(轮胎计划价格}-\text{计划残值)}}{\text{轮胎行驶里程定额}\div 1\,000}$$

某车型某月应计提的轮胎费=每千胎公里摊销额×(该车型该月实际行驶公里÷1 000)

(1)计算千胎公里摊销额

A型车千胎公里摊销额=(20×900−3 000)/(300 000÷1 000)=50(元)

B型车千胎公里摊销额=(40×800−6 000)/(500 000÷1 000)=52(元)

(2)计算各车型当月应摊销轮胎费用

A型车当月应摊销轮胎费用=50×20 000÷1 000=1 000(元)

B型车当月应摊销轮胎费用=52×60 000÷1 000=3 120(元)

3.修理费

修理费是指营运车辆进行维护和小修所发生的工料费、修复旧件费用以及车辆大修费用。因维护和修理而领用的各种材料、配件及修理等费用直接计入运输成本。车辆大修费用应根据“预提大修理费用计算表”分月计入运输成本。大修理费用有实际行驶里程法和使用年限法两种计提方法。

(1)实际行驶里程法

计算公式为:

$$\text{(千公里)大修理费用分配额}=\frac{\text{预计修理(次数)}\times\text{次修理费}}{\text{行驶里程定额}\div 1\,000}$$

(2)使用年限法

计算公式为：

$$大修理费用月分配额=\frac{预计修理(次数)\times次修理费}{预计使用年限\times12个月}$$

下面以实际行驶里程法为例计算大修理费

A 型车千公里预提

=(5×5 000)/(500 000×5÷1 000)

= 10(元/千公里)

该车型当月应预提的修理费用

=10×(20 000÷1 000)

= 200(元)

B 型车千公里预提额

=(10×8 000)/(500 000×10÷1 000)

=16(元/千公里)

该车型当月应预提的修理费用

=16×(60 000÷1 000)

=960(元)

修理费如果按使用年限法计算：

(1)A 型车月修理费预提额=5×5 000/(10×12)=208.33(元)

(2)B 型车月修理费预提额=10×8 000/(10×12)=666.67(元)

4.车辆折旧费

一般营运车的折旧按实际行驶里程法计算，特种车、大型车按使用年限法计算。

(1)行驶里程法的计算公式：

$$(千公里)折旧额=\frac{该车折旧总额(原价-残值+清理费)}{行驶里程定额\div 1\,000}$$

(2)使用年限法

月折旧额=该车折旧总额/(预计使用年限×12 个月)

下面以实际行驶里程法为例计算车辆折旧费

$$A型车(千公里)折旧额=\frac{(200\,000-5\,000+1\,000)\times5}{500\,000\times5\div1\,000}=392(元/千公里)$$

月折旧额=392×(20 000 ÷ 1 000)=7 840(元)

$$B型车(千公里)折旧额=\frac{(150\,000-4\,000+1\,000)\times10}{500\,000\times10\div1\,000}=294(元/千公里)$$

月折旧额=294×(60 000 ÷ 1 000)=17 640(元)

车辆折旧费如果按使用年限法计算：

A 型车月折旧额=(200 000-5 000+1 000)×5 /(10×12)=8 166.67(元)

B 型车月折旧额=(150 000-4 000+1 000)×10/(10×12)=12 250(元)

5.燃料费

营运车辆消耗的燃料主要包括柴油、汽油等。应根据行车路单或其他有关燃料消耗报告所列实际消耗量计算计入各车型分类成本。燃料消耗计算的范围与期间应与车辆运行情况相一致,以保证燃料实际消耗量与当月车辆行驶总车公里和所完成的运输周转量相对应。

但必须注意,燃料消耗要按实际耗用量计入成本费用,而燃料实际耗用量的确定方法取决于企业对车存燃料的两种不同管理方式:满油箱制和盘存制。

实行满油箱制的运输企业,应在月初、月末油箱加满的前提下,车辆当月燃料实耗数即为当月燃料实际消耗数,企业根据行车路单领油记录核实的燃料消耗统计表即可计算当月燃料实耗数。

对于实行实地盘存制的企业,在月底实地测量车辆油箱存油数,结合行车路单加油记录计算各车当月实际消耗的燃料,可采用以下公式计算:当月耗用数=月初车存数+本月领用数-月末车存数

营运车辆在企业以外的油库加油,其领发数量不作为购入和发出处理的作业,应根据相关发票直接计入分类运输成本项目。

下面根据前面的资料计算各车型的当月燃油费:

(1) A 型车月燃油费用=7 元/升×2 000 升=14 000(元)

(2) B 型车月燃油费用=7 元/升×3 000 升=21 000(元)

6.其他费用

(1)本月 A 型车共支付保险等其他费用 4 000 元;

(2)本月 B 型车共支付保险等其他费用 6 000 元。

第二步:计算车辆的辅助营运费用

辅助营运费用的计算应按照不同成本对象进行归集,并按受益部门和一定的方法进行分配,能够直接计入各成本计算对象的,应直接计入。不能直接计入的按一定的方法进行分配,辅助生产部门的人工费用和车间费用等间接费用通常按照各项业务消耗的实际工时进行分摊。

$$\text{辅助营运间接费用单位工时分配率}=\frac{\text{辅助营运部门的间接费用总额}}{\text{辅助生产实际总工时}}$$

各车型应分摊辅助营运费用额=各车型实际耗用工时×辅助营运间接费用单位工时分配率

各车型辅助营运费用总额=辅助直接费用+辅助间接费用

下面根据前面的资料计算各车型的当月辅助营运费用。

(1) 计算辅助营运间接费用单位工时分配率

单位工时分配率=(2 000+1 000)÷(200+100)=10

(2) 计算各车型应分摊的辅助营运间接费用

A 型车应分摊的辅助营运间接费用=10 ×(60+40)=1 000(元)

B 型车应分摊的辅助营运间接费用＝10 ×(140＋60)＝2 000(元)

(3)汇总各车型的辅助营运费用

A 型车辅助营运费用＝2 000＋1 000＝3 000(元)

B 型车辅助营运费用＝3 000＋2 000＝5 000(元)

第三步:计算营运间接费用

汽车运输企业的营运间接费用,主要是指运输公司或公司以下的基层分公司、车队、车场、车站的营运管理费用,但不包括企业行政管理部门的管理费用。一般分成以下两步：

(1)车辆管理费的分配:车辆管理费应分配入本车队各类型的运输成本。其分配方法通常先按车队发生的营运车辆的车辆费用和其他业务的直接费用比例,由运输业务和其他业务分摊后,再按各类车辆的直接费用比例或营运车日比例由各类运输成本分摊。

车辆管理费初次分配的计算公式如下:

车队费用分配率＝当月车队费用总额/(运输业务直接费用＋其他业务直接费用)

运输业务应分摊车队费用＝当月运输业务直接费用总额×车队费用分配率

车队管理费按各种车辆的直接费用的比例分配的计算公式如下:

$$\text{车辆费用按车型分摊的分配率}=\frac{\text{运输业务应分摊的车队费用}}{\text{该车队各类型营运车的直接费用}}$$

某车型的营运车应分摊的车队费用＝当月该车型营运车直接费用总额×车队费用按车型分摊的分配率

(2)车站经费的分配:车站经费应在车站各种业务之间分配,通常按运输直接费用、其他业务直接费用比例分摊;为运输业务负担的车站费用应按车型类别的直接费用比例分摊。

下面根据前面的资料计算各车型应分摊的营运间接费用。

(1)汇总各车型的直接费用

本月 A 型车直接费用＝23 700＋1 000 ＋200＋7 840＋14 000＋4 000＝50 740(元)

本月 B 型车直接费用＝45 600＋3 120 ＋ 960＋17 640＋ 21 000＋6 000＝94 320(元)

本月运输业务的直接费用＝50 740＋94 320＝145 060(元)

(2)计算车队运输业务分摊的营运间接费用

分配率＝(20 000＋12 360)/(145 060＋16 740)＝0.20

运输业务应分摊的间接费用＝145 060×0.20＝29 012(元)

其他业务应分摊的间接费用＝16 740×0.20＝3 348(元)

(3) 计算各车型应分摊的营运间接费用

按车型分摊的营运间接费用的分配率＝29 012÷145 060＝0.20

本月A型车应分摊的营运间接费用=50 740×0.20=10 148(元)

本月B型车应分摊的营运间接费用=94 320×0.20=18 864(元)

A型车和B型车间接费用的分配情况如表3-8所示。

表3-8 厦门中外运车辆间接费用的分配表

<table>
<tr><th>项目</th><th>成本分配/元</th><th>成本分配/元</th></tr>
<tr><td rowspan="3">营运间接费用
20 000+12 360
=32 360</td><td rowspan="2">运输业务29 012</td><td>A型车10 148</td></tr>
<tr><td>B型车18 864</td></tr>
<tr><td>其他业务3 348</td><td></td></tr>
</table>

第四步:计算总成本和单位成本

汽车运输总成本是指成本计算期内,各运输成本计算对象的成本总额之和。

计算公式为:

汽车运输总成本=$\sum$各成本计算对象汽车运输成本

汽车运输单位成本:分摊到单位产品(计算单位为:千吨公里)上的成本即为单位成本(计算单位为:元/千吨公里)。单位运输成本是反映汽车运输单位生产技术水平和经营管理水平的综合指标。

$$\text{某运输成本计算对象的单位成本}=\frac{\text{该成本计算对象当月运输总成本}}{\text{该成本计算对象的当月运输周转量}}$$

总成本和单位成本的计算如下:

(1)计算各车型总成本

A型车总成本=直接费用+辅助营运费用+间接营运费用

=50 740 +3 000 + 10 148=63 888(元)

B型车总成本=直接费用+辅助营运费用+间接营运费用

=94 320+ 5 000 + 18 864=118 184(元)

(2)计算各车型周转量

A型车周转量=20 000×1 000=20 000 000(吨公里)=20 000(千吨公里)

B型车周转量=60 000×2 000=120 000 000(吨公里)=120 000(千吨公里)

(3)计算各车型单位成本

A型车单位成本=总成本÷周转量=63 888÷20 000=3.19(元/千吨公里)

B型车单位成本=总成本÷周转量=118 184÷120 000=0.98(元/千吨公里)

第五步:编制成本计算表(见表3-9、表3-10)

表3-9 本月A型车成本计算单

项目	总成本/元	单位成本/元
直接费用	50 740	2.54
辅助营运费用	3 000	0.15
营运间接费用	10 148	0.51
合计	63 888	3.19

表 3-10 本月 B 型车成本计算单

项目	总成本/元	单位成本/(元/千吨公里)
直接费用	94 320	0.78
辅助营运费用	5 000	0.04
营运间接费用	18 864	0.16
合计	118 184	0.98

任务小结

本任务以汽车运输成本核算的认知和核算为主，包括汽车运输成本核算的对象和核算方法。通过相关实例和任务说明汽车运输成本的构成与核算。汽车运输企业的成本一般以单车或者车型为成本计算对象，以月为成本计算周期，将发生的成本费用按照是否能够直接计入成本计算对象而分成直接费用和营运间接费用。对不能直接计入成本计算对象的辅助营运间接费用和营运间接费用，要分别按照工作量、耗用的生产工时等标准在不同的成本计算对象之间进行分配。如表 3-11 所示。

表 3-11 汽车运输成本计算项目及分配标准表

项目	明细项目	分配标准
直接费用	人工费	车吨日
	轮胎费	轮胎额定里程
	修理费	车辆额定里程
	折旧费	车辆额定里程
	燃料	无须分配
	其他	无须分配
辅助营运费用	—	工时
营运间接费用	—	已发生的直接费用

任务三 海洋运输成本核算

学习内容

1.海洋运输成本的概念和分类；

2.海洋运输成本的核算。

学习目标

1.能够对海洋运输成本进行归集、分配；

2.掌握海洋运输成本的总成本和单位成本的核算。

案例导入

海洋运输作为国际贸易中最主要的运输方式，其优点在于运载量大、费用低、速度快、风险小、通过能力强。中国已经成为海运大国之一。2023 年 2 月，上海国际航运研究中心发布了《2022 年全球前 20 大吞吐量港口排名》，中国港口占据了 16 席；而在《2022 年全球前 20 大集装箱吞吐量港口排名》的前 10 大港口中，中国港口占据了 7 席。

2023 年 5 月，由世界银行和标普全球市场财智共同编制的第三版全球集装箱港口绩效指数(CPPI)发布，其根据从船舶到达港口到完成货物交换并离开泊位的时间来衡量港口运营效率，对全球 348 个集装箱港口进行了排名。2022 年中国洋山港的运营虽然受到台风和其他多种因素的严重干扰，但运营效率仍居全球首位。绩效运营效率进入前 20 位排名的中国港口还有排名第 7 的宁波港、排名第 9 的广州港、排名第 11 的香港港、排名第 13 的蛇口港、排名第 14 的妈湾港、排名第 20 的天津港。

数据显示，推进港口流程数字化和港口基础设施现代化可以提高生产力、改善客户服务并促进碳减排。当前，如何科学和准确地核算海洋运输成本已经成为海洋运输企业要解决的重要问题。

资料来源：中国水运报，http://www.zgsyb.com/news.html? aid=654306

课前思考

1.什么是海洋运输成本？海洋运输成本包括哪些内容？

2.如何正确区分海洋运输成本和非海洋运输成本？

知识学习

一、海洋运输成本的概念和分类

海洋运输成本是海洋货物运输生产过程中所产生的以货币反映的全部耗费。海洋运输业务根据船舶航行的海域范围，可分为沿海运输和远洋运输。

1.沿海运输业务及其成本构成

沿海运输业务是海运企业营运船舶在近海航线上的运输业务。通常情况下，沿海运输业务的运输距离、航次时间较短，数日内可往返一次。船舶进出港口，由港口单位提供码头设备和各种服务，航运单位按规定向港口单位交付各种港口使用费用。海运企业的沿海运输业务，由港口单位代理，海运企业付给代理费用。

海运企业船舶吨位较大，费用较多，所以应按单船归集船舶营运费用，计算货运成本。海运企业的运输船舶，有时从事非运输工作，如船舶临时出租、救援工作等，应属于其他业务，所发生的船舶费用，应在计算船舶运输成本时予以扣除。

2.远洋运输业务及其成本构成

运洋运输业务通常指国际航线业务。运洋运输船舶来往于国内外港口之间，运输距离较长，每次航行在一个月以上，至少长达数月之久。远洋运输船舶进出国内港口，使用码头设备，与沿海船舶相同，需按规定向港口单位支付各种港口使用费；货运业务由港口代理，支付代理费用。远洋船舶进出国外港口，须按各港口规定支付各种港口使用费；在国外港口，船舶运输业务由代理行代理，支付代理费用。

船舶通过海峡，须支付海峡通行费，按照国际运输规定，航运方往往根据运输条款支付某些运输费用，如垫舱费、装卸费用、揽货佣金、理货费用等。远洋运输业务的成本构成，与沿海和内河船舶运输有着明显的不同。

远洋运输量须按船舶航次统计，运输收入须按船舶已完成航次计算。因此，船舶营运成本的计算不仅要按单船，同时还要按不同航次，以便正确划分与计算各航次的运输效益。

二、海洋运输成本的计算对象、成本计算单位和成本计算期

1.成本计算对象

海洋运输(简称海运)的成本计算对象是企业运输船舶的运输业务。企业应计算海洋运输的总成本和单位成本。

海运成本虽以海运业务为成本计算对象，但由于运输成本主要是船舶设备的使用成本，因此发生的船舶费用仍以运输船舶为对象，通过计算船舶费用间接计算货运成本。

由于远洋运输船舶都是按单船归集和分配船舶费用，即使是计算船型成本，也是先按单船汇集船舶费用，然后再按相同船型汇总。

海运企业可以根据企业经营管理上的需要计算下列各种成本：

(1)单船运输成本

以每艘船舶运输业务为成本计算对象，计算每艘船舶运输成本；

(2)类型船运输成本

以各类型的船舶运输业务为成本计算对象，计算各类型船舶的运输成本；

(3)航线运输成本

以各航线的船舶运输业务为成本计算对象，计算各航线运输成本。

2.成本计算单位

海运企业，不论沿海运输或远洋运输船舶，完成运输周转量都是按当月(季、年)已完航次统计的到达量计算，即以千换算吨公里。因此，计算单位成本时所用的周转量，都是月(季、年)已完航次的周转量，而不是以月(季、年)末最后一天为截止日期。

海洋企业为了比较船舶费用的水平，可以计算每一船舶吨位公里的费用。所谓船舶吨位公里是指船舶的定额吨位数，与其完成航次的全部航次里程的乘积，其计算公式如下：

$$\text{船舶吨位公里}=\sum\left(\frac{\text{每艘船舶的}}{\text{定额吨位数}}\times\frac{\text{已完航次}}{\text{航行里程}}\right)$$

远洋运输还可以运输量千吨为成本计算单位，特别是计算航线成本时，由于同航线距离固定，只需计算运输量千吨的单位成本即可，其所以如此，与各运价方案有关，因为远洋远价方案不同于沿海运价，沿海运价的基价为每吨公里运费率，而远洋运价基价是航线每吨运费率。

3. 成本计算期

(1)沿海运输按月计算成本

沿海运输船舶航线较短，船舶费用较低，船舶运输虽按航次组织，但各月末未完航次成本数额较为均衡，因此，为了简化成本计算，通常以月为成本计算期，按日历的月、季、年计算成本。单船以月末的最后一天为成本计算截止时间。

沿海运输按月计算成本时，实际工作中，以月末的最后一天为成本计算截止时间会有困难。因此，在以月为成本计算期时，燃料消耗仍以当月已完航次的消耗数计入成本。

近海航线较短，当月可以完成一个以上航次，当月的燃料消耗数量就是当月已完几个航次燃料消耗数的合计。其他各项费用均按当期发生数计列，由当期成本负担。

(2)远洋运输按航次计算成本

远洋运输由于航次时间较长，船舶吨位较大，船舶费用较多，而且各个期初期末未完航次数不均衡，相应的未完航次成本相差较大，因此，为了正确计算成本，远洋运输通常分船按航次计算成本，计算报告期已完航次的成本，将期末未完航次的费用转入下期。

但为简化核算手续，对于航次时间较短，航次运量和运输费用跨进跨出不太悬殊的远洋运输，也可按月(季、年)计算成本，不按航次计算成本。

所谓航次是船舶按照航次命令运载货物完成一个完整的运输生产过程。船舶的航次运输成本，是以航次起讫日期为成本计算期的已完航次运输成本。

在会计结算期，当期已完航次成本的计算公式为：

$$\text{本期已完航次运输成本}=\text{期初未完航次成本}+\text{本期发生的运输支出}-\text{期末未完航次成本}$$

三、海洋运输成本项目

海洋运输成本项目分为直接费用和营运间接费用。

(一)直接费用

直接费用包括船舶费用、船舶租费和集装箱固定费用。

1.船舶费用

船舶费用是指运输船舶从事运输业务所发生的各项费用,包括为保持船舶正常营运状态而发生的船舶经常性费用、船舶在航行过程中所发生的航行费用以及船舶在各港口所发生的港口费用和代理业务费用。远洋运输企业因为要计算航次成本,因此,还须将船舶费用分为航次运行费用和船舶固定费用两部分,下面各设若干费用项目。航次固定费用则需要通过分摊,计入航次成本。

(1)航次运行费用

航次运行费用,指船舶在运行过程中可以直接归属于航次负担的费用。航次运行费用受货种、运量、运距、航次时间、靠港次数、运费等因素的影响。

(2)船舶固定费用

船舶固定费用,指为保持船舶适航状态所发生的经常性维持费。这些费用不能直接归属于某一航次负担,但可以按单船进行归集。

2.船舶租费

船舶租费指企业租入运输船舶参加营运,按规定应列入成本的期租费或程租费。

3.集装箱固定费用

这是指为保证集装箱的良好使用状态所发生的经常费用。

(二)营运间接费用

营运间接费用指海运企业在营运过程中,其基层部门发生的不能直接计入运输成本核算对象的各种间接费用。

▶▶▶▶ 任务导入 ▶▶▶

某海运公司当月发生的船舶燃料费 500 000 元,船舶折旧费 10 000 元,船舶修理费 8 000 元,船员工资及福利费共 120 000 元,银行借款的利息 3 000 元,办公室购买低值易耗品费用 1 500 元,运输业务印制的单证资料费 1 000 元,救援施救费用20 000元,破冰费 1 000 元;为灾区捐款 200 000 元;船舶租费 100 000 元;集装箱保管费 12 100元。

任务描述:以上各项费用中,哪些是属于当月海洋运输的费用。

▶▶▶▶ 任务实施 ▶▶▶

第一步:明确海洋运输成本的内容

要从各项开支中准确找出海洋运输的成本费用,就要首先弄明白海洋运输成本都包括什么,这样才能把海洋运输成本与其他成本区分开,所以第一项任务就是要弄清楚有关海洋运输成本的项目构成,如表 3-12 所示。

表 3-12 海洋运输成本构成表

<table>
<tr><th colspan="3">海洋运输成本的项目</th><th>非海洋运输成本的项目</th></tr>
<tr><td rowspan="4">直接费用</td><td rowspan="2">船舶费用</td><td>航次运行费用</td><td rowspan="5">从事非运输工作，如船舶临时出租、救援工作等，应属于其他业务，所发生的船舶费用</td></tr>
<tr><td>船舶固定费用</td></tr>
<tr><td colspan="2">船舶租费</td></tr>
<tr><td colspan="2">集装箱固定费用</td></tr>
<tr><td>营运间接费用</td><td colspan="2">海运企业在营运过程中发生的不能直接计入运输成本核算对象的各种间接费用</td></tr>
</table>

第二步：确定海洋运输成本的项目

根据前述的学习情景所示，对某海运公司的海洋运输成本进行汇总，如表 3-13 所示。

表 3-13 某海运公司海洋运输成本分析表

序号	应计入海洋运输成本的项目	与海洋运输业务无关的项目
1	船舶燃料费 500 000 元	救援施救费用 20 000 元
2	船舶折旧费 10 000 元	银行借款的利息 3 000 元
3	船舶修理费 8 000 元	办公室购买低值易耗品费用 1 500 元
4	船员工资及福利费共 120 000 元	为灾区捐款 200 000 元
5	运输业务印制的单证资料费 1 000 元	
6	破冰费 1 000 元	
7	船舶租费 100 000 元	
8	集装箱保管费 12 100 元	
合计	752 100 元	224 500 元

知识链接

海洋运输成本项目的具体内容

1.航次运行费用

航次运行费用包括以下项目内容，如图 3-6 所示。

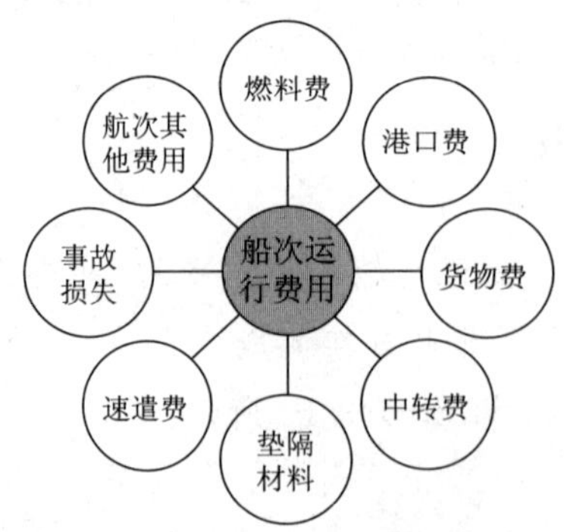

图 3-6 航次运行费用项目内容构成图

(1)燃料费：指船舶在航行、装卸、停泊等时间内耗用的全部燃料费用。

(2)港口费：指船舶进出港口、停泊、过境等应付的港口费用，包括船舶吨税、灯塔费、引水费、拖轮费、码头费、浮筒费、系解缆费、海关检验费、运河及海峡通过费等。

(3)货物费：指运输船舶载运货物所发生的应由船方负担的业务费用，如装卸工力资费、加班费、装卸工具费、下货费、翻仓费、货物代理费等。

(4)中转费：指船舶载运的货物到达中途港口换装其他运输工具运往目的地、在港口中转时发生的应由船方负担的各种费用，如海洋接运费、铁路接运费、水运接运费等。

(5)垫隔材料：指船舶在同一库仓内装运不同类别的货物需要分别垫隔，或虽在同一货仓内装同类货物需要防止摇动、移位，以及货物通风需要等耗用的材料、隔货网、防摇装置、通风筒等材料费用。

(6)速遣费：指有装卸协议的营运船舶，提前完成装卸作业，按照协议付给港口单位的速遣费用。如发生延期，收回的延期费冲减本项目。

(7)事故损失：指船舶在营运生产过程中发生海损、机损、货损、货差、污染、人身伤亡等事故的费用，包括施救、赔偿、修理、诉讼、善后等直接损失。

(8)航次其他费用：指不属于以上各项应由航次负担的其他费用，如淡水费、交通车船费、邮电费、清洁费、国外港口接待费、航次保险、领事签订、代理行费、业务杂支、冰区航行破冰费等。

2.船舶固定费用

船舶固定费用包括以下项目内容，如图 3-7 所示。

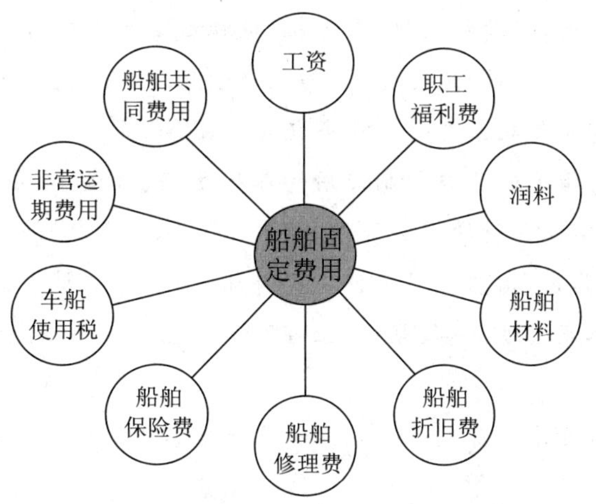

图 3-7 船舶固定费用项目构成图

(1)工资：指船员的标准工资、船岸差、副食品价格补贴、回民伙食津贴、航行津贴、油轮津贴、运危险品津贴、船员伙食以及其他按规定支付的工资性津贴。

(2)职工福利费：根据规定比例，提存范围，按实际发放船员工资总额计算提取的职工福利费。

(3)润料：指船舶耗用的润滑油脂。

(4)船舶材料：指船舶在运输生产和日常维护保养中耗用，以及劳动保护用、事务耗用的各种材料、低值易耗品等。

(5)船舶折旧费：指企业按确定的折旧方法按月计提的折旧费。

(6)船舶修理费：指已完工的船舶实际修理费支出、日常维护保养耗用的修理用料、备品配件等，以及船舶技术改造大修理费用摊销的支出。

(7)船舶保险费：指企业向保险公司投保的各种船舶保险所支付的保险费用。保险公司退回的保险费予以冲减。

(8)车船使用税：按规定交纳的车船使用税。

(9)船舶非营运期费用：指船舶在厂修、停船自修、事故停航、定期熏仓等非营运期内所发生的费用，包括为修理目的空驶至船厂期间内发生的费用。

(10)船舶共同费用：指船舶共同受益，但不能或不便按单船归集的船舶费用。主要包括十个费用项目。

①工资：指替补公休船员、后备船员、培训船员等按规定支付的工资、津贴、补贴等。

②职工福利费：指上项各类船员根据国家规定提取的职工福利费。

③船员服装费：指根据规定制发给船员的服装费。

④船员差旅费：指船员报到、出差、学习、公休、探亲、调遣等发生的差旅费。

⑤文体宣传费：指用于船员文娱体育活动和对外宣传购置的书报杂志、电影片、录像带、幻灯片等支出，以及放映机、录像机、电视机更新和修理费等。

⑥广告及业务活动费：指通过报刊、电台、电视、画册、展览等进行广告、宣传以及船舶为疏港、揽货业务联系支付的业务招待费用等。

⑦单证资料费：指运输业务印制使用的各种票据、货运单、航单、航海图书、技术业务资料以及这类单证资料的寄递费用。

⑧船员疗养休养费：指船员因工作环境特殊，企业为船员安排疗养休养的支出。

⑨电讯费：指船岸通过电台、电缆、卫星、高频电话等通信联络发生的国内外通信费用。

⑩其他：包括船员体检费、签证费、油料化验费、技术改造和合理化建议奖等。

3.船舶租费

船舶租费指企业租入运输船舶参加营运，按规定应列入成本的期租费或承租费。

4.集装箱固定费用

集装箱固定费用指为保证集装箱的良好使用状态所发生的经常费用。

(1)空箱保管费:指空箱存放在堆场所支付的堆存费用。

(2)折旧费:指按规定折旧率计提的集装箱折旧费。

(3)租费:指租入的集装箱按租约规定所支付的租金。

(4)修理费:指集装箱修理用配件、材料和修理费用。

(5)保险费用:指投保集装箱安全险所支付给保险公司的保险费。

(6)底盘车费用:指企业自有或租入的集装箱底盘车所发生的保管费、折旧费、租费、保险费、修理费等。底盘车发生的费用,也可分别并入"集装箱固定费用"的有关项目。

(7)其他:指不属于以上项目的集装箱固定费用,如清洁费用、熏箱费等。

5.营运间接费用

营运间接费用是指企业营运过程中所发生的不能直接计入运输成本核算对象的各种间接费用。

具体项目包括:工资、职工福利费、燃料、材料、低值易耗品、折旧费、修理费、办公费、水电费、租赁费、差旅费、设计制图费、业务票据费、燃料盘亏和毁损(减盘盈)、取暖费、会议费、出国人员经费、保险费、交通费、运输费、仓库经费、警卫消防费、劳动保护费、排污费等。

四、海洋运输成本的核算

1.沿海运输成本核算

(1)计算对象

沿海运输以各种类船的运输业务为成本计算对象,据此开设成本计算单。

(2)计算周期

沿海运输业务的成本计算周期与会计报告期是一致的,即每个月末核算沿海运输业务的总成本和单位成本。

(3)总成本和单位成本

总成本=货运总成本=航次运行费用+船舶固定费用-运输无关费用+船舶租费+集装箱固定费用+营运间接费用-未完航次费用+以前年度支出

单位成本=货运总成本/货运周转量

▶▶▶▶ 任务导入 ▶▶▶

某海运公司1月份的杂货船和集装箱船的成本费用数据如下:

1.船舶航次运行费用

船舶航次运行费用总额为5 000 000元,其中杂货船费用4 000 000元,集装箱船费用1 000 000元。

2.船舶固定费用

(1)杂货船和集装箱船消耗的部分固定费用如表 3-14 所示。

表 3-14 1 月份的杂货船和集装箱船固定费用明细表

船型	杂货船费用/元	集装箱船费用/元
润料	1 000	2 000
船舶保险费	4 000	6 000
车船使用税	2 000	3 000

(2)杂货船和集装箱船消耗的船舶共同费用如表 3-15 所示。

表 3-15 1 月份的杂货船和集装箱船船舶共同费用表

船型	船只数/艘	本月航行天数/(天/艘)	共同费用耗费/元
杂货船	1	26	13 320
集装箱船	2	24	

(3)本月非营运期费用共消耗 30 000 元,按一定标准分摊后,杂货船非营运期固定费用 10 000 元,集装箱船非营运期固定费用 20 000 元。

3.船舶租费

上述杂货船为该公司租用船,本月发生船舶租费 6 000 元。

4. 集装箱固定费用

1 月共用 20 英尺集装箱 160 个,40 英尺集装箱 30 个,共支付集装箱固定费用 264 000元。其中 1 艘杂货船用 20 英尺集装箱 30 个,40 英尺集装箱 6 个;2 艘集装箱船共用 20 英尺集装箱 80 个,40 英尺集装箱 8 个。(剩余集装箱由其他部门使用)

5.营运间接费用

1 月共发生营运间接费用 530 316 元,其他业务发生直接费用 100 000 元。

6. 船舶货运周转量

杂货船货运周转量 1 258 840 千吨公里;

集装箱船货运周转量 230 200 千标准箱公里。

任务描述:计算该海运公司当月的运输总成本和单位成本。

▶▶▶▶ 任务实施 ▶▶▶

第一步:计算直接费用

直接费用=航次运行费用+船舶固定费用+船舶租费+集装箱固定费用

1.航次运行费用

杂货船航次运行费用=4 000 000(元)

集装箱船航次运行费用=1 000 000(元)

2.船舶固定费用

(1)直接确认的船舶固定费用

杂货船船舶固定费用=1 000+4 000+ 2 000=7 000(元)

集装箱船船舶固定费用=2 000+6 000 +3 000=11 000(元)

(2)需分配的船舶共同费用

船舶共同费用是指应由企业所有船舶共同负担,需要经过分配再由各船负担的船员费用和船舶业务费用。

$$\text{某船应分摊的船舶共同费用}=\text{该船该月航行艘天数(吨天数)}\times\text{船舶共同费用分配率}$$

$$\text{船舶共同费用分配率}=\frac{\text{共同费用的耗费}}{\text{该月所有船只航行艘天数(吨天数)}}$$

船舶共同费用分配率 =13 320÷(26×1+24×2)=180(元/天)

杂货船应负担船舶共同费用 =180×26×1= 4 680(元)

集装箱船应负担船舶共同费用=180×24×2=8 640(元)

知识链接

艘天数是指某种船型的数量和每月行驶天数的乘积(船舶数量×航行天数),即该船型的数量本月一共行驶的天数,该概念可以衡量某种船型某月工作量。

(3)已经分摊的非营运期船舶固定费用

船舶非营运期,是指船舶由于技术状况不良,不能从事运输生产工作的时间。

船舶非营运时间包括船舶修理时间、等待修理时间、等待报废时间、航次以外进行检修洗刷锅炉以及专为修理前往船厂和离开船厂的航行时间。

$$\text{船舶非营运期的全部费用}=\text{直接归集的船舶非营运期费用}+\frac{\text{船舶固定费用}}{\text{船舶总时间(吨天)}}\times\text{船舶非营运吨天}$$

本月非营运期费用共消耗 30 000 元,按一定标准分摊后,杂货船非营运期固定费用 10 000 元,集装箱船非营运期固定费用 20 000 元。

杂货船非营运期固定费用=10 000 元

集装箱船非营运期固定费用=20 000 元

(4)船舶固定费用合计

杂货船船舶固定费用=7 000+ 4 680+10 000=21 680(元)

集装箱船船舶固定费用=11 000+8 640 +20 000=39 640(元)

3.船舶租费

根据任务所述,杂货船为该公司租用船,本月发生船舶租费 6 000 元,

杂货船船舶租费=6 000 元

4.集装箱固定费用

这是指为保证集装箱的良好使用状态所发生的经常费用。这部分费用按照每标

准箱的使用天数，分配计入使用集装箱的船舶运输成本，计算公式为：

$$\text{每标准箱天集装箱固定费用}=\text{集装箱固定费用}\div\text{集装箱标准箱天数}$$

（集装箱固定费用分配率）

$$\text{某船舶运输成本应摊集装箱固定费用}=\text{该船舶使用集装箱标准箱天数}\times\text{每标准箱天集装箱固定费用}$$

每标准箱天集装箱固定费用（集装箱固定费用分配率）

$$=\frac{264000}{(1\times160+2\times30)\times30}$$

=40（元/标准箱天）

(1)杂货船应负担集装箱固定费用=40×26×(30+2×6)

=43 680（元）

(2)集装箱船应负担集装箱固定费用=40×24×(80+2×8)

=92 160（元）

知识链接

集装箱计算单位（twenty-feet equivalent units 简称：TEU），又称 20 英尺换算单位，是计算集装箱箱数的换算单位。目前各国大部分集装箱运输，都采用 20 英尺和 40 英尺长的两种集装箱。为使集装箱箱数计算统一化，把 20 英尺集装箱作为一个计算单位，40 尺集装箱作为两个计算单位，以利统一计算集装箱的营运量。

第二步：计算营运间接费用

营运间接费用的分配范围，原则上应包括企业所经营的各种业务。企业的辅助生产部门对外单位、本企业建设单位、福利事业单位等供应劳务和销售产品，也应负担营运间接费用。在实务中，为了简化分配工作，可规定由企业经营的各种营运业务负担；对非经常性业务或收入额所占比重很小的业务，则不分担营运间接费用。

海运企业的营运间接费用应先在企业所经营的各种营运业务之间进行分配，求得运输业务应负担的营运间接费用。然后依据运输业务应负担的营运间接费用，再进一步计算单船成本或航次成本。

1.计算运输业务应该负担的营运间接费用

$$\text{营运间接费用分配率(1)}=\frac{\text{营运间接费用}}{\text{运输业务直接费用}+\text{其他业务直接费用}}$$

运输业务应分摊的营运间接费用=运输业务直接费用×营运间接费用分配率(1)

杂货船的直接费用=航次运行费用+船舶固定费用+船舶租费+集装箱固定费用=4 000 000+21 680+6 000+43 680=4 071 360（元）

集装船的直接费用=航次运行费用+船舶固定费用+船舶租费+集装箱固定费用=1 000 000+39 640+0+92 160=1 131 800（元）

其他业务发生直接费用＝100 000(元)

营运间接费用(1)＝530 316/(4 071 360＋1 131 800＋100 000)＝0.1

运输业务应分摊的营运间接费用＝运输业务直接费用×营运间接费用分配率(1)

＝(4 071 360＋1 131 800) ×0.1＝520 316(元)

2.计算单船应负担的营运间接费用

$$\text{营运间接费用分配率(2)}=\frac{\text{运输业务应负担的营运间接费用}}{\sum\text{船舶的费用}+\text{集装箱的固定费用}}$$

某船应分摊的营运间接费用＝(该船船舶费用＋集装箱固定费用)×营运间接费用分配率(2)

计算单船应负担的营运间接费用：

营运间接费用分配率(2)＝520 316/(4 071 360＋1 131 800)＝0.1

杂货船应负担的间接费用＝4 071 360×0.1＝407 136 (元)

集装船应负担的间接费用＝1 131 800×0.1＝113 180(元)

第三步：计算总成本和单位成本

总成本＝货运总成本＝航次运行费用＋船舶固定费用－运输无关费用＋船舶租费＋集装箱固定费用＋营运间接费用－未完航次费用＋以前年度支出

单位成本＝货运总成本/货运周转量

1.计算总成本

杂货船的总成本＝杂货船的直接费用＋ 杂货船应负担的间接费用

＝4 071 360 ＋ 407 136＝4 478 496(元)

集装船的总成本＝集装船的直接费用＋集装船应负担的间接费用

＝1 131 800 ＋113 180＝1 244 980(元)

2.计算单位成本

杂货船的单位成本＝总成本/运输周转量

＝4 478 496/1 258 840＝3.56(元/千吨公里)

集装船的单位成本＝总成本/运输周转量＝1 244 980 /230 200＝5.41(元/千标箱公里)

第四步：编制成本计算单(见表 3-16、表 3-17)

表 3-16　1 月杂货船成本计算单

项　目	总成本/元	单位成本/(元/千吨公里)
直接费用	4 071 360	3.24
营运间接费用	407 136	0.32
合计	4 478 496	3.56

表 3-17　1月集装船成本计算单

项　目	总成本/元	单位成本/(元/千标箱公里)
直接费用	1 131 800	4.92
营运间接费用	113 180	0.49
合计	1 244 980	5.41

2.远洋运输成本核算

(1)计算对象

远洋运输按照航次进行费用的归集，其成本计算对象是当月各已完成航次的运输业务。

(2)计算周期

远洋运输业务的成本计算周期与会计报告期不一致，即按照航次起始时间和终止的时间来核算相应航次的总成本和单位成本。

(3)成本构成项目

远洋运输成本由直接费用和间接费用构成，其中直接费用仍然由航次运行费用＋船舶固定费用＋船舶租费＋集装箱固定费用等四大部分组成。

任务导入

某海运公司大型货轮 A 第五航次于厦门—洛杉矶港航行，自 3 月 11 日开始，至 4 月 23 日结束，A 轮在 3 月应属于未完航次，成本计算单如表 3-18、表 3-19 所示。

表 3-18　3 月份第五航次成本计算单

单位：元

项目	金额
航次运行费用	500 000
当月该船舶固定费用	600 000
当月集装箱费用	20 000
合　　计	1 120 000

表 3-19　4 月份第五航次成本计算单

单位：元

项目	金额
航次运行费用	650 000
当月该船舶固定费用	1 200 000
当月集装箱费用	300 000
合　　计	—

另有：

(1)4 月份该船固定费用由第五航次和第六航次承担。

(2)4 月份集装箱固定费用由第五航次 2 000 标准箱天，第六航次 1 000 标准箱天分别承担。

(3)该公司4月份运输业务营运间接费用为1 000 000元,本月另有两艘船舶分别为B货轮和C货轮,均已完成航次运输业务,所发生的直接费用分别为4 000 000元和3 110 000元。

(4)A轮第五航次完成货运周转量100 000千吨公里。

任务描述:计算该海运公司第五航次的运输总成本和单位成本。

▶▶▶▶ 任务实施 ▶▶▶

第一步:计算该船4月份第五航次的航次运行费用。

A船4月份第5航次的航次运行费用=650 000(元)

第二步:计算该船4月份第五航次的船舶固定费用。

A船4月份的船舶固定费用1 200 000,是由第五航次和六航次共同承担的。因此要进行分摊,计算出4月份的第五次航次固定费用。

4月份第五航次的船舶固定费用(第五航次到4月23日结束)=1 200 000÷30×23=920 000(元)

第三步:计算该船4月份第五航次的集装箱固定费用。

4月份集装箱固定费用300 000,由第五航次2 000标准箱天,第六航次1 000标准箱天分别承担。

4月份集装箱固定费用分配率=300 000/(2 000+1 000)=100(元/标准箱天)

该船4月份第五航次的集装箱固定费用=100×2 000=200 000(元)

第四步:汇总该船4月份第五航次直接费用。

直接费用=航次运行费用+船舶固定费用+船舶租费+集装箱固定费用

=650 000+920 000 +0+200 000=1 770 000(元)

第五步:汇总该船第五航次全部直接费用,如表3-20所示。

A船第五航次全部直接费用=3月份第五航次全部直接费用+4月份第五航次全部直接费用=1 120 000+1 770 000=2 890 000(元)

表3-20 第五航次全部直接费用汇总表

单位:元

项目	3月份	4月份	合计
航次运行费用	500 000	650 000	1 150 000
分配的船舶固定费用	600 000	920 000	1 520 000
分配的集装箱费用	20 000	200 000	220 000
第五航次全部直接费用合计	1 120 000	1 770 000	2 890 000

第六步：计算该船第五航次营运间接费用。

该公司4月份运输业务营运间接费用为1 000 000元，本月另有两艘船舶分别为B货轮和C货轮，均已完成航次运输业务，所发生的直接费用分别为4 000 000元和3 110 000元。

已完航次直接费用合计

=4 000 000+ 3 110 000+2 890 000=10 000 000(元)

A船第五航次应负担的间接费用

=2 890 000×(1 000 000/ 10 000 000)=289 000(元)

第七步：计算总成本和单位成本。

A轮第五航次的总成本=直接费用+间接费用

=2 890 000 +289 000=3 179 000(元)

A轮第五航次完成货运周转量100 000千吨公里。

A轮第五航次的单位成本

=3 179 000÷100 000=31.79(元/千吨公里)

第八步：编制成本计算单，如表3-20所示。

表3-20 A轮第五航次成本计算单

项目	金额
航次运行费用/元	1 150 000
分配的船舶固定费用/元	1 520 000
分配的集装箱费用/元	220 000
分配的营运间接费用/元	289 000
运输总成本/元	3 179 000
运输周转量/千吨公里	100 000
运输单位成本/(元/千吨公里)	31.79

任务小结

本任务以海洋运输成本核算的认知和核算为主，包括海洋运输成本核算的对象、计算期间、计算单位和核算方法。通过相关实例和任务，说明海洋运输成本构成与核算。海洋运输业务根据船舶航行的海域范围可分为沿海运输和远洋运输，因此海洋运输成本分为沿海运输成本核算和远洋运输成本核算。海洋运输成本的构成见表3-21。

表 3-21　海洋运输成本构成

<table>
<tr><td rowspan="9">海洋运输成本项目</td><td rowspan="6">直接费用</td><td rowspan="4">船舶费用</td><td colspan="3">航次运行费用</td></tr>
<tr><td rowspan="3">船舶固定费用</td><td colspan="2">共同费用</td></tr>
<tr><td colspan="2">非营运期费用(艘天数)</td></tr>
<tr><td colspan="2">其他固定费用</td></tr>
<tr><td colspan="4">集装箱固定费用(标准箱天)</td></tr>
<tr><td colspan="4">船舶租费</td></tr>
<tr><td rowspan="3">间接费用</td><td rowspan="3">营运间接费用</td><td rowspan="2" colspan="2">运输业务营运间接费用</td><td>A 型船</td></tr>
<tr><td>B 型船</td></tr>
<tr><td colspan="3">其他业务营运间接费</td></tr>
</table>

项目小结

本项目对运输成本进行认知和学习。通过学习，了解运输成本的范围、构成及内容，掌握运输成本核算的方法，特别是以汽车运输成本和海洋运输成本的核算作为学习重点，通过相关实例和任务去理解和掌握汽车运输成本和海洋运输成本的核算方法。通过本项目的学习，能够对相关运输成本进行归集、分配、核算，能够编制成本计算表。

教学分享

1.学习课时

建议 10 课时(其中理论学习 5 课时，实践 5 课时)。

2.教学方法

通过知识精点讲授和基本技能训练，让学生理解运输成本的构成，掌握费用的归集和分配方法以及核算技能。采用任务驱动的讲解、任务实施的教学以及小组讨论、案例教学法、核算训练等教学等方法。应把握的知识重点包括：汽车运输成本和海洋运输成本的成本理解和核算。

3.学习环境要求

(1)学习场地：① 多媒体教室；

② 典型物流企业实例

(2)学习资料：①物流成本实训软件；

②视频资源；

③课程网络资源。

课后习题

一、单项选择题

1.我国运输费用在社会物流费用中约占(　　)。

A. 40%　　B. 50%　　C. 60%　　D. 30%

2. 为了便于成本核算,运输总成本的构成分为三部分,即(　　)。

A. 直接成本、间接费用和财务费用　　B. 固定成本、变动成本和混合成本

C.营运成本、联合成本和公共成本　　D. 营运成本、管理费用和财务费用

3. 下列哪项不属于汽车运输成本的直接费用(　　)。

A. 燃油费　　B. 轮胎费

C. 车队经费　　D. 定车司机的工资

4. 汽车运输成本是以各运输车型的(　　)为成本计算对象的。

A. 运输业务　　B. 行程　　C. 货物周转量　　D. 运输天数

5. 下列哪一项属于按运输成本性质进行分类的成本(　　)。

A. 不可控成本　　B. 变动成本　　C. 标准成本　　D. 机会成本

6. 汽车运输业务的成本计算期为(　　)。

A. 月度　　B. 日期　　C.生产周期　　D. 航次

7. 下列不属于海洋运输成本的直接费用的是(　　)。

A.燃油费　　B.轮胎费　　C.车队经费　　D.司机工资

8. 下列属于按运输成本在决策中的作用分类的是(　　)。

A.不可控成本　　B.变动成本　　C.机会成本　　D.标准成本

9. 沿海运输业务的成本计算周期是(　　)。

A.月度　　B.生产周期　　C.日期　　D.航次

10. 远洋运输业务的成本计算周期是(　　)。

A.月度　　B. 日期　　C.航次　　D. 年度

11.集装箱固定费用按(　　)分配给运输船舶。

A.月度　　B. 航次　　C.使用天数　　D. 航行周期

12.远洋运输业务通常按(　　)为成本计算单位。

A.吨公里　　B.千吨公里　　C.运输量　　D.运输周期

二、判断题

1.(　　)轮胎费属于汽车运输成本的直接费用。

2.(　　)车辆保险费用属于汽车运输成本的间接费用。

3.(　　)物流运输过程不增加产品的使用价值。

4.(　　)汽车运输以不同车型完成的各项运输业务来计算的。

5.(　　)汽车运输以一般以货物重量为成本计算计算的。

6.(　　)物流运输过程增加产品的附加价值。

7.(　　)海洋运输业务以会计周期来作为成本计算周期的。

8.（　　）海洋运输固定成本是指无论运输距离长短和运量大小，成本水平总体是固定不变的那部分成本。

9.（　　）船舶租费属于海洋运输成本的间接费用。

10.（　　）船员的服装费属于船舶的共同费用。

技能训练

1.某汽车运输企业共有A型车8辆，载重20吨；B型车6辆，载重15吨；C型车4辆，载重8吨。A型车每年管理费10 000元，各项保险费15 000元；B型车每年管理费8 000元，各项保险费12 000元；C型车每年管理费6 000元，各项保险费10 000元。

A型车每天满载运输1趟，B型车和C型车每天满载运输2趟，每月按30个工作日计算。

每辆车有一名定车司机，全车队又有后备司机2人，定车司机每月工资1 200元，后备司机每月工资1 000元。另每月要按照工资总额的14%提取福利费。

A型车共领用轮胎40个，每个800元，该批轮胎计划残值3 200元，计划行驶里程定额为400 000公里，本月A型车共行驶32 000公里；B型车共领用轮胎25个，每个600元，预计残值2 400元，计划行驶里程定额为400 000公里，本月B型车共行驶25 000公里；C型车共领用轮胎20个，每个500元，预计残值为2 000元，计划行驶里程为200 000公里，本月C型车共行驶12 000公里。车队按照行驶里程定额分摊轮胎费用。

A型车计划使用10年，总行驶里程定额为4 000 000公里，每年大修理一次，每次大修理费用预计为32 000元；B型车计划使用8年，总行驶里程定额为2 500 000公里，每年大修理一次，每次大修理费用预计为20 000元；C型车计划使用5年，总行驶里程定额为1 200 000公里，每年大修理一次，每次大修理费用预计为12 000元。车队按照实际行驶里程法来分摊大修理费用。

A型车每辆原值为400 000元，预计残值2 000元，B型车每辆原值为250 000元、预计残值1 500元；C型车每辆原值为120 000元，预计残值1 200元。车队按照实际行驶里程定额法计提折旧。

该车队A、B两种车型燃料为汽油，每升8元，C型车燃料为柴油，每升7元。本月A型车耗油3 200升，B型车耗油2 500升，C型车耗油1 200升。

车队附属维修队本月发生工资费用4 500元，另按照工资总额的14%提取福利费。车间经费870元，本月完成修理工时300个，制造零配件100工时；本月A车型耗用修理工时120个，制造零配件工时40个；B车型耗用修理工时140个，制造零配件工时40个；C车型耗用修理工时40个，制造零配件工时20个。另发生日常维护费10 000元，其中A型车发生3 000元，B型车发生4 000元，C型车发生3 000元。

本月A车型发生各种行车杂支1 133.79元，B型车1 812.09元，C型车1 601.52元。

本月车队共发生管理人员工资 8 000 元，按 14%提取职工福利费，另发生管理费用 5 600 元。本月其他业务发生直接费用 3 200 元。

本月各车型周转量分别为：A 型车完成 153 600 千吨公里，B 型车完成 135 000 千吨公里，C 型车完成 23 040 千吨公里。

要求：计算三种车型运输总成本和单位成本。

2. 某海运公司 4 月份的杂货船 1 艘和油船 2 艘，均为企业租用船舶。其成本费用数据如下：

(1)该月船舶航次运行费用总额 4 000 000 元，其中杂货船费用 2 500 000 元，油船费 1 500 000 元。

(2) 该月杂货船 1 艘和油船 2 艘的共同费用共计 14 800 元。

(3) 杂货船船舶租费每天 12 000 元，该月共租 24 天；油船每天 20 000 元，该月共租 25 天。

(4) 杂货船该月共用 20 英尺集装箱 30 只，40 英尺集装箱 10 只(本月共用 20 英尺集装箱 100 只、40 英尺集装箱 200 只，共支付集装箱固定费用 22 500 元)。油船未使用集装箱。

(5)营运间接费用共发生 2 402 300 元，全部由运输业务承担。

(6)船舶货运周转量：

杂货船货运周转量 838 380 千吨公里；

油船货运周转量 753 750 千标准箱公里。

要求：计算该海运公司当月的两种船型的总成本和单位成本。

3.某海运公司大型货轮甲第三航次于厦门—鹿特丹港航行，自 4 月 21 日开始，至 6 月 15 日结束，甲轮 4 月和 5 月属于未完航次，成本计算单如表 3-22、表 3-23、表 3-24 所示。

表 3-22 4 月份第三航次成本计算单

单位：元

航次运行费用	530 000
该月分配的船舶固定费用	680 000
该月分配的集装箱费用	10 000
合 计	1 220 000

表 3-23 5 月份第三航次成本计算单

单位：元

航次运行费用	1 100 000
当月该船舶固定费用	1 350 000
当月集装箱费用	130 000
合 计	2 580 000

表 3-24　6 月份第三航次成本计算单

单位：元

航次运行费用	650 000
当月该船舶固定费用	660 000
当月集装箱费用	578 000
合　　计	—

另有：

(1)6 月份该船固定费用由第三航次和未完的第四航次承担。

(2)6 月份集装箱固定费用由第三航次 1 200 标准箱天，第四航次 2 200 标准箱天分别承担。

(3)该公司 6 月份运输业务营运间接费用为 3 000 000 元，本月另有两艘船舶分别为乙货轮和丙货轮，均已完成航次运输业务，所发生的直接费用分别为 760 000 元和 256 000 元。

(4)甲轮第三航次完成货运周转量 934 500 千吨公里。

要求：计算该海运公司第三航次的运输总成本和单位成本，编制成本计算表。

教学评价

项目三知识技能测评表

学习任务	分项评价指标	学生学习结果评价
任务一：运输成本认知	运输成本的概念	A(　　) B(　　) C(　　)
	运输成本的构成	A(　　) B(　　) C(　　)
	运输成本的影响因素	A(　　) B(　　) C(　　)
	运输成本的控制策略	A(　　) B(　　) C(　　)
任务二：汽车运输成本核算	汽车运输成本的概念	A(　　) B(　　) C(　　)
	汽车运输成本的分类	A(　　) B(　　) C(　　)
	汽车运输成本的核算	A(　　) B(　　) C(　　)
任务三：海洋运输成本核算	海洋运输成本的概念	A(　　) B(　　) C(　　)
	海洋运输成本的分类	A(　　) B(　　) C(　　)
	沿海运输成本的核算	A(　　) B(　　) C(　　)
	远洋运输成本的核算	A(　　) B(　　) C(　　)
学生自我评价：		
学生对教学有何建议：		
教师总体评价： 年　　月　　日		

说明：在(　　)中打√，A表示理解掌握，B表示基本理解掌握，C表示未理解掌握。

◆ 项目四 ◆
货物持有成本管理

知识目标

1.了解仓储成本的概念和分类、库存持有成本的含义；

2.理解仓储成本核算目的和范围、库存持有成本的构成和影响因素；

3.掌握仓储成本核算方法、库存持有成本的优化方法。

技能目标

1.能够核算仓储成本；

2.能够对库存持有成本进行优化。

思政目标

1.培养物流成本管理的意识；

2.树立绿色仓储的理念；

3.树立“科技是第一生产力”的理念；

4.培养系统思维。

任务一　仓储成本认知

学习目标

1.仓储成本的概念；

2.仓储成本的分类。

案例导入

厦门中外运物流有限公司主营保税仓储业务。一般仓储企业总希望货主的货物在自己仓库里存放的时间越长越好，以取得更多的时间收益，但这样的合作模式是不能持久的。厦门中外运物流企业认为，只有站在货主的角度，不断为货主提供各种增值性服务，帮助他们促进货物的周转并节省资金，降低存货持有成本，以取得货主更多的信赖，才会获得长效的合作。公司总经理在一次年度会议上，提出工作重点和要求，号召每个员工立足自己的工作岗位，群策群力，开展为货主提供各种增值服务的活动。会后，在中外运仓储部工作的小邱思考着：自己如何才能给各货主客户提供一份存货持有成本的相关报告，以供企业作决策之用。

课前思考

1.什么是仓储成本？仓储成本包括哪些内容？

2.如何正确区分仓储成本和非仓储成本？

知识学习

一、仓储成本的概念

仓储成本（warehousing cost）是指企业在开展仓储业务活动中所发生的各种费用的总和，即伴随着物流仓储活动所消耗的物化劳动和活劳动的货币表现。仓储成本是物流成本的重要组成部分，对物流成本的高低有直接影响。

二、仓储成本的分类

仓储成本管理的主要任务是用最低的费用在适当的时间和适当的地点拥有适当数量的存货。仓储成本主要包括建造、购买或租赁仓库等设施设备所带来的成本以及各类仓储作业带来的成本。

1.仓库使用成本

按照仓储空间的取得方式不同，仓库使用成本可分为自营仓库使用成本、租赁仓库使用成本、公共仓库使用成本。

（1）自营仓库。自营仓库是指由企业自己拥有并管理的仓库，属于企业的固定资产。自有仓库初期投资较大，但在以后的日常运行中成本很低，它的价值随着使用逐步转移到仓库使用成本中去。因此，自营仓库使用成本就是企业自营仓库的折旧费，在仓储成本中属于固定成本。

（2）租赁仓库。租赁仓库是指企业通过签约在约定的时间内使用别人的仓库。它不要求企业对其设施和设备做任何投资，也不需要企业进行维护。企业只需支付租金获得使用权，然后在仓库中自行开展仓储作业。因此，租赁仓库使用成本就是企业按期支付的租赁费用。它与企业租用的仓库空间大小有关，与企业库存水平无关，在仓储成本中属于固定成本。

（3）公共仓库。公共仓库是指国家或企业向社会提供的仓库，专门为客户提供相对标准的保管、搬运和运输等仓储服务。企业通常根据使用的仓储空间、时间长短和提供的物流服务支付费用。因此，公共仓库使用成本就是企业在一定时期支付给公共仓库的保管费和服务费，一般随着库存水平的变化而变化，在仓储成本中属于变动成本。

2.仓储作业成本

企业的仓储作业成本主要发生在使用自营仓库和租赁仓库时，其主要包括以下几个方面：

(1)出入库作业成本；

(2)验货作业成本；

(3)场所管理作业成本；

(4)日常养护与管理作业成本；

(5)备货作业成本；

(6)装卸搬运作业成本；

(7)流通加工作业成本。

其中，出入库操作、验货、备货等作业成本的构成应注意以下几个方面：首先，人工包括从事该项作业的员工工资、加班费、奖金、福利、劳保等。当某个员工从事多项作业时，应当根据员工从事各项作业的时间，对其费用进行分配；其次，如果该项作业中有能源、低值易耗品的耗费，则应当将这些费用记入相关的作业成本；再者，如果该项作业中使用了机器设备或工具，应当以计提折旧的形式，将机器设备、工具的成本记入相关作业，此外，该机器设备、工具的维修费也应记入。若机器设备、工具不是自有而是通过租赁获得时，应用租金代替折旧。当有租赁方负责设备与工具的维修时，租金中包含了维修费，因此，就不必再计算维修费用了；当租赁方不负责设备与工具的维修时，租金中未包含维修费，此时，在租金以外还应计入维修费用。

装卸搬运成本主要包括人工费、燃料和动力费、低值易耗品耗费、折旧费、修理费、设备租赁费、外付装卸搬运费、运输管理费、事故损失费以及应由装卸搬运作业承担的管理费等间接成本。

流通加工成本主要包括人工成本、燃料和动力成本、低值易耗品成本、折旧费、修理费、设备租赁费、外包成本、事故损失费、废品损失费、流通加工材料成本以及应由流通加工作业承担的管理费等间接成本。

知识链接

降低仓储成本的途径

1.采用“先进先出”方式

“先进先出”是仓储管理的准则之一，有效的先进先出方式能够减少仓储物的保管风险，其主要包括以下三种：

(1)贯通式货架系统

该系统利用货架层形成通道，物品从一端存入、另一端取出，其在通道中自行按先后顺序排队，避免越位，从而有效地保证物品先进先出。

(2)“双仓法”储存

该方法为每种被储物品准备两个仓位，交替进行存取，并规定必须在一个仓位出清后才可以补充，从而保证物品的先进先出。

(3)计算机存取系统

通过编制一个物品按时间顺序输出的程序，仓储管理员只要在存货时输入时间记录，取货时计算机就能按时间给予指示，从而保证物品先进先出。

2.提高储存密度

提高储存密度，能够减少储存设施的投入，通过提高仓容的利用率，以降低仓储成本，具体有以下三种方法：

(1)采用高垛增加储存高度

该方法通过采用高层货架仓库、集装箱等提高储存高度。

(2)缩小库内通道宽度以增加存储有效面积

该方法通过采用窄巷道式通道，配以轨道式装卸车辆，以减少车辆运行宽度，采用侧叉车、推拉式叉车，以减少叉车转弯度。

(3)减小库内通道数量以增加有效储存面积

该方法采用密集型货架、可卸式货架、贯通式货架以及桥式起重机以减小库内通道数量。

3.采用有效的储存定位系统

有效的储存定位系统，能够节约存取物品的时间，而且能减少差错，便于清点物品以及订货。具体有以下两种方式：

(1)“四号定位”方式

该方法采用一组四位数字来确定存取位置，这四位数字分别是库号、架号、层号、位号。每一个货位都有一个组号，在物品入库时，按规划要求，将物品编号记录在账卡上，提货时按四位数字的指示将物品拣选出来。这种定位方式可对仓库存货区事先规划，并能很快存取物品，有利于提高速度、减少差错。

(2) 电子计算机定位系统

该系统在物品入库时，将存放货位输入计算机，出库时向计算机发出指令，并按计算机的指示人工或自动寻址，找到存放货，拣选取货的方式。

4.采用有效的监测清点方式

对储存物品数量和质量的监测，有利于掌握仓储的基本情况，也有利于科学控制库存。检测清点的有效方式主要有以下三种：

(1)“五五化”堆码

物品堆垛时，以“五”为基本计数单位，堆成总量为“五”倍数的垛形。堆码后，有经验者可过目层数，大大加快了人工点数的速度，减少出现差错。

(2) 光电识别系统清点法

通过在货位上设置光电识别装置,对物品的条形码或其他识别装置扫描,并将准确数目自动显示出来。该方法不需要人工清点就能掌握库存的实有数量。

(3) 电子计算机监控系统

通过在物品上采用条形码技术,使识别技术和计算机连接,每次存取物品时,识别装置会自动将条形码识别并输入计算机中,计算机同时自动做出存取记录。这样一来,只要通过计算机查询,就能了解物品的存储情况。

除了以上四种途径,还可以通过加速周转,提高单位仓容产出;采取多种经营,盘活资产;加强劳动管理;降低经营管理成本等方法来降低仓储成本。

任务导入

新华是厦门城市职业学院物流管理专业的学生,目前在厦门中外运有限公司进行毕业顶岗实习,一开始,她被安排在中外运的仓储部,针对不同的仓储工作进行轮岗学习。今天,新华的校外指导老师,财务部王经理把新华叫到财务部,主要想了解新华是否能把校内理论学习和校外实践相结合,进行仓储成本的核算。他给出了以下资料让新华整理:

中外运1月份发生了仓库及储存设备折旧费用90 000元,仓库各种装卸搬运设备折旧费用40 000元,仓库水电费7 000元,车队管理处水电费2 000元,装卸搬运设备消耗燃料动力费12 000元,流通加工设备消耗燃料动力费15 000元,包装过程消耗材料费用10 000元,衬垫、苫盖材料费5 000元,外付装卸搬运费6 000元,分拣费4 000元,仓储作业所有低值易耗品费40 000元,仓储业务相关人员工资及福利费用200 000元,行政部门人员工资及福利费用100 000元。

如何正确进行仓储成本的核算,新华综合在校所学,得出以下几方面思考。

任务实施

第一步:明确仓储成本的含义

通过知识的回顾和学习,新华明确了仓储成本的含义。仓储成本是指企业在开展仓储业务活动中所发生的各种费用总和,即伴随着物流仓储活动所消耗的物化劳动和活劳动的货币表现。

第二步:确定仓储成本的构成

仓储成本主要包括仓库使用成本和仓储作业成本,新华通过分析,确定了仓储成本和非仓储成本的项目内容。如表4-1所示。

表 4-1 仓储成本和非仓储成本的项目内容分析表

单位:元

序号	应计入仓储企业成本的项目	金额	不应计入仓储企业成本的项目	金额
1	仓库及储存设备折旧费	90 000	车队管理处水电费	2 000
2	仓库各种装卸搬运设备折旧费	40 000	包装过程消耗材料费	10 000
3	仓库水电费	7 000	分拣费	4 000
4	装卸搬运设备消耗燃料动力费	12 000	行政部门人员工资及福利费	100 000
5	流通加工设备消耗燃料动力费	15 000		
6	衬垫、苫盖材料费	5 000		
7	外付装卸搬运费	6 000		
8	仓储作业所有低值易耗品费	40 000		
9	仓储业务人员工资及福利费	200 000		
合计		41 5000		11 6000

案例分析 4-1

揭秘:认识不一样的嘉里物流

2022 年 12 月,嘉里物流旗下电子商贸及快递业务分部嘉里电子商务与顺丰速运(香港)有限公司合作推出全新“国际电商专递 · 星马泰流向”方案,为中国香港地区中小企业提供更经济及快捷的跨境快递服务。

随着 2021 年顺丰并购嘉里物流这一东南亚地区最大物流企业的消息传出,外界对于顺丰此举的解读就很明确——“意在东南(亚)”。并购嘉里物流后,很大程度上能解决顺丰在东南亚本土网络缺失的问题,扩大了顺丰跨境物流在东南亚市场的增长空间。

但人们似乎忘了,嘉里物流这家公司的业务范围覆盖全球 59 个国家和地区,是亚洲和欧美之间商品贸易的主要运输者。在 2022 年空运代理全球 50 强位列第十二,2022 年货运代理环球 25 强位列第八,2022 年海运代理全球 50 强位列第九,2022 年第三方物流供应商环球 50 强位列第十三,这些全球级的行业排名,足以说明其在行业内也非易与之辈,这家公司除了东南亚的网络,还有很多。

1.坚信科学技术是第一生产力

有人说,物流业不是一个性感的行业。的确,在中国,物流业绝大多数情况下依然是一个劳动密集型产业。但近年来,随着自动化技术的成熟,各大电商、物流企业相继发力物流自动化,建设自动仓储、完善自动配送等,物流行业智慧化进程加快,智慧物流进入了全面发展新阶段。

在浙江嘉兴平湖市,嘉里平湖智能仓内,66 台拣选机器人、5 台换轨机器人在这个总面积达 5 000 多平方米、共 3 层的智能区域内"上下翻飞",每日可处理近 3 万件商品。嘉里物流这套拣选蜘蛛系统(Picking Spider System),由多种机器人协同工作,适用于线上和线下的零售仓库的拆零拣选业务,支持 AI 机械臂拣货和自动包装。

人工成本高、仓库租金昂贵等问题一直都困扰着物流业,为了使物流业进一步实现智能化、柔性化和效率化,上线该系统之后,该仓的设计也重新进行了调整,采用了空中楼阁设计,原本需要 1 5000 平方米的仓库,现在只需要 5 000 平方米,在空间利用率大幅提升的基础上,房租成本也大幅降低,与此前相比节约了 80%左右。

蜘蛛机器人的加入也让人效大幅提升,根据嘉里物流的测算,人工上下货架 70%的时间其实都是无效动作,而且仓库越大,品种越多,耗时就越久,所以通过蜘蛛机器人实现货到人,使得人效提升 3 倍以上。

仓内一家韩国从事服装设计、服装面料及品牌服装的进出口与销售的企业,在 2022 年双十一期间迎来了两波订单量的高峰,分别是 10 月 31 日—11 月 3 日和 11 月 10 日—13 日,在总体货量比去年提升的情况下,平湖仓提前一天完成了所有仓内操作并发货。

除此之外,嘉里在软件上也得到了长足进步。例如嘉里物流旗下嘉里化工自主研发的 HSSEQ 智能管理系统软件,集合 MSDS 云系统、运输车辆安全检查云系统、仓库安全例检云管理系统、NCM 管理云系统信息,通过统一、共享、高效的数智化管理平台,与客户实现 EDI 对接,实现订单对接、客户档案、产品档案、入库、出库、移库、库存差异报告等功能,能够有效改善现有的作业安全性、标准化,并为客户提供决策依据,实现化工品的精细化管控。

和很多企业说归说做归做相比,嘉里物流实打实地践行了"科学技术是第一生产力"这句至理名言。

2.从嘉里物流到嘉里供应链服务

物流综合解决方案能力无疑成为行业未来的核心竞争力之一。经过多年发展,嘉里物流不仅拥有雄厚的科技实力,也能以客户需求为中心,将技术与实际情况相结合。

与消费者日常网购经常接触的快递物流公司不同,嘉里物流是根植亚洲、融通全球的国际顶尖物流综合服务供应商,其客户涵盖电子科技、医药、国际时装、快消品等各行业头部品牌公司,其中包括大量世界 500 强企业,这些企业都有其完善的供应链体系,嘉里物流则为世界各龙头品牌承担亚洲地区的供应链分销环节整体服务,并形成不同的解决方案。

例如，嘉里物流为某国际知名鞋服客户在国内提供定制化智能物流解决方案，在25 000平方米的仓库中，覆盖其全国范围B端、C端的业务。从入库到出库，嘉里物流通过物联网应用实现高效的自动化、智能化管理。

和平湖仓一样，嘉里物流为这家品牌商也采用了三层立体仓储空间设计，可同时存储250余万件商品，并通过中央服务器的大数据计算能力实现仓储信息全方位数据化管理，采用DWS设备高效采集包裹尺寸、体积、重量信息，并实现可视化溯源。而且为了提高产能，嘉里物流对各个环节进行精细化运作，引入各种设备，仅包装相关的设备就为该品牌商增设了8台。

而对于物流仓储要求更高的食品类，嘉里物流旗下嘉里志甄，在上海嘉定已悄然打造了一个操作量日峰值可达2 000吨的自动化食品类仓库。

据悉，在这个约5万平方米的仓库中，嘉里志甄配备了40多个自动装卸平台，采用双层坡道高平台设计，每层高达10米，最高库存量可达52 560吨。在自动传输线上，定制化托盘、机械臂、自动码垛机、自动缠膜机、无人叉车代替人工协同作业，使得整体入库效率提升75%，库容提升37.5%。

3.节能减排到“每一块砖”

减少碳排放、推广绿色低碳的生产生活方式已成为全世界的广泛共识。近年来，物流行业积极行动，一场“绿色革命”正在物流行业全面铺开。除了如今各家企业都在做的例如新能源车、PVC强化塑料托盘、可循环利用包装箱等外，嘉里物流的低碳绿色供应链体系则更倾向于资源的回收与再利用。

嘉里物流北京天竺物流中心在屋顶铺设了大量的太阳能电池板，通过太阳能系统发电为仓内提供照明，2022年1—6月仅电费一项节约两万余元，而在千里之外的厦门嘉里物流仓内，则是涂上了反射隔离热漆，进一步节省空调电量。

同样在厦门，由于厦门属亚热带气候，温和多雨，因此嘉里物流打起了雨水的算盘。通过搭建雨水收集系统，实现雨水收集并处理后达到符合标准再进行使用。不光在建筑上通过落水管将雨水汇集至集水井，输送至下凹绿地用于浇灌。日常人行车走的道路也有设计，下面铺设了生态多孔纤维棉，也能起到汇集雨水再利用的作用。

资料来源：https://www.headscm.com/Fingertip/detail/id/35101.html

思考题

(1)科技的应用给嘉里物流的仓储带来了哪些变化？

(2)从嘉里物流到嘉里供应链服务，对仓储的要求有什么变化？

(3)嘉里物流如何践行节能减排理念？

任务小结

本任务主要介绍了仓储成本的概念和仓储成本的构成，明确仓储成本的概念及其构成，有助于正确区分仓储成本和非仓储成本，为后续仓储成本的核算奠定基础。

任务二 仓储成本核算

学习内容

1.仓储成本核算的目的；

2.仓储成本核算的范围；

3.仓储成本核算的方法。

学习目标

1.了解仓储成本核算的目的；

2.掌握仓储成本的核算范围和核算方法。

案例导入

在分析厦门中外运物流有限公司的仓储成本管理情况时，新华发现该公司的成本核算表包括了材料费、人工费、折旧费、租赁费、修理费、管理费等常见成本项目，但缺少仓储损失、资金占用成本等隐性的仓储成本支出。新华认为这样会导致核算结果不够精确。因此，他将仓储损失和资金占用成本都补录到仓储成本核算表中，发现这两部分成本在中外运物流有限公司的仓储成本中占有较大比重，影响了公司的经营绩效和现金流。

课前思考

1.仓储成本核算的范围有哪些？

2.如何正确进行仓储成本的核算？

知识学习

一、仓储成本核算的目的

仓储成本核算的目的是促进物流企业加强仓储管理水平，创新仓储技术。通过仓储成本分析，可以最大限度地利用仓储设施和设备，减少人力、物力、财力，为企业获取最大的供给保障，最大化实现仓储功能。此外，通过仓储成本分析，可以控制库存，减少存货占用资金成本，密切联系企业与员工的经济利益，使企业获得最大的经济效益。

具体体现在以下几个方面：

1.为仓储决策提供依据

通过对仓储成本的核算，为仓储服务收费水平的制定以及有效的客户管理提供决策依据；为各个层级的经营管理者提供物流管理所需的成本资料；为编订物流预算以及预算控制提供所需的成本资料；为制订物流计划提供所需的成本资料；为监控仓储管理水平提供各种成本信息；提供价格计算所需的成本资料。

2.确定仓储费用

仓储费用制定的前提是仓储所要花费的成本，企业必须在一定资金的前提下完成供应，因此需要以给定的存货资金为前提进行库存，确定本期仓储成本与上年同期成本的差异，谋求降低仓储成本的途径。

3.确定存货数量

存货数量因满足需求而逐渐减少，企业必须保存一定的库存数量。仓储成本的核算能够有效控制库存水平，保证存货数量的稳定。

二、仓储成本核算的范围

仓储成本是因为储存或持有存货而产生的，是由投入仓储保管活动中各要素的费用构成的，它与所持有的平均库存量大致成正比关系。由于仓储成本在财务会计中没有直接对应的科目，而是与其他部门发生的费用合在一起，因此，计算仓储成本既要分析其构成，又要考虑仓储成本与其他费用分离的方式，其核算范围可以从以下几个方面入手：

1.固定资产折旧和租赁费

固定资产折旧主要包括仓库折旧和其他固定资产折旧。独立经营的仓库和附属仓库一般都需要按年提取折旧费计入当期仓储成本；其他固定资产包括建筑物、堆场、道路、运输工具、仓储机械设备等高值投资，这些投资在仓库建设时一次性投入，通过逐年折旧的方式收回。固定资产折旧年限一般在5～20年。当仓储与设施不足时，可以通过租赁。对外承租的固定资产每年需要缴纳租赁费。固定资产折旧和租赁费是仓储企业的固定成本，与仓储业务量成反比关系。

2.设备维修

设备维修费主要指用于大型设备设施的定期大维修费用。每年的大修理费用从仓储经营收入中提取，提取额度为而被投资额的3%～5%，专项用于设备大维修。大修理费属于仓储固定成本。

3.工资和福利费

工资和福利费是指发给仓储企业内各类人员的工资、奖金和各种补贴，以及由企业缴纳的住房公积、医疗保险、养老保险等费用。福利费可按实发工资的一定标准计算提取，计提的工资和福利费都要计入当期的仓储成本。其中仓储管理人员的工资和福利费列入管理费用，属于固定成本；一般人员的工资和福利费是直接人工费，属于变动成本。

4.仓储保管费

仓储保管费包括：

(1)仓储生产经营耗用的能源费、水费；

(2)仓库的货架货柜、装卸搬运生产使用的工具等低值工具的耗费；

(3)绑扎、衬填、包装等材料的耗费；

(4)进出仓短途搬运装卸费、盘点倒垛费、加工费、重型机械使用费等耗费；

(5)因保管不善等原因造成的物品残损费。

因仓储保管发生的费用较多，多数属于与仓库业务量有关的变动成本或固定成本，有的属于两者皆有的混合成本。

5.管理费用、财务费用和营销费用

管理费用是仓储企业为组织和管理仓储经营业务所发生的费用，包括行政办公费、公司经费、工会经费、劳保费、坏账准备等。附属仓储企业分摊的管理费包括仓储设备的保险费、公司分摊到仓储企业的管理费，仓储部门管理人员的工资福利费和办公费、人工培训费、水电费等。

财务费用主要指仓储企业使用投资基金所要承担的利息。当资金为借款时，直接支付利息。如果使用自有资金也应当对资金支付利息，将利息计入经营成本。

营销费用包括企业宣传、业务广告、仓储促销、交易等仓储经营业务活动的费用支出。

6.保险费

保险费是仓储企业对于意外事故或者自然灾害造成存储物品损坏所要承担赔偿责任进行保险所支付的费用，保险费一般根据风险评估或承担的程度直接加以征收。风险评估或承担的风险取决于存储物和存储设施的性质。此外，保险费还受到存储设施内的预防措施影响。通常如果没有专门约定，仓储物资的财产险由客户承担，仓储保管人员仅承担责任险投保。

7.税费

通常，存储物品为应税财产，高水平的库存直接导致高税费开支。但是，税率和评估方法随地点不同而不同。一般情况下，税金是根据一年内某个特定日期的存储物品水平或某一段时间内的平均存储物品水平征收的。然而，有些地方对存储物品的税金不做任何评估，按存储物品价值的百分比来确定税金。仓储企业承担的税费可当作费用支出，包括仓储营业税或企业所得税在仓储中的分摊以及仓库所在场地的房地产税。

三、仓储成本核算的方法

1.按支付形态核算仓储成本

把仓储成本分别按仓储搬运费、仓储保管费、材料消耗费、人工费、仓储管理费和仓储占用资金利息等支付形态分类，就可以核算出仓储成本的总额。这样可以了解花费最多的项目，从而确定仓储成本管理的重点。

这种核算方法是从月度损益表中"管理费用、财务费用、营业费用"等各个项目中，取出一定数值乘以一定的比例(物流部门比例，分别按人数平均、台数平均、面积平均、时间平均等计算出来)算出仓储部门的费用，再将仓储成本总额与上一年度的数值做比较，弄清楚增减的原因并研究制订整改方案。

2.按仓储活动项目核算仓储成本

按支付形态进行仓储成本核算，虽然可以得出总额，但还不能充分说明仓储的重要性。若想降低仓储成本，就应将仓储总额按项目区分开来，以便掌握能仓储成本的实际状态，了解在哪些功能环节上有浪费，从而达到控制仓储成本的目的。

与按支付形态核算成本的方法相比，该方法能进一步找出妨碍实现仓储合理化的症结，而且可以核算出标准仓储成本(单位个数、重量、容器的成本)，以便确定合理化目标。

任务导入

新华的基础业务水平过关后，王总打算进一步考察她的实习情况，恰逢月末，王总让新华帮忙核算中外运本月的仓储成本，该公司本月发生的各项费用见表4-2。

表4-2 中外运仓库费用资料表

单位：元

序号	项目	管理、财务、营业等相关费用
1	仓库及储存设备折旧费用	90 000
2	仓库装卸搬运设备折旧费用	40 000
3	仓库水电费	7 000
4	燃料动力费	27 000
5	材料消耗费	53 000
6	设备维修费	32 000
7	工资及福利费	200 000
8	易耗品消耗	22 000
9	保险费	20 000
10	税金	55 000
合计		546 000

另有其他资料如下：

该企业总人数160人，仓储人员数量是40人，企业总面积6 000平方米，仓储设施所占面积3 000平方米。

请核算仓储成本，并编制仓储成本计算表。

分析：通过多方查找资料，新华打算按支付形态计算管理费用中有多少属于仓储成本。先把管理费用按照仓储运输费、仓储管理费等支付形态分类，然后用不同的支付项目费用乘以一定的比例来计算用于仓储的有多少。

▶▶▶▶ 任务实施 ▶▶▶

新华仔细分析了任务中的费用项目，确定了以下实施步骤。

第一步：直接计入仓储成本的费用

直接用于仓储工作的费用项目，不需要进行分配，直接计入仓储成本。比如仓库及储存设备折旧费、仓库租赁费、仓库装卸搬运设备折旧费等；此外，材料费根据出入库记录中各种材料的领用数量乘以单价后的数额直接计入仓储成本。

任务中不需要进行分配的费用项目有：仓库及储存设备折旧费90 000元、仓库装卸搬运设备折旧费40 000元、材料消耗费53 000元。

第二步：按人数比例计算仓储成本

工资及福利费等应根据企业“工资和福利分配表”中有关仓储人员的部分计入仓储成本。应通过计算仓储人员的人数占企业总人数的比例来确定。

$$人数比例=\frac{仓储人员数量}{企业总人数}$$

中外运仓储员工 40 人，占企业总员工 160 人的 25%，应分配的工资及福利费，即计入仓储成本的：工资及福利费费用为 200 000×25%=50 000 元。

第三步：按面积比例计算仓储成本

根据企业面积进行花费的项目主要有燃料动力费、设备维修费、保险费等，因此需要通过计算仓储设施所占面积与企业总面积的比例来确定计入仓储成本的费用。

$$面积比例=\frac{仓储设施所占的面积}{企业总面积}$$

中外运仓储设施占地 3 000 平方米，占企业总面积 6 000 平方米的 50%。因此，应分配计入仓储成本：燃料动力费=27 000×50%=13 500 元，设备维修费=32 000×50%=16 000 元，保险费=20 000×50%=10 000 元。

第四步：按仓储费比例计算仓储成本

有些费用项目没有涉及明确的人数或面积的比例关系，可采用已分配的仓储成本占相应的管理等费用的比重来分配。即仓储费比例=已分配的仓储成本总额/相对应的管理等费用总和。按仓储费比例计算仓储成本的项目有仓库水电费、易耗品消耗、税金等。

$$仓储费用比例=\frac{已分配的仓储成本合计}{相对应的管理等费用合计}$$

仓储费比例=(90 000+40 000+53 000+50 000+13 500+16 000+10 000)/(90 000+40 000+53 000+200 000+27 000+32 000+20 000)=272 500/462 000=0.59

应分配计入仓储成本:仓库水电费=7000×0.59=4 130 元,易耗品消耗=22 000×0.59=12 980 元,税金=55 000×0.59=32 450 元。

第五步:编制成本计算单

根据以上数据,编制出仓储成本计算单,如表 4-3 所示。

表 4-3 仓储成本计算表

序号	项目	管理、财务、营业等相关费用/元	仓储成本/元	计算比例/%	备注
1	仓库及储存设备折旧费用	90 000	90 000	100	全额
2	仓库装卸搬运设备折旧费用	40 000	40 000	100	全额
3	仓库材料消耗费	53 000	53 000	100	全额
4	工资及福利费	200 000	50 000	25	人数比例
5	燃料动力费	27 000	13 500	50	面积比例
6	设备维修费	32 000	16 000	50	面积比例
7	保险费	20 000	10 000	50	面积比例
	小计	462 000	272 500		
8	仓库水电费	7 000	4 130	59	仓储费比例
9	易耗品消耗	22 000	12 980	59	仓储费比例
10	税金	55 000	32 450	59	仓储费比例
	合计	546 000	322 060	—	—

任务小结

该任务介绍了仓储成本的计算范围和计算方法,重点介绍了按支付形态计算仓储成本。由于企业内发生的仓储费用是与其他部门发生的费用混合在一起的,因此,在计算的时候,应按照一定的比例关系进行分离。如何确定所选用的比例关系,比如人数比例、面积比例、仓储费比例等是关键。

案例分析 4-2

区块链技术首次落地智能仓储 6 000 平方米立体仓库实现轻资产运营

2023 年的 618 活动开展得如火如荼,北京顺义的一个物流仓库内,42 台货箱"蜘蛛人"在 9 米高的货架间隙里穿梭。和往年不同的是,这些蜘蛛人业内首次实现了"上链",所有的运行数据加密流转在区块链网络上,为仓储物流产业的规模化发展和可信协作打下了基础。

"蜘蛛人"全称为蜘蛛拣选系统(picking spider system),AI 是它们的大脑,其工作任务就是“取箱子”。一旦接到网友的下单指令，这些“蜘蛛人”会在毫秒之间精准定位到存放商品的箱子位置，并快速把它转运到拣货台，整个过程仅需两分钟。

这是全球首个智能立体仓储系统，发明者正是一家中国企业——鲸仓。传统仓库一般都采取小货架+手推车的形式，存储高度低，面积大，人工拣选路径长。这也就使得商品的搜索成本变高、工人辛苦且错误率高，导致“规模不经济”，仓库里90%装的都是空气。

“仅通过信息化手段和人力操作是无法解决这些问题的，必须进行智能化升级。”鲸仓创始人李林子介绍，鲸仓借助立体智能仓储将更多的箱子塞进了更小的空间里。记者现场了解到，鲸仓在6 000平方米里的北京仓里存放了40多个品牌超250万件商品，存储量是传统仓库的6倍。每一个箱子里都放着不同的商品，借助智能化方案，鲸仓把仓库空间利用率从10%提高到了85%，人效也提升了3倍。

值得注意的是，这6 000平方米的仓库里有多个参与方，包括场地提供方、设备采购或者出租方、设备销售方、仓库运营方和包含阿迪达斯在内的40多家服务使用方。如何更好地推进整个产业链的高效协同，是鲸仓在实现仓储智能化之后面临的新挑战，这也是引入区块链技术的主要原因。

鲸仓采用蚂蚁链的区块链和物联网技术，实现了蜘蛛拣选系统的运行信息、订单和资金交易信息加密上链，多方共同看一个可信账本，由于这些数据真实可信且丰满，鲸仓可以从产业资本那里用更低的成本租赁仓库和设备，实现轻资产运营。

“在整个仓储产业链上，我们想证明设备这些科技资产的价值要远远大于钢筋水泥。”李林子说，这些上链的数据呈现了一个仓库真实的运营状态，让上下游形成了透明的协作关系，如：蜘蛛人今天在仓库搬了100次箱子，背后连接的是200个订单，而每个订单有10元的收入，这有助于降低产业链的协作信任成本，让创新企业主导整个产业链的数字化升级，避免陷入“马车车夫指导汽车研发”的窘境。

目前，基于“设备信用”的轻资产模式，嘉里大通物流投资了鲸仓北京仓的一期项目。当前鲸仓的二期项目已经在建，由中国融通地产主导投资。“降低成本，提高规模，明年我们整体的立体仓运营规模至少能增长200%，同时将帮助3倍于现在的零售商享受到更便捷的仓储服务。”李林子说。

资料来源：http://k.sina.com.cn/article_1659643027_62ec249302001a13r.html

思考题

(1)鲸仓与传统仓库相比有什么不同？

(2)鲸仓如何推进整个产业链的高效协同？

任务三　库存持有成本认知

学习内容

1.库存持有成本的概念；

2.库存持有成本的构成；

3.购进和发出存货的成本计算。

学习目标

1.了解库存持有成本的概念；

2.掌握库存持有成本的构成；

3.掌握购进和发出存货的成本计算。

案例导入

认识了仓储成本及如何对其进行核算后，王总让新华逐步进行库存持有成本的熟悉和实践。厦门中外运以提供仓储服务为主要业务，新华发现，本月橡胶库房的货物数量多且存放时间较长。一个困扰她的问题浮现在脑海中：货主储存这么多橡胶且周转很慢，是否他们不大关心自己的存货持有成本呢？新华想，物流企业应该站在货主的角度，不断为货主提供各种增值性服务，帮助他们促进货物的周转并节省资金，自己能否给客户提供一份相关的报告，以供企业决策之用？

课前思考

1.什么是库存持有成本？

2.库存持有成本包括哪些？

知识学习

一、库存持有成本的含义

库存持有成本是指为保持适当库存而发生的成本。它由许多不同的部分组成，通常是物流成本中较大的一部分。为了维持企业的正常生产经营活动，企业必须储备一定数量的库存，但是当库存占用企业资金的比例过大时，就会降低企业的获利性，因为采购、储存要发生各种费用支出，这些费用支出就构成了企业库存的持有成本。这部分成本和库存数量呈正相关。

二、库存持有成本的构成

库存持有成本是在建立库存系统时或采取经营措施时所造成的资本占有结果。库存系统的成本主要有订货成本、保管成本、缺货成本、在途存货成本和库存风险成本。

1.订货成本

订货成本是指每次订货时所发生的各种费用,主要包括差旅费、通信费、运输费以及有关跟踪订单系统的成本。

2.保管成本

保管成本是指在保管过程中为保管物品而发生的全部费用,包括:出入库时的装卸搬运费、检验费等;保管用具用料费用;仓库房租水电费用;保管人员的工资费用;保管过程中的货损货差;保管物品占用资金的银行利息等。

(1)仓储运作成本。仓储运作成本主要是与商品的出入库有关,即通常所说的出入库时的装卸搬运费、检验费等。商品出入库的次数越多,这部分成本越高。

(2)仓储维护成本。仓储维护成本主要包括与仓库有关的租赁、取暖、照明、设备折旧、保险费用和税金等。

(3)资金占用成本。资金占用成本主要是占用资金支付的利息费用,是库存持有成本的隐含费用。

3.缺货成本

缺货成本是指由于库存供应中断而造成的损失,包括原材料供应中断造成的停工损失、产成品库存缺货造成的延迟发货损失和丧失销售机会的损失(含商誉损失)。值得注意的是缺货成本不是仓库存货发生的实际成本支出项目,而是作为一项平衡库存大小,从而进行库存决策的一种成本比较方法。

(1)安全库存(保险库存)的存货成本。安全库存是企业为了防止因市场变化或供应不及时而发生存货短缺而设置的一定库存量。企业对安全库存的确定往往较难,过多容易导致库存成本增加,不足则有缺货或者失销风险。

(2)缺货成本。缺货成本是由于外部和内部中断供应所产生的。外部缺货指企业的客户得不到全部订货,内部缺货指企业内部某部门得不到全部订货。如果企业发生外部缺货,将有如下两种情况产生:

①延期交货。如果企业延期交货,就会发生特殊订货处理费用和运输费用。延期交货的特殊订单处理费用要高于普通处理费用。由于延期交货经常是小规模装运,运输费率相对比较高。

②失销。由于缺货,可能造成一些用户转向其他供应商。这种情况下,缺货导致失销,对企业来说,失销的直接损失就是商品的利润损失。此外,还包括负责相关销售业务的销售人员所付出的努力的损失,即机会损失。一次缺货对未来销售的影响较难估计。

4.在途存货成本

在途存货成本与运输方式有关。如果企业以目的地交货价销售商品,就意味着企业要负责将商品运达客户,当客户收到订货商品时,商品的所有权才转移。从财务的角度来看,在途商品仍是销售方的库存。因为这种在途商品在交给客户之前仍然属于企业所有。运营方式及所需的时间是储存成本的一部分,企业应该对运输成本与在途存货成本进行分析。

5.库存风险成本

库存风险成本是指由产品变质、短少、损坏或报废等相关费用构成的库存成本,它反映了存货的先进价值下降的可能性。仓库为履行合同所造成的违约金、赔偿金也构成库存风险成本。

① 废弃成本。废弃成本是由于再也不能以正常价格出售而必须处理掉的成本。废弃成本是产品的原始成本与残值之间的差额,或者是正常销售价格和为了清除这种产品而降价销售的价格之间的差额。

② 损坏成本。损坏成本是仓库营运过程中发生的产品毁损而丧失使用价值的那一部分产品的成本。在搬运过程中发生的损坏应被看成一种产量成本,与库存水平无关,不应计入持有成本。

③ 移仓成本。移仓成本是指为避免废弃而将库存从一个仓库所在地运至另一个仓库所在地时所产生的成本。将产品运到另一个可以销售出去的地方销售可以避免废弃成本,但会增加额外运输成本。通常该部分费用应计入持有成本,而在实际操作中一般计在运输费用中,但通过对运费账单的统计分析,可以将转运成本分离出来。

④ 损耗成本。损耗成本多是因为盗窃造成的产品缺失而损失的那一部分产品成本。这部分也是保持库存而产生,因此应计入持有成本。

⑤保险成本。保险成本指购买存货保险而发生的费用。

▶▶▶▶ 任务实施 ▶▶▶

第一步:阅读相关存货持有成本方面的资料。

库存持有成本主要有订货成本、保管成本、缺货成本、在途存货成本和库存风险成本。经思考,货主的货物不是自己储存,而是委托厦门中外运第三方物流企业来储存的,则存货持有的成本应该主要包括两个部分:保管成本和库存风险成本。

第二步:查找资料,计算各部分库存持有成本。

(1)保管成本

①保管费:到公司和财务部门了解到,两个部门均有储存合同一份,经查核该货主橡胶月保管费 12 500 元。

②存货资金占用成本:经查资料和向相关人员询问得知,货主企业储存的橡胶均属于使用向银行贷款资金购买,并且该企业当月月底橡胶的结余价值总额 963 000 元,月初结余价值总额为 300 000 元,经向银行求证,得知一年期银行贷款利息率为 5.6%。则相关的资金占用成本计算如下:

存货占用资金发生的机会成本

=存货账面占用资金(平均库存总额)×银行同期利率(或企业内部收益率)

=(963 000+ 300 000)÷2×5.6%

=631 500×5.6%=35 364(元)

保管成本合计=12 500+35 364=47 864(元)

(2)库存风险成本

经查明橡胶的损耗损坏一般占到平均库存的0.5%。而由于近期内橡胶需求旺盛持续增长,基本不存在跌价的问题,存货保险包含在保管费中,因此库存风险成本主要指损耗损坏费用,其计算如下:

库存风险成本=(963 000+ 300 000)÷2×0.5%=3 157.5(元)

(3)总库存持有成本=保管成本+库存风险成本

=47 864 +3 157.5=51 021.5(元)

第三步:针对上面获取的库存持有成本数据,新华向橡胶货主企业提交了一份"关于贵公司橡胶原料存货持有成本的核算报告",为货主提供了一项增值服务,帮助他们促进货物的周转并节省资金,供企业决策之用。

案例分析 4-3

业内首个数字仓库落地背后,大宗贸易何变?

2022年4月22日,中国(山东)自由贸易试验区青岛片区数字仓库发布会暨京东云城市峰会青岛站举行,会议重磅发布了数字仓库平台。青岛自贸片区数字仓库平台的建成,创新实现了全数字化业务运营、高度智慧化调度感知、数字存货标准、穿透式业务监管、远程实时盘点看货、智能安防预警,打造了数字仓储、数字贸易、数字金融三位一体的新型大宗商品贸易生态体系,在国际大宗贸易及仓储流通领域属业内首创。

业内首个数字仓库落地青岛自贸片区 助力大宗商品贸易更安全、高效

青岛自贸片区联合京东科技、中储京科等科技领军企业,以片区范围内仓储企业作为试点,创新落地数字仓库,聚焦贸易、交易环节的基础——仓储物流的安全和效率,对试点仓库进行数字化升级,提供了一系列综合数智化解决方案。

数字仓库平台以物联智能感知和货物信息数字化为核心,构建园区管理、仓储调度、货物安全的物联网监控监管解决方案,为数字园区系统和数字仓储系统提供物联网基础设施服务,为数字仓单、数字贸易提供优质、高效、安全的物联网管控生态。比如布设高清监控摄像机抓取货物轮廓信息,实现AI看货;通过电子围栏分类设置存储区域、禁入区域、危险区域,当货物轮廓发生变化、受限车辆与人员闯入均会发出警告,实现AI守货;针对某些对温湿度要求严格的货物,设置高灵敏温湿度传感器实现智能环境监测,避免货物因环境变化导致损毁等。

通过数字仓库平台实现"AI看货"

京东是一家以供应链为基础的技术与服务企业,在数智化供应链领域积淀了十余年的内部最佳实践。京东科技作为京东集团对外提供技术服务的核心平台,积淀了云计算、人工智能、物联网、区块链等领先的综合技术能力,将数智化技术与产业实践充

分融合，并结合京东供应链金融科技的丰富经验，帮助大宗商品行业实现了产业数字化和金融数字化的跨界与融合。

通过数字仓库的技术加持，青岛自贸片区实现大宗商品贸易链条中商流、物流、资金流和信息流的四流匹配，助力数字仓单质押融资操作更高效便捷，解决贸易企业在业务开展起步阶段数字化程度低、资金短缺等痛点，也为海关、税务、市场监督、安全、消防、应急等部门打通数智化转型的“高速公路”。伴随着数字仓库的投入使用，全国首笔基于政府数字基建——数字仓库的提单转仓单质押融资业务也在青岛自贸片区顺利落地。4 月 20 日，一笔采购自越南的 200 吨橡胶类大宗，在完成提单签收、换单、通关、查验入库等流程后，存放于青岛自贸区的中储青岛分公司数字仓库。通过数字仓库平台的“AI 看货”功能，仓储方、贸易商，银行方均能便捷、明晰地实时看到货物、货主、保管仓库等信息。4 月 21 日，该笔货物的货主青岛悦友国际贸易有限公司以提单转仓单质押的模式，在建设银行青岛自贸区支行快速便捷地获得了 31.6 万美元的贷款融资。

资料来源：https://baijiahao.baidu.com/s?id=1730801010677612871&wfr=spider&for=pc

思考题

(1)数字仓库有哪些功能？

(2)数字仓库给大宗商品贸易带来了哪些变化？

任务小结

该任务介绍了库存持有成本的概念及其构成，重点介绍了存货的购进和发出成本的计算方法。

任务四　库存持有成本优化

学习内容

1.影响库存持有成本的因素；

2.库存持有成本的优化。

学习目标

1.掌握库存持有成本的影响因素；

2.掌握库存持有成本的优化。

案例导入

学会了库存持有成本的计算，王总让新华辅助其进行库存持有成本的优化决策，那么，做好库存持有成本的优化控制，应该掌握哪些知识呢？

新华发现厦门中外运三号仓库货物的年储存成本一直居高不下，她通过查阅该仓库货物的采购和入库信息，发现其采购进货频繁且毫无规律。她想，对于这样一个出入库较为频繁的仓库而言，必须合理制订订货方案，严格把握销售货物的数量和时间以及进货的数量和时间，提前确定货物订购的数量和时间，从而达到控制库存、降低成本的目的。经过思考，决定采用定量订货法和定期订货法两种方法来进行库存持有成本控制。

课前思考

1.影响库存持有成本的因素有哪些？

2.如何进行库存持有成本的优化？

知识学习

一、库存持有成本的影响因素

1.库存投资的机会成本率

影响库存持有成本的首要因素是库存投资的机会成本率。企业在库存上投资的资金来源不同，其计价成本也不同。库存投资是以丧失其他投资机会为代价的，因此，必须以其他投资机会的回报率作为计算持有成本的依据。如果企业资金充足，可将银行存款用于库存投资，这种情况下，银行存款利率就是库存投资的机会成本率；如果企业资金短缺，要通过出售股票来获得资金并对库存进行投资，这时，应以出售股票预期的利率为库存投资的机会成本；如果通过银行贷款的方式，则贷款利率为库存投资的资金机会成本率。

一般而言，企业资金越充足，库存持有成本中资金成本率越低；企业资金越短缺，库存持有成本中资金成本率越高。所以，资金充足的企业可以保持较高水平的库存来保持市场的需要；而资金短缺的企业，必须设法降低库存水平，减少库存对资金的占用。

2.库存周转率

库存周转率也是影响库存持有成本的重要因素之一。理论上讲，库存持有成本与库存周转率成反比关系，库存周转率越高，库存占用资金的时间越短，库存持有成本越低。但是，库存周转率越高，对物流系统的要求也越高，一味地提高库存周转率，可能导致批量成本、运输配送成本、缺货成本的增加，最终导致总的成本上升。

3.仓库的类型和存货水平的变动情况

库存所使用的仓库类型不同，其库存持有成本也不一样。企业通常通过自有仓库、租赁仓库和公共仓库来获取仓储空间。在这三种类型的仓库中，企业自有仓库和租赁仓库的费用与企业库存水平没有直接关系，而与仓库规划和仓储作业方式有关，所以应当属于仓储运作成本，而不是库存持有成本；公共仓库的收费通常是按转进和转出仓库的产品数量以及储存的库存数量来计算，所以公共仓库收费中的存储费用与库存水平有直接关系，应当属于库存持有成本的保管成本。

二、库存持有成本的优化

确定库存持有成本优化的方法时，首先应把实际问题抽象为数学模型。在形成模型的过程中，对一些复杂的条件尽量加以简化。然后用数学方法对模型进行求解，得出数量的结论。只要确定货物何时补充及补充多少数量，即为确定了一个优化方案。常见的库存持有成本优化方案有以下几种：

1.定量订货法

定量订货法是指当库存下降到预定的最低库存量（订货点）时，按规定数量（一般以经济订货批量为标准）进行订货补充的一种库存控制方法。该方法主要靠控制订货点 R 和订货批量 Q 两个参数来控制订货，使之达到既能最好地满足库存需求，又能使总费用最低的目的。

当库存量下降到订货点 R 时，即按预先确定的订货量 Q 发出订货单，经过缴纳周期（订货至到货间隔时间）LT，库存量继续下降，到达安全库存量 S 时，收到订货 Q，库存水平上升。

（1）订货点确定方法

在需求固定、均匀和订货缴纳周期不变的条件下，订货点 R 由以下公式确定：

订货点＝订货提前期（天）×全年需求量/360＋安全库存量

即 $R=\mathrm{LT}\times D/360+S$

其中，LT 为订货的提前期，D 为每年的需求量，S 安全库存量。

实例 4-1

厦门中外运 A 材料仓库每年出库商品量为 36 000 箱，订货的提前期为 15 天，试计算订货点。如果需要安全库存 100 箱，订货点又是多少？

解析：

订货点＝订货提前期（天）×全年需求量/360＝15×36 000/360＝1 500（箱）

如果需要安全库存 30 箱，则订货点＝15×36 000/360＋100＝1 600（箱）

（2）经济订货批量

经济订货批量（economic order quantity，EOQ）是简单、理想状态的一种。通常订货点的确定主要取决于需要量和订货缴纳周期这两个因素，在需要固定均匀、缴纳周期不变的情况下，不需要设安全库存，这时订货点为：

$R=\mathrm{LT}\times D/360$

其中 R 为订货点的库存量；LT 为缴纳周期，即从发出订单至该批货物入库间隔的时间；D 为该商品的年需求量。订货批量 Q 依据 EOQ 的方法来确定，即总库存成本最小时的每次订货数量。通常，年总库存成本的计算公式为：

年总库存成本＝年订货成本＋年保管成本＋年缺货成本

不允许缺货的条件下：

年总库存成本＝年订货成本＋年保管成本

因此影响订货成本的因素包括订货成本、保管成本和缺货成本。

①订货成本。订货成本是指企业为取得订单而支出的各种费用的总和。它包括两部分，一部分是与订货次数无关的固定费用，另一部分是与订货次数有关的变动费用。因此订货成本的计算公式为

$$\begin{aligned}\text{订货成本}&=\text{订货固定成本}+\text{订货变动成本}\\&=\text{订货固定成本}+\text{每次订货变动成本}\times\text{订货次数}\\&=\text{订货固定成本}+\frac{\text{每次订货变动成本}\times\text{年需求量}}{\text{每次订货的数量}}\end{aligned}$$

即 $TC_a=F_1+\dfrac{K_aD}{Q}$

其中：TC_a 为订货成本，F_1 为订货固定成本，K_a 为每次订货的变动成本，D 为年需求量，Q 为每次订货数量。

②保管成本。保管成本是指在保管过程中为保管物品而发生的全部费用，如仓储费、搬运费、保险费、占用资金利息等。保管成本可以分为固定成本和变动成本两部分。其中固定成本与存货数量的多少无关，变动成本与存货数量有关。

$$\begin{aligned}\text{保管成本}&=\text{固定保管成本}+\text{变动保管成本}\\&=\text{固定保管成本}+\frac{\text{单位产品年变动保管成本}\times\text{每次订货数量}}{2}\end{aligned}$$

即 $TC_c=F_2+\dfrac{K_cQ}{2}$

其中：TC_c 为保管成本，F_2 为保管固定成本，K_c 为单位产品年变动保管成本。

③缺货成本。缺货成本是指由于库存供应中断而造成的损失，包括原材料供应中断造成的停工损失、产成品库存缺货造成的延迟发货损失和丧失销售机会的损失(含商誉损失)，因此缺货成本为

$$\begin{aligned}\text{缺货成本}&=\text{单位缺货成本}\times\text{缺货数量}\times\text{订货次数}\\&=\text{单位缺货成本}\times\text{缺货数量}\times\frac{\text{年需求量}}{\text{每次订货的数量}}\end{aligned}$$

即 $TC_s=K_sSN=K_sS\dfrac{D}{Q}$

其中：TC_s 为缺货成本，K_s 为单位缺货成本，S 为缺货数量，N 为订货次数。

④经济订货批量的基本模型。经济订货批量基本模型的假设包括：企业能够及时

补充存货，不考虑缺货成本，集中到货，存货单价不变，不考虑现金折扣和数量折扣。

即

年总库存成本=年订货成本+年保管成本

$TC = TC_a + TC_c$

$= F_1 + \frac{K_a D}{Q} + F_2 + \frac{K_c Q}{2}$

在上述公式中，$F1$、$F2$、D 均为常数，所以总成本的大小完全由订货变动成本和保管成本决定，而其中每次订货批量是最关键的因素，只有当年订货成本和年保管成本均衡时，年总库存成本才会最小，因此根据

$$\frac{K_a D}{Q} = \frac{K_c Q}{2}$$

得出经济订货批量公式为

$$Q' = \sqrt{\frac{2K_a D}{K_c}}$$

根据经济订货批量公式，还可以推算出以下公式：

最佳订货次数：$N' = \frac{D}{Q'}$

最佳储存总成本 $TC' = \sqrt{2Dk_a K_c}$。

实例 4-2

厦门中外运 A 材料仓库每年出库商品量为 6 400 箱，该产品的单位储存成本为 8 元/箱，一次订货的成本为 400 元。

要求：(1)确定经济订量批量 Q'；(2)确定最佳订货次数 N'；(3)计算最小储存总成本 TC′。

解析：

经济订量批量 $Q' = \sqrt{\frac{2 \times 400 \times 6\ 400}{8}} = 800$(箱)

确定最佳订货次数 $N' = \frac{6\ 400}{800} = 8$(次)

计算最小储存总成本 $TC' = \sqrt{2 \times 6\ 400 \times 400 \times 8} = 6\ 400$(元)

2.定期订货法

(1) 概念

定期订货法是按预先确定的订货时间间隔按期进行订货，以补充库存的一种库存控制方法。其决策思路是：每隔一个固定的时间周期检查库存项目的储备量，根据盘点结果与预定的目标库存水平的差额确定每次订购批量。这里假设需求为随机变化，因此每次盘点时的储备量都是不相等的，为达到目标库存水平 Qo，需要补充的数量也

随着变化。这样,这类系统的决策变量应是:检查时间周期 T、目标库存水平 Qo。

(2) 定期订货法

①订货周期的确定

订货周期一般根据经验确定,主要考虑制订生产计划的周期时间,常取月或季度作为库存检查周期,但也可以借用经济订货批量的计算公式确定使库存成本最有利的订货周期,其计算公式为:

$$T'=\sqrt{\frac{2K_a}{DK_c}}$$

其中:T'为经济订货周期,K_a 为每次订货的成本,K_c 为单位产品年保管成本,D 为年商品需求量。

②目标库存水平的确定

目标库存水平(也是最高库存量)是满足订货周期加上提前期的时间($T+T_k$)内的需求量。它包括两部分:一部分是订货周期加提前期内的平均需求量;另一部分是根据服务水平保证供货概率的保险储备量。其计算公式为:

$$Q_{\max}=R(T+T_k)+Q_s$$

其中:$Q_{\max}$为最高库存量,R 为($T+T_k$)期间的库存需求量平均值,T 为订货周期,T_k 为平均订货提前期,Q_s 为安全库存量。

③确定订货量

定期订货法每次的订货数量是不固定的,订货批量的多少都由当时的实际库存量的大小决定。考虑到订货点的在途库存到货量和已经发出出货指令但尚未出库的待出货数量,每次订货的订货量的计算公式为:

$$Q_i=Q_{\max}+Q_{mi}-Q_{ki}-Q_{ni}$$

其中:Q_i 为第 i 次订货的订货量,$Q_{\max}$为最高库存量,Q_{mi}为第 i 次订货点的待出库数量,Q_{ki}为第 i 次订货点的实际出库数量,Q_{ni}为第 i 次订货点的在途到货数量。

实例 4-3

厦门中外运甲物资的年需求为 9 000 件,平均月需求量为 750 件。每件商品的年保管费为 12 元。订货的提前期为 15 天,安全储备量为 100 件,每次订货的成本为 1 500 元。现有库存量为 170 件,已经订货但尚未到达的货物为 400 件,已经销售但尚未发货的货物为 220 件。分别用定量订货法和定期订货法进行分析。

解析:

1.采用定量订货法

第一步:确定订货点

根据公式

订货点=订货提前期(天)×全年需求量/360+安全库存量。

即 $R=\mathrm{LT}\times D/360+S=15\times 9\ 000/360+100=475$(件)

第二步：确定经济订货批量

根据公式 $Q'=\sqrt{\frac{2K_aD}{K_c}}$

$Q'=\sqrt{\frac{2\times1\ 500\times9\ 000}{12}}=1\ 500$（件）

第三步：确定订货方案

经过计算已经确定甲物资的订货点和订货批量，在今后的库存控制过程中要严格按照定量订货法进行订货，即要求仓库管理人员随时查看仓库物资存量，当库存剩余量为475件时，立即按照经济订货批量1 500件发出订货信息进行订货。

在此基础上，可以进一步确定甲物资的其他订货信息，

$N=\frac{D}{Q'}=\frac{9\ 000}{1\ 500}=6$（次）

$TC'=\sqrt{2DK_aK_c}$

得出甲物资的最佳储存成本$=\sqrt{2\times9\ 000\times1\ 500\times12}=18\ 000$（元）

第四步：分析定量订货法的优缺点

定量订货法在实际运用中有利有弊，其优点是订货点和订货批量一经确定，其实际操作就变得十分简单易行，当订货量确定后，商品的验收、入库、保管和出库业务可以利用现有的规格化器具和计算公式，可以有效地节约搬运、包装等方面的作业量，可以充分发挥经济批量的作用，降低库存成本，节约费用，提高经济效益。其缺点是要随时掌握库存动态，严格控制订货点；占用了一定的人力和物力；订货模式过于机械，不具有灵活性；订货时间不具有灵活性，订货时间不能预先确定，对于人员，资金、工作业务的计划安排不利；受单一订货的限制，不便于实行多品种联合订货。

2.采用定期订货法

第一步：确定订货周期

根据公式 $T'=\sqrt{\frac{2K_a}{DK_c}}$

得出甲物资的订货周期为

$T'=\sqrt{\frac{2\times1\ 500}{750\times1}}=2$（月）

其中：750为平均月需求量；月保管费为1=年储存成本12/12月。在计算订货周期时，计算单位要进行统一。

第二步：确定最高库存量

根据公式

$Q_{max}=R(T+T_k)+Q_s$

甲物资最高库存量 $Q_{max}=750(2+0.5)+100=1\ 975$（件）

其中:2 为订货周期 2 个月,15 天订货提前期折为 0.5 个月。

第三步:确定订货量

根据公式

$Q_i = Q_{max} + Q_{mi} - Q_{ki} - Q_{ni}$

甲物资的订货量

Q_i =1 975+220-170-400=1 625(件)

根据上述的定期订货法,订货周期固定为 2 个月。每次订货时,订货数量要根据最高库存量、现在库存量、在途到货量和待出数量进行计算得出。

第四步:分析定期订货法的优缺点

定期订货法在实际运用中有利有弊,其优点是可以合并出货,减少订货量;周期盘点比较彻底准确,避免了定量订货法每天盘存的做法,减少了工作量,提高了工作效率;库存管理的计划性强,有利于工作计划的安排,实行计划管理。其缺点是由于($T+T_k$)期间较长,需要设置较高的安全库存量来保证库存需求;每次订货批量不固定,无法制定出经济订货批量,因而运营成本较高,经济性较差。

3.ABC 管理法

ABC 管理法又叫 ABC 分析法,就是以某类库存物资品种占物资品种数的百分数和该类物资金额占库存物资总金额的百分数大小为标准,将库存物资分为 A、B、C 三类,进行分级管理。

ABC 管理法的基本原理:对企业库存(物料、在制品、产成品)按其重要程度、价值高低、资金占用或消耗数量等进行分类、排序,一般 A 类物资数目占全部物资的 10%左右,而其金额占总金额的 70%左右;B 物资数目占全部物资的 2%左右,而其金额占总金额的 20%左右;C 类物资数目占全部物资的 70%左右,而其金额占总金额的 10%左右。

A 类是年度货币量最高的库存,A 类的品种数可能只占库存总品种数的 15%,但用于他们的成本却占到总成本的 70%~80%;

B 类是年度货币量中等的库存,B 类的品种数占全部库存总品种数的 30%,其价值占总价值的 15%~25%;

C 类是年度货币量较低的库存品种,他们的价值可能只占全部年度货币量的 5%,但其品种数却占库存品种总数的 55%。

任务小结

该任务主要介绍了影响库存持有成本的因素,并进一步介绍库存持有成本的优化,具体的优化方法包括定量订货法、定期订货法以及 ABC 管理法。

项目小结

货物持有成本是物流成本的重要组成部分，本项目分为四个任务，分别介绍了仓储成本和存货持有成本，旨在让学生掌握货物持有成本的核算及其优化方法，并应用这些方法解决实际仓储管理中的优化策略，提高管理水平。

教学分享

1.学习课时：建议6课时(其中理论学习3课时、实践3课时)

2.教学方法

建议采用讲解、体验式教学(包括视频资料学习、参访物流企业、网络平台的资源学习等)、小组讨论、实践教学等方式方法。应把握的知识重点包括：仓储成本的认知和核算、库存持有成本的认知及其优化。

3.学习环境要求

(1)学习场地：① 多媒体教室；
② 典型物流企业。

(2)学习资料：①物流成本实训软件；
②视频资源；
③课程网络资源。

课后习题

一、单项选择题

1.以下不属于仓储成本的是(　　)。

A.验货作业成本　B.流通加工成本　C.仓库租赁费　D.包装成本

2.企业由于缺货带来的损失属于(　　)。

A.订货成本　B.生产准备成本　C.缺货成本　D.保管成本

3.按支付形态核算燃料动力费时，应采用(　　)计算仓储成本。

A.面积比例　B.人数比例　C.金额比例　D.仓储费比例

4.EOQ模型最重要的是确定(　　)。

A.年需求量D　B.年最佳订货次数N

C.最佳储存总成本TC　D.经济订货批量Q

5.由于再也不能以正常价格出售而必须处理掉的成本属于(　　)

A.废弃成本　B.损坏成本　C.移仓成本　D.损耗成本

二、判断题

1.(　　)在ABC管理法中，C类是年度货币量最高的库存，C类的品种数可能只占库存总品种数的15%，但用于他们的成本却占到总成本的70%～80%。

2.(　　)企业自有仓库和租赁仓库的费用与企业库存水平没有直接关系，而与仓库规划和仓储作业方式有关。

3.(　　)因保管不善等原因造成的物品残损费不属于仓储保管费。

4.(　　)定量订货法是按预先确定的订货时间间隔按期进行订货,以补充库存的一种库存控制方法。

5.(　　)分拣费不应计入仓储企业成本的项目。

技能训练

1.小组讨论:以企业实例说明如何有效降低仓储成本。

2.技能训练:某公司管理、财务、和营业等相关费用如表 4-5 所示,该公司有 500 人,其中物流工作人员有 80 人,全公司面积 7 500 平方米,其中物流设施面积为4 000 平方米。请按支付形态划分法计算仓储成本,并填入表 4-5 中。

表 4-5　仓储成本计算表

项目	管理、财务、营业等相关费用/元	仓储成本/元	计算基准/%	备注
仓库租赁费	200 000			金额比例
材料消耗费	50 100			金额比例
工资津贴费	950 000			人数比例
燃料消耗费	22 000			面积比例
保险费	18 000			面积比例
修缮维护费	29 000			面积比例
仓储搬运费	38 000			面积比例
仓储保管费	59 000			面积比例
小计				前 8 项比例
仓储管理费	29 200			仓储费比例
易耗品费	28 500			仓储费比例
资金占用利息	28 600			仓储费比例
税金	43 100			仓储费比例
小计				
合计				

3.厦门中外运仓库橡胶产品的年需求量为 4 000 件,单位货物的年保管费为 40 元/件,每次订货成本为 200 元,订货提前期是 9 天,安全库存量为 20 件。该货物现有库存量 70 件,已经订货但尚未到达的货物为 90 件,已经销售但尚未发货的货物为 50 件。请分别用定量订货法和定期订货法进行分析。

教学评价

班级__________ 学号__________ 姓名__________ 成绩__________

项目四知识技能测评表

学习任务	分项评价指标	学生学习结果评价
任务一：仓储成本认知	仓储成本的概念	A(　) B(　) C(　)
	仓储成本的构成	A(　) B(　) C(　)
任务二：仓储成本核算	仓储成本核算的目的	A(　) B(　) C(　)
	仓储成本核算的范围	A(　) B(　) C(　)
	仓储成本核算的方法	A(　) B(　) C(　)
任务三：库存持有成本认知	库存持有成本的概念	A(　) B(　) C(　)
	库存持有成本的构成	A(　) B(　) C(　)
	购进和发出存货的成本计算	A(　) B(　) C(　)
任务四：库存持有成本优化	影响库存持有成本的因素	A(　) B(　) C(　)
	库存持有成本的优化	A(　) B(　) C(　)
学生自我评价：		
学生对教学有何建议：		
教师总体评价： 年　月　日		

说明：在(　)中打√，A表示理解掌握，B表示基本理解掌握，C表示未理解掌握。

◆项目五◆
包装、装卸搬运、流通加工成本管理

知识目标

1.了解包装成本、装卸搬运成本、流通加工成本的构成；

2.理解装卸搬运成本计算对象、成本计算单位；

3.掌握包装成本的核算、装卸搬运成本的核算、编制装卸搬运成本计算表、流通加工成本的核算。

技能目标

1.能够核算包装成本，编制包装成本计算表；

2.能够核算装卸搬运成本，编制装卸搬运成本计算表；

3.能够核算流通加工成本，编制流通加工成本计算表。

思政目标

1.培养物流成本管理的意识；

2.树立绿色物流的理念；

3.树立建设物流强国的信念。

任务一　包装成本认知及核算

学习内容

1.包装成本的概念；

2.包装成本的构成；

3.包装成本的核算；

4.编制包装成本计算表。

学习目标

1.准确把握包装成本的内涵，了解其基本分类、构成；

2.掌握包装材料费的计价方法；

3.树立正确的包装成本意识，掌握包装成本的核算，学会编制包装成本计算表。

案例导入

中外运物流有限公司为了提高包装效率，降低包装成本，1月初决定购买一套货物包装机械，该包装机械的价格为80万元。引进该包装机械后，中外运物流有限公司预计可以将包装效率提高20%，并每年节省人工成本15万元。

在2月份核算包装成本时，新华发现并没有达到预期的效果。通过实地调查，新华发现包装部门的一些员工不会使用该机械，导致机械经常出现故障，包装损坏率较高。此外该部门员工每次领取包装材料时，并没有及时填写领料单，而是在月末集中填写，导致成本核算的原始数据经常出现错漏。

因此，新华建议公司经理王总按照包装成本管理的基本要求，对包装成本进行全面管理，并要求包装部门严格按照规定来培训员工和填写原始凭证。

课前思考

1.什么是包装成本？包装成本由哪些项目构成？

2.包装成本管理的基本要求有哪些？

知识学习

一、认识包装成本

包装是为在流通过程中保护产品、方便储运、促进销售，按一定的技术方法所用的容器、材料和辅助物等的总体名称；也指为达到上述目的在采用容器、材料和辅助物的过程中施加一定技术方法等的操作活动。包装是生产的终点，也是物流的起点，在物流过程中起着保护产品、提高物料搬动的效率、识别商品的作用。

包装成本是指一定时期内，企业为完成货物包装业务而发生的全部费用，包括运输包装费和集装、分装包装费；包括业务人员的工资福利、包装设施年折旧、包装材料消耗、设施设备维修保养费、业务费等。

二、包装成本的构成

包装成本的一般由下面几部分构成：

1.包装材料成本

包装材料费用是指各类物资在实施包装的过程中在包装材料耗用上的货币表现。包装材料是指用于制造包装容器、包装装潢、包装印刷、包装运输等满足产品包装要求所使用的材料，它既包括金属、塑料、玻璃、陶瓷、纸、竹本、野生蘑类、天然纤维、化学纤维、复合材料等主要包装材料，又包括涂料、黏合剂、捆扎带、装潢、印刷材料等辅助材料。

2.包装机械成本

包装机械成本是指包装过程中使用包装机械而产生的费用,主要包括设备折旧费、低值易耗品摊销、维修费以及包装机械设备的租赁费用等。

3.包装技术成本

在对物资进行包装时采用一定的技术措施,比如防震保护术、防锈包装技术、防霉包装技术、防潮包装技术等,这些包装技术的设计和实施所支出的成本统称为包装技术成本。

4.包装的人工成本

为完成包装业务而支出的人工成本,主要包括包装工作人员与其他相关人员的工资、奖金、福利费等。但是不包括以上作业人员的劳动保护费用支出。

5.包装辅助费用

包装辅助费用主要包括包装标记、标志、标识的设计和印刷成本,拴挂装饰物成本的支出等。

三、包装成本的核算

包装成本的核算就是把企业物流活动实际发生的各项包装费用按照其用途进行汇集、分配、计算出实际总包装成本和单位成本。正确地核算包装成本,不仅可以掌握和控制包装费用的开支范围,监督各项消耗定额的执行,还可以与计划指标比较了解包装费用计划的执行情况。因此,加强包装费用的核算和管理十分重要。

(一)包装材料成本的核算

1.购入材料成本核算

企业的包装材料大部分通过外购取得。购入包装材料的成本计算如下:

(1)材料的买价,即购买价格。如果存在购货折扣应予扣除,即购入的材料按扣除折扣后的净额计价。

(2)材料入库前发生的各种附带成本,包括:

①运杂费,包括运输费、装卸费、保险费、仓储费等。

②在运输中的合理损耗。

③入库前的挑选整理费用。

④购入材料应负担的不能抵扣的税和其他费用等。

由于材料采购往往不止一种材料,所以,外购材料采购成本的确定原则如下:

材料买价可以从发票上取得,是一项直接费用,可直接计入该种材料的采购成本。发生的采购费用,凡能分清对象的,可以直接计入各种材料的采购成本;凡不能分清对象的,应按合理的分配标准分配后计入每一种材料成本。分配材料采购费用的标准主要有重量、买价、体积等,在实际工作中应酌情选用。在汇总了每一种材料所发生的买价和采购费用后,就能计算出该种材料的采购成本。

包装材料的计算方法为:

包装材料成本＝包装材料的单位采购成本×包装材料的用量

实例 5-1

企业从外购入甲、乙、丙三种包装材料。其中：

甲材料 2 000 千克　单价 8 元　合计 16 000 元

乙材料 4 000 千克　单价 5 元　合计 20 000 元

丙材料 1 000 千克　单价 6 元　合计 6 000 元

合计 42 000 元

另三种包装材料的运杂费 1 050 元(假定该公司按材料的重量分摊运杂费用)。计算三种包装材料的采购成本,并编制采购成本计算表。

解析：

三种包装材料的运杂费 1 050 元(假定该公司按材料的重量分摊运杂费用)。甲、乙、丙三种包装材料的采购成本计算如下：

运杂费分配率＝1 050÷(2 000＋4 000＋1 000)＝0.15(元/千克)

甲材料应分摊的采购费用＝2 000×0.15＝300(元)

乙材料应分摊的采购费用＝4 000×0.15＝600(元)

丙材料应分摊的采购费用＝1 000×0.15＝150(元)

计算如表 5-1 所示。

表 5-1　甲、乙、丙三种包装材料的采购成本计算表

材料名称	买价/元	重量/千克	运杂费分配率/(元/千克)	应分摊运杂费/元	总成本/元	单位成本/(元/千克)
甲材料	16 000	2 000	0.15	300	16 300	8.15
乙材料	20 000	4 000		600	20 600	5.15
丙材料	6 000	1 000		150	6 150	6.15

2.发出材料的成本核算

由于企业的各种材料是分次分批分别从不同的地点购进的,而每次购进的同种材料单价又往往不同,因此,在发出材料时,就存在如何计价的问题,企业可根据不同情况,采用下列方法计价。

(1)先进先出法

先进先出法以先购入的材料先发出为假定前提。每次发出材料的单价要按库存材料中最先购入的那批材料的实际单价计价。采用这种方法要求分清所购每批材料的数量和单价。发出材料时,除逐笔登记发出数量外,还要登记余额,并结出结存的数量和金额。

实例 5-2

现以甲材料为例，要求：采用先进先出法计算发出材料和期末材料的成本。

解析：

先进先出法计算如表 5-2 所示。

表 5-2 甲材料明细计算表(先进先出法)

2021 年		摘要	收入			发出			结存		
月	日		数量/千克	单价/(元/千克)	金额/元	数量/千克	单价/(元/千克)	金额/元	数量/千克	单价/(元/千克)	金额/元
1	1	期初余额	—	—	—	—	—	—	300	50	15 000
	10	购入	900	60	54 000	—	—	—	300 900	50 60	15 000 54 000
	11	发出	—	—	—	300 500	50 60	15 000 30 000	400	60	24 000
	18	购入	600	70	42 000	—	—	—	400 600	60 70	24 000 42 000
	20	发出	—	—	—	400 400	60 70	24 000 28 000	200	70	14 000
	23	购入	200	80	16 000	—	—	—	200 200	70 80	14 000 16 000
	31	本月合计	1 700	—	112 000	1 600	—	97 000	200 200	70 80	14 000 16 000

甲包装材料成本＝15 000＋30 000＋24 000＋28 000＝97 000(元)

(2)后进先出法

后进先出法以最后购入的材料最先发出为假定前提。每次发出材料的单价要按库存材料中最后购进的那批材料的实际单价计价。采用这种方法要求分清所购每批材料的数量和单价，发出材料时除逐笔登记发出数量外，还要登记数额，并结出结存材料的数额。

实例 5-3

仍以前述甲材料资料为例，要求：采用后进先出方法计算发出材料和期末库存材料成本。

解析：

后进先出法计算如表 5-3 所示。

表 5-3　甲材料明细计算表(后进先出法)

2021 年		摘要	收入			发出			结存		
月	日		数量/千克	单价/(元/千克)	金额/元	数量/千克	单价/(元/千克)	金额/元	数量/千克	单价/(元/千克)	金额/元
1	1	期初结存							300	50	15 000
	10	购入	900	60	54 000				300	50	15 000
	11	发出				800	60	48 000	300 100	50 60	15 000 6 000
	18	购入	600	70	42 000				300 100 600	50 60 70	15 000 6 000 42 000
	20	发出				600 100 100	70 60 50	42 000 6 000 5 000	200	50	10 000
	23	购入	200	80	16 000				200 200	50 80	10 000 16 000
1	31	本月合计	1 700		112 000	1 600		101 000	200 200	50 80	10 000 16 000

甲包装材料成本＝48 000＋42 000＋6 000＋5 000＝101 000(元)

(3)全月一次加权平均法

全月一次加权平均法是以月初结存材料金额与全月收入材料金额之和除以月初结存材料数量与全月收入材料数量之和,算出以数量为权数的材料平均单价,从而确定材料的发出和库存成本这种平均单价。每月月末计算一次。

计算公式:

$$\text{材料月末加权平均单价}=\frac{\text{月初结存材料金额}+\text{全月收入材料金额}}{\text{月初结存材料数量}+\text{全月收入材料数量}}$$

本月发出材料成本＝本月发出材料数量×材料加权平均单价

月末库存材料成本＝月末库存材料数量×材料加权平均单价

实例 5-4

仍以上述甲材料明细账为例,要求:采用全月一次加权平均法计算发出材料和期末库存材料的成本。

解析:

全月一次加权平均法计算如表 5-4 所示。

表 5-4 甲材料明细计算表(全月一次加权平均法)

2021 年		摘要	收入			发出			结存		
月	日		数量/千克	单价/(元/千克)	金额/元	数量/千克	单价/(元/千克)	金额/元	数量/千克	单价/(元/千克)	金额/元
1	1	期初余额							300	50	15 000
	10	购入	900	60	54 000				1 200		
	11	发出				800			400		
	18	购入	600	70	42 000				1 000		
	20	发出				800			200		
	23	购入	200	80	16 000				400		
	1	本月合计	1 700		112 000	1 600	63.5	101 600	400	63.5	25 400

计算：

$$\text{材料月末加权平均单价}=\frac{15\ 000+54\ 000+42\ 000+16\ 000}{300+900+600+200}=63.5(\text{元/千克})$$

本月发出甲材料成本＝1 600×63.5＝101 600(元)

月末甲材料库存成本＝400×63.5＝25 400(元)

(4)移动加权平均法

移动加权平均法是以原结存材料金额与本批材料收入金额之和除以原结存材料数量与本批收入材料数量之和，算出以数量为权数的材料平均单价，作为日常发料的单价。计算公式为：

$$\text{移动加权平均单价}=\frac{\text{原结存材料金额}+\text{本批收入材料金额}}{\text{原结存材料数量}+\text{本批收入材料数量}}$$

实例 5-5

仍以前述甲材料资料为例，要求：采用移动加权平均法计算发出材料和期末库存材料的成本。

解析：

移动加权平均法计算如表 5-5 所示。

表 5-5 甲材料明细计算表(移动加权平均法)

2021 年		摘要	收入			发出			结存		
月	日		数量/千克	单价/(元/千克)	金额/元	数量/千克	单价/(元/千克)	金额/元	数量/千克	单价/(元/千克)	金额/元
1	1	期初结存							300	50	15 000
	10	购入	900	60	54 000				1 200	57.5	69 000
	11	发出				800	57.5	46 000	400	57.5	23 000
	18	购入	600	70	42 000				1 000	65	65 000

2021年		摘要	收入			发出			结存		
月	日		数量/千克	单价/(元/千克)	金额/元	数量/千克	单价/(元/千克)	金额/元	数量/千克	单价/(元/千克)	金额/元
	20	发出				800	65	52 000	200	65	13 000
	23	购入	200	80	16 000				400	72.5	29 000
1	31	本月合计	1 700		112 000	1 600		98 000	400	72.5	29 000

10 日，第一批收料后的平均单价=(15 000+54 000)÷(300+900)=57.5 (元/千克)

18 日，第二批收料后的平均单价=(23 000+42 000)÷(400+600)=65(元/千克)

23 日，第三批收料后的平均单价=(13 000+16 000)÷(200+200)=72.5 (元/千克)

本月发出材料成本合计=46 000+52 000=98 000 (元)

期末库存材料成本=400×72.5=29 000 (元)

(二)包装机械成本核算

包装机械费用主要是指包装机械的折旧费和维修费。

折旧是指包装机械因在使用过程中的损耗，而定期逐渐转移到包装成本中的那一部分价值。计提折旧的主要方法有：平均年限法、工作量法、加速折旧法等。企业确定选择某种折旧方法，一般不得随意改变。

包装机械的维修费是包装机械发生部分损坏，进行修理时支出的费用，可以分为中小修理和大修理。中小修理的费用直接计入当期包装成本，大修理的费用由于其支出额较大，可分期计入包装成本。

(三)包装技术成本核算

包装技术成本主要包括包装技术设计成本和包装技术购买(实施)成本。

1.包装技术设计成本

包装技术设计费用包括设计人员的工资、设计中领用材料或产品以及与设计有关的各种费用支出。

设计人员的工资包括设计人员的标准工资、奖金、津贴和补贴、加班及特殊情况下支付的工资。其计算公式为：

设计人员的工资=月标准工资+各种补贴+加班工资+各种奖金-事假或旷工日数×平均日工资-病假日数×平均日工资×病假应扣工资百分比

平均日工资=月标准工资/21 天

设计中领用材料的成本与企业当期领用材料(包装材料)成本核算相同。为试验领用的产品，其成本与企业计算的产品成本相同核算相同。

与设计有关的各种费用支出以实际支出为准。

2.包装技术购买(实施)成本

包装技术实施费用包括实施包装技术所需要的内包装材料费用和一些辅助包装费用。

企业在实施防震、防潮、防锈、防霉等技术时，常需要一些起减震、防震、防潮、防虫等作用的内包装材料。这些内包装材料的成本为实际发生的成本。为简化计算，也可用计划成本进行计算，期末再将计划成本调整为实际成本。

包装技术的其他辅助费用是指为了实施包装技术而发生的，不属于内包装材料费的其他一些费用，如水电费用等。

(四)包装的人工成本核算

支付给所有包装工人及其他有关人员的工资总额即为包装人工费用。

企业的会计部门根据劳动合同的规定和企业规定的工资标准、工资形式、奖励津贴等制度，按照考勤记录、工时记录、产量记录等资料，计算每个包装工人及其他有关人员的工资。包装人工费用的计算，必须有准确的原始记录资料，包括工资卡、考勤记录，工时记录、工作量记录等原始凭证。

四、编制包装成本计算表

包装成本计算表反映企业在一定时期内因包装业务而发生的全部包装费用的报表，反映各种包装的总成本和单位成本。利用编制的各种包装产品成本表，可以考核各种包装成本计划的执行结果，了解包装成本发生的全貌；利用包装成本计算表分析各成本项目的构成及其变化情况，提示成本差异，挖掘潜力，降低包装成本；包装成本计算表提供的成本信息资料，是预测未来包装成本水平和制定合理目标成本的依据。按成本项目反映的包装成本计算表如表 5-6 所示。

表 5-6　包装成本计算表

成本项目	上年实际	本年计划数	本月实际数	本年累计数
包装材料				
包装机械				
包装技术				
包装人工				
包装辅助费用				
包装总成本				

实例 5-6

根据以下的资料编制厦门中外运 1 月份某种物资包装的包装成本计算表。

解析：

1.包装材料成本的核算

厦门中外运 1 月份包装某种物资 100 件需要耗费甲、乙两种材料。甲、乙两种材料的耗用如表 5-7 所示(材料价格包含买价目和各项附带成本的分摊)。

表 5-7 包装材料成本计算表

品　种	单价/(元/千克)	数量/千克	包装材料总成本/元	包装单位成本/(元/件)
甲材料	12	50	600	60
乙材料	8	40	320	32
合　计			920	92

2.包装机械成本核算

在上述的物资包装中，使用的包装机械原值为 40 000 元，预计使用年限为 10 年，净残值为 5%；包装机械的年修理费用为 1 000 元；全年包装业务的工人工时为 2 000小时，该批包装使用该机械的直接人工工时为 5 小时。

包装机械的年折旧费＝40 000(1－5%)÷10＝3 800(元)

包装机械的年修理费用＝1 000(元)

该批包装的机械成本＝(3 800＋1 000) ÷2 000×5＝12(元)

填写包装机械成本计算表如表 5-8 所示。

表 5-8 包装机械成本计算表

项　目	年折旧费/元	年修理费/元	年包装人工工时/小时	直接人工工时/小时	包装机械成本/元
数量	3 800	1 000	2 000	5	12

3.包装技术成本核算

在上述的物资包装中，进行了包装设计和包装实施，应分摊包装技术成本 60 元，包装辅助费用 20 元。

4.包装人工成本核算

在上述的物资包装中，包装的总人工工时为 8 小时，包装人数为 10 人，每人每月的工时为 200 工时，每月包装生产工人的工资总额为 18 000 元。包装人工成本计算如下(见表 5-9)：

该批包装的人工成本＝(18 000 ÷200×10)×8＝72(元)

表 5-9 包装人工成本计算表

项　目	包装人工工时/小时	人数/人	每人每月的工时/(小时/人)	包装工人工资总额/元	包装人工成本/元
数量	8	10	200	18 000	72

5.编制包装成本计算表(见表 5-10)

表 5-10　包装成本计算表

成本项目	上年实际	本年计划	本月实际数/元	本年累计数
包装材料			920	
包装机械			12	
包装技术			60	
包装人工			72	
包装辅助费用			20	
包装总成本			1084	

案例分析 5-1

推进快递包装“绿色革命”

近年来,我国快递业务量稳居世界第一,快递包装问题也给环境保护带来一定压力。2020 年,我国快递包装废物总量已超 1000 万吨。2021 年,我国快递年业务量首次超过 1000 亿件,快递包装废弃物还将持续增加。进一步推动快递包装绿色化,变得更加紧迫。

面对这种形势,我国对快递包装的绿色治理也在不断深入。从快递运单电子化到包装减量化,从推广可循环包装产品到加强可循环快递包装基础设施建设等,我国快递包装标准化、绿色化、循环化水平明显提升,正在积极探索规模化取代传统包装的路径。2020 年,国务院办公厅转发国家发展改革委、国家邮政局等八部门《关于加快推进快递包装绿色转型的意见》,提出推进快递包装“绿色革命”,明确了 2022 年和 2025 年可循环快递包装应用的量化目标。不久前,国家发展改革委、商务部和国家邮政局联合下发通知,决定于 2022 年 1 月至 2023 年 12 月组织开展可循环快递包装规模化应用试点。

实现可循环快递包装的规模化应用,确实是当务之急。还原到消费场景就会发现,海量快递中可循环包装难觅身影,主动使用的商家仍为少数。有调查报告显示,67.1%的消费者表示未接触过可循环快递包装,不了解也未见过专门的回收网点,一些可循环包装甚至被作为生活垃圾直接丢弃。

围绕包装如何“绿起来”,快递行业已探索出一套技术路径。只不过,无论是回收利用,还是使用环保材料代替,都存在不易克服的成本问题。据统计,如果全部改用可生物降解塑料包装袋、环保胶带,按照 2020 年业务量计算,全行业将增加 187.9 亿元成本,占全国快递服务企业业务收入的 2.1%左右。有分析认为,使用快递循环箱暂时也没有成本优势,还有附加的社会成本:快递小哥来去匆匆,缺乏时间和意愿承担回收任务，消费者认知水平不同，配合度参差不齐。

推动快递包装绿色转型，需要全链条发力，从各个环节降本增效。比如，引导寄递企业围绕绿色包装等重点领域加强科技创新，从源头上降低成本；也可以在减少回收难度上下功夫，比如，国家邮政局正探索构建邮件快件包装物回收“逆向物流”模式。还应加强政策引导，对绿色包装生产、绿色快递物流和配送体系建设、专业化智能化回收设施建设等项目，在资金、信贷、债券等方面给予支持，促进包装减量和绿色循环的新模式、新业态发展。

此外，要注重激发公众的环保意识，让绿色消费成为生活习惯。有时需要用激励手段。一家邮政快递企业联合电商平台新铺设1.3万个绿色回收箱，2021年“双11”期间每天准备了50万个新鲜鸡蛋，送给参与快递箱回收的消费者。也不妨唤醒价值认同，比如，在网购下单时，可以增加付费使用绿色包装的选项，相信有不少消费者愿意为环保出一份力。

我们倡导的绿色生活方式，有时候不见得是社会成本更低的生活方式，但肯定是更值得追求的生活方式。快递包装的绿色转型，需要做好生产、使用、回收、处置全链条治理，还需要多个环节的商家、行业乃至不同城市、区域之间的协调配合。这不是轻轻松松就能实现的，需要广泛凝聚社会共识。我们为此付出的每一分努力，不仅是在成就一种更有责任感的生活，更是在塑造美好环境、建设美丽中国。

资料来源：https://baijiahao.baidu.com/s?id=1722150805007824152&wfr=spider&for=pc

思考题

（1）我国快递包装绿色化面临哪些问题？

（2）推动快递包装绿色转型，如何降本增效？

任务小结

包装成本是指一定时期内企业为完成货物包装业务而发生的全部费用，包括运输包装费和集装、分装包装费；包括业务人员的工资福利、包装设施年折旧、包装材料消耗、设施设备维修保养费、业务费等。包装成本一般由包装材料成本、包装机械成本、包装技术成本、包装的人工成本、包装辅助费用等几个部分构成。通过本任务学会包装成本的核算和编制包装成本计算表。

任务二　装卸搬运成本认知及核算

学习内容

1.装卸搬运成本；

2.装卸搬运成本的构成；

3.装卸搬运成本的核算；

4.编制装卸搬运成本计算表。

学习目标

1.准确把握装卸搬运成本的内涵，了解其基本分类、构成；

2.树立正确的装卸搬运成本意识，掌握装卸搬运成本的核算，学会编制装卸搬运成本计算表。

案例导入

联华便利物流中心总面积 8 000 平方米，由 4 层楼的复式结构组成。为了实现货物的装卸搬运，配置的装卸搬运机械设备主要为：电动叉车 8 辆、手动托盘搬运车 20 辆、垂直升降机 2 台、笼车 1 000 辆、辊道输送机 5 条、数字拣选设备 2 400 套。

在装卸搬运时，操作过程如下：将来货卸下后，把其装在托盘上，由手动叉车将货物搬运至入库运载处，入库运载装置上升，将货物送上入库输送带。当接到向第一层搬送指示的托盘在经过升降机平台时，不再需要上下搬运，将直接从当前位置经过一层的入库输送带自动分配到一层入库区等待入库；接到向二至四层搬送指示的托盘，将由托盘垂直升降机自动传输到所需楼层。当升降机到达指定楼层时，由各层的入库输送带自动搬送货物至入库区。货物下平台时，由叉车从输送带上取下托盘入库。出库时，根据订单进行拣选配货，拣选后的出库货物用笼车装载，由各层平台通过笼车垂直输送机送至一层的出货区，装入相应的运输车上。先进实用的装卸搬运系统，为联华便利店的发展提供了强大的支持，使联华便利物流运作能力和效率大大提高。

课前思考

1.联华物流中心装卸搬运作业的主要成本构成是什么？

2.该物流中心装卸搬运系统设计对各平台间的搬送自动化做了哪方面的考虑？

3.从成本管理的角度出发，你认为该物流中心装卸搬运系统有改进的余地吗？假如有，如何改进？

知识学习

一、认识装卸搬运成本

装卸指物品在指定地点以人力或机械装入运输设备或卸下。搬运在同一场所内，对物品进行水平移动为主的物流作业。在实际操作中，装卸与搬运是密不可分的，两者是伴随在一起发生的。因此，在物流科学中并不过分强调两者差别而是作为一种活动来对待。有时候或在特定场合，单称“装卸”或单称“搬运”也包含了“装卸搬运”的完整含义。

装卸搬运成本是物品在装卸搬运过程中所支出费用的总和，由装卸搬运直接费用和营运间接费用构成。商品装卸搬运本身并不能产生新的价值、新的效用，但是，在整个的供应链中，商品装卸搬运所占的比例很大，作业发生的频率也较高。因此，必须重视商品装卸搬运作业过程，防止物流成本的增加。

二、认识装卸搬运成本的构成

(一)装卸搬运成本计算的特点

物流企业经营装卸业务时，既有机械化作业，又有人工作业，通常机械装卸搬运成本与人工装卸搬运成本分别计算。例如，以机械作业为主仅配备少量人工作业时，计算机械作业成本；以人工作业为主仅配备少量机械作业时，可只计算人工装卸搬运成本。装卸搬运所配备的车辆等运输工具，一般作为装卸机械并入计算，不再进行单独成本核算。

(二)装卸搬运成本的构成

1.装卸搬运的机械成本

装卸搬运的机械指用来搬移、升降、装卸和短距离输送物料或货物的机械。装卸搬运费用的计算方法，与运输费用基本相同。

(1)燃料和动力费

燃料和动力费是指装卸搬运的机械在操作和运行过程中消耗的燃料、动力和电费等。对于燃料和动力费，企业可于每月终了根据油库转来装卸机械领用燃料凭证计算实际消耗数量计入成本。企业耗用的电力可根据供电部门的收费凭证或企业的分配凭证直接计入装卸搬运成本。

(2)轮胎费

轮胎费指装卸搬运机械领用的外胎、内胎、垫带及其翻新和零星修补的费用。

装卸机械的轮胎磨耗是在装卸搬运场地操作过程中发生的，因此其轮胎费用不宜采用公里摊提方法处理，一般可在领用新胎时将其价值一次直接计入装卸搬运成本。装卸搬运机械轮胎的翻新和零星修补费用，一般在费用发生和支付时，直接计入装卸搬运机械成本。装卸搬运队配属各种车辆所领用新胎及翻新和零星修补的费用，也可按上述方法计入装卸搬运成本。

(3)保养修理费

保养修理费指为装卸搬运机械设备进行保养、大修、小修所发生的料、工、费,以及装卸搬运在运行和操作中所消耗的机油、润滑油等费用,按规定预提的大修理费用,也列入本项目。月终根据油料库、材料库提供的领料凭证直接计入装卸搬运成本。由专职装卸机械保修工或保修班组进行装卸机械保修作业的工料费,直接计入装卸成本;由保修车间进行装卸机械保修作业的工料费,通过辅助营运费用账户核算,然后分配计入装卸搬运成本。

(4)折旧费

折旧费指装卸机械按规定计提的折旧费。装卸机械的折旧应按规定的折旧率计提,根据固定资产折旧计算表直接计入各类装卸搬运成本。装卸机械计提折旧适宜采用工作量法,工作量法是按固定资产预计作业总量计提折旧的方法,其计算公式为:

单位作业量折旧额=固定资产原值×(1-预计净残值率)/预计作业总量

各期折旧额=单位作业量折旧额×各期实际作业量

(5)租赁费用

租赁费用指企业租用装卸搬运机械设备进行装卸搬运的作业,按照合同支付的租金。

(6)其他费用

其他费用是指不属于以上各项目包括的费用,如保险费用、事故损失费用等。

2. 装卸搬运的人工成本

装卸搬运的人工成本是指应由装卸搬运成本负担的工人、现场指导人员、机械司机、机械保修人员、操作人员、保管人员、装卸搬运队管理人员的工资和津贴,以及按规定比例计入装卸成本的职工福利费,包括各种劳动保护费用。装卸搬运所消耗的人力成本也较多,所以人力成本在装卸搬运费用中所占的比重也较高。

(1)工资及福利费

装卸搬运的直接人工费用可根据工资结算表等有关资料,编制工资及职工福利费汇总表,据以直接计入各类装卸搬运成本。

(2)劳动保护费用

劳动保护费用是指从事装卸搬运业务使用的劳动保护用品、防暑、防寒、保健饮料,以及实施劳动保护措施所发生的各项费用。

劳保用品在领用时根据领用凭证可将其价值一次直接计入各类装卸搬运成本。一次领用数额过大时,可作为待摊费用处理。防暑、防寒、保健饮料、劳动保护安全措施等费用,在费用发生和支付时,可根据费用支付凭证或其他有关凭证,一次直接计入各类装卸搬运成本。

3.营运间接费用

当按机械装卸和人工装卸分别计算成本时,可先通过营运间接费用账户汇集,月终再按直接费用比例分配计入各类装卸搬运成本。如果是装卸队直接开支的管理费和业务费，可在发生和支付时，直接列入装卸搬运成本。

三、装卸搬运成本的核算

（一）装卸搬运成本计算对象

物流企业经营装卸业务时，既可按机械化作业，也可按人工作业作为成本计算对象。在加强成本管理时，可采用综合的装卸搬运成本为计算对象，也可以分操作过程、分货种计算货物的装卸搬运成本。

（二）装卸搬运成本计算单位

运输企业的装卸成本一般以千装卸操作吨为成本计算单位。港口企业的装卸成本一般以装卸千吞吐吨、千装卸自然吨或千装卸操作吨为成本计算单位。

集装箱装卸业务的成本计算单位，可采用“标准箱”和“千吞吐吨”两种。换算比例为：1 标准箱＝10 吞吐吨。

知识链接

港口吞吐能力是衡量港口规模大小的最重要的指标。反映在一定的技术装备和劳动组织条件下，一定时间内港口为船舶装卸货物的数量，以吨数来表示。

什么是港口吞吐量、装卸操作量、装卸自然吨呢？

港口吞吐量是指报告期内经由水路进、出港区范围并经过装卸的货物数量。该指标可反映港口规模及能力，是衡量港口生产大小的主要数量指标，并不完全反映货物装卸工作量；例如船过船货物装卸作业，虽然只有一个装卸操作量，但必须计算为进出口两个吞吐量，所反映的工作量不真实；以吞吐量为成本计算单位，不能真实反映其装卸单位成本水平。

装卸操作量是指一吨货物经过一个完整操作过程所装卸、搬运的货物数量。一个完整操作过程是指：船—船、船—驳、船—车场、车驳—车驳、管道—船；车—库场。操作量可衡量港口工人工作量大小。在同样装卸自然吨情况下操作量越大，意味着港口成本也越大。操作量在某种程度上也可反映港口生产组织是否科学。

装卸自然吨是指一吨货物从进港至出港止，不论经过几个操作过程，均以一吨计算。一吨货物进出港口，经过多个操作过程，可算为多个操作量但只能计算成一个装卸自然吨。因此装卸自然吨更为有效地反映港口实际工作成果。

（三）装卸搬运成本计算期间

各类装卸搬运成本计算期间，通常以月为单位，按日历的月、季、年计算各种业务成本。如果装卸搬运作业批次或者类别清楚，也可在作业结束时按作业批次或者类别计算装卸搬运的成本。

（四）装卸搬运成本计算方法

企业的装卸支出，按规定的项目设置专栏，归集所发生的各项费用。装卸成本的计算，有些项目用直接计入法，如装卸搬运作业过程中发生的各项费用，包括燃料、动力轮胎、折旧和大修理费用提存等。

这些费用在发生和支付时，根据各种凭证汇总表、分配表、计算表及有关原始凭证计入装卸成本。有些项目通过分配计入，如装卸基层单位在组织经营管理方面发生的各项费用，按一定的分配办法计入装卸成本。

1.装卸搬运的机械成本

(1)燃料和动力费的核算

对于燃料和动力费用，企业可于每月终了根据油库转来装卸机械领用燃料凭证计算实际消耗数量计入成本。企业耗用的电力可根据供电部门的收费凭证或企业的分配凭证直接计入装卸搬运成本。

实例 5-7

厦门中外运物流有限公司 2022 年 1 月燃料耗用情况如下：

装卸队 2022 年 1 月领用装卸过程用的燃料 54 468 元，按实际成本计算。

其中：机械装卸队 48 960 元，人工装卸队 5 508 元。机械装卸队耗用电力，应付电力费 2 000 元。

编制燃料和动力费用汇总表。

解析：

燃料和动力费用汇总表编制如表 5-11 所示。

表 5-11 燃料和动力费用汇总表

单位：元

成本计算对象	直接材料(燃料)	直接材料(电力)	合计
机械装卸队	48 960	2 000	50 960
人工装卸队	5 508		5 508
合计	54 468	2 000	56 468

(2)轮胎费用的核算

装卸机械的轮胎费用不宜采用公里摊提方法处理。一般可以领用新胎时将其价值一次直接计入装卸搬运成本。装卸搬运机械轮胎的翻新和零星修补费用，一般在费用发生和支付时，直接计入装卸搬运机械成本。装卸搬运队配属各种车辆所领用新胎及翻新和零星修补的费用，也可按上述方法计入装卸搬运成本。

如果一次集中领换胎数量较多，为均衡各期成本负担，可将其作为待摊费用按月份分摊计入装卸成本。或者分两次进行摊销，第一次领用时分摊一半，第二次是在轮胎报废时分摊一半。

实例 5-8

厦门中外运物流公司 2013 年 1 月轮胎领用情况如下：

机械装卸队领用外胎 3 360 元，领用内胎、垫带 780 元，机械装卸队零星修补轮胎，分配修补费用 260 元，机械队委托外单位翻新轮胎，支付翻新费用 1 000 元。

解析：

轮胎费用汇总表编制如表 5-12 所示。

表 5-12　轮胎费用汇总表

单位：元

成本计算对象	直接材料——轮胎			合计
	外胎、内胎	修补轮胎	翻新轮胎	
机械装卸队	4140	260	1 000	5 400
人工装卸队				
合计	4 140	260	1 000	5 400

(3)保养修理费的核算

物流企业由专职装卸机械保修工或保修班组进行装卸机械保修作业的工料费，直接计入装卸成本；由保修车间进行装卸机械保修作业的工料费，通过辅助营运费用账户核算，然后分配计入装卸搬运成本。

实例 5-9

厦门中外运物流公司 2022 年 1 月修理情况如下：

机械装卸队保养修理装卸机械领用备品配件、润料及其他材料 20 670 元，其中机械装卸队领用 15 400 元，人工装卸队领用 5 270 元。另外，当月机械装卸队送保养场大修装卸机械，发生大修理费用 13 890 元。

编制保养修理费用汇总表。

解析：

保养修理费汇总表编制如表 5-13 所示。

表 5-13　保养修理费用汇总表

单位：元

成本计算对象	其他直接材料		合计
	保养修理费	大修理费	
机械装卸队	15 400	13 890	29 290
人工装卸队	5 270		5 270
合计	20 670	13 890	34 560

(4)折旧费

装卸机械计提折旧适宜采用工作量法,工作量法是按固定资产预计作业总量计提折旧的方法。

实例 5-10

厦门中外运物流公司装卸队 2022 年 1 月应计提固定资产折旧情况如下:

机械装卸队用装卸机械 38 400 元,人工装卸队用装卸机械 5 760 元,装卸队用房屋 160 元。

编制折旧费用汇总表。

解析:

厦门中外运物流公司装卸队 2022 年 1 月折旧费用计算如表 5-14 所示。

表 5-14 折旧费用汇总表

单位:元

成本计算对象	直接人工	制造费用
机械装卸队	38 400	
人工装卸队	5760	
装卸队用房屋		160
合计	44 160	160

(5)租赁费用的核算

租赁费用指企业租用装卸搬运机械设备进行装卸搬运的作业,按照合同支付的租金。1 月份,机械装卸队发生租赁费用 890 元,人工装卸队发生 742 元。

物流企业对外租用装卸搬运机械设备进行装卸搬运的作业,可根据支付凭证直接计入各类装卸搬运成本。

2. 装卸搬运的人工成本的核算

(1)工资及福利费的核算

装卸搬运的直接人工费用可根据工资结算表等有关资料,编制工资及职工福利费汇总表,据以直接计入各类装卸搬运成本。

实例 5-11

厦门中外运物流公司装卸队 2022 年 1 月发生工资如下:

装卸队机械装卸队司机及助手 29 000 元,保修工人 4 060 元;人工装卸队 48 000元,保修工人 6 720 元,队部管理人员 10 260 元。

编制工资费用汇总表。

解析:

企业的人工成本可根据“工资结算表”等资料,编制工资汇总表(见表 5-15),直接计入装卸搬运成本。

表 5-15 工资费用汇总表

单位:元

成本计算对象	直接人工	制造费用
机械装卸队	33 060	
人工装卸队	54 720	
制造费用		10 260
合计	87 780	10 260

(2)劳动保护费用的核算

劳保用品在领用时根据领用凭证可将其价值一次直接计入各类装卸搬运成本。

3.营运间接费用的核算

当按机械装卸和人工装卸分别计算成本时,可先通过营运间接费用账户汇集,月终,再按直接费用比例分配计入各类装卸搬运成本。如果是装卸队直接开支的管理费和业务费,可在发生和支付时,直接列入装卸搬运成本。

实例 5-12

厦门中外运物流公司装卸队 2022 年 1 月发生的营运间接费用如下:

管理费和业务费,除工资及福利费 10 260 元、折旧费 160 元以外,还分配水电费、支付办公费、报销差旅费等 1 080 元,合计11 500元。已归集的机械装卸与人工装卸机械的直接费用,分别为 158 000 元和72 000元。

根据装卸支出明细账和营运间接费用(装卸)明细账记录,编制营运间接费用(装卸)分配表。

解析:

厦门中外运物流公司营运间接费用(装卸)分配如表 5-16 所示。

表 5-16 营运间接费用(装卸)分配表

单位:元

成本计算对象	直接人工	分配率	分配额	合计
机械装卸队	158 000		7 900	165 900
人工装卸队	72 000		3 600	75 600
合计	230 000	0.05	11 500	241 500

在实行计件工资制的企业,应付工人的计件工资等于职工完成的合格品数量乘以计件单位。作业中发生的货损货差,如果是因为工作不慎造成的,不支付工资。如果工人在同一月份内从事多种作业,作业计件单价各不相同,就需逐一计算相加。

计件工资计算如下：

应付计件工资=装卸数量×装卸该种货物的单价

四、编制装卸搬运成本计算表

实例 5-13

厦门中外运物流公司装卸队2022年1月完成的机械装卸作业量为140千操作吨，人工装卸作业量为80千操作吨，装卸总作业量为220千操作吨。以机械装卸作业为例，其总成本为165 900元。

编制厦门中外运物流公司装卸成本计算表。

解析：

物流企业的装卸搬运总成本是通过"主营业务成本——装卸支出"账户的明细账所登记的各项装卸搬运费用总额确定的。装卸搬运支出明细账的格式与登记方法与上述运输支出明细账相同。成本计算如表5-17所示。

表5-17　厦门中外运物流公司装卸成本计算表

2022年1月　　金额单位：元

项目	行次	计划数	本月实际数			本月累计数		
			机械装卸	人工装卸	合计	机械装卸	人工装卸	合计
1.直接人工			33 060	54 720	87 780	略	略	略
2.直接材料			56 360	5 508	61 868			
燃料和动力			50 960	5 508	56 468			
轮胎			5 400		5 400			
3.其他直接费用			68 580	11 772	80 352			
维修保养费			29 290	5 270	34 560			
折旧费			38 400	5 760	44 160			
其他费用			890	742	1 632			
4.营运间接费用			7 900	3 600	11 500			
5.装卸总成本			165 900	75 600	241 500			
6.装卸作业量/千操作吨			140	80	220			
7.单位成本/(元/千操作吨)			1 185	945	1 097.73			

任务小结

装卸搬运是物流系统的构成要素之一，虽然它不直接创造价值，但它却是影响物流效率、决定物流成本的重要环节。装卸搬运是物流各环节之间相互转换的桥梁，它不仅把物资运动的各个阶段连接成为连续的“流”，而且把各种运输方式连接起来，形成各种运输网络，极大地发挥其作用。装卸搬运成本主要由机械成本、人工成本、营运间接费用这三大部分构成。

任务三 流通加工成本认知及核算

学习内容

1.流通加工成本的构成；

2.流通加工成本的核算。

学习目标

1.准确把握流通加工成本的内涵，了解其成本的基本构成；

2.树立正确的流通加工成本意识，掌握流通加工成本的核算；

3. 能够对企业流通加工成本进行一般性分析，掌握流通加工成本的控制方法和优化策略。

案例导入

新华在实地调查厦门中外运物流有限公司流通加工部门的情况时，发现该部门存在以下问题：(1)没有设置标准作业流程，需要每次根据货物特性和客户需要重新设计加工流程；(2)以人工作业为主，加工速度慢且失误率较高；(3)缺乏冷藏设备，生鲜食品的货损率较高。

为了改变流通加工作业低效率、低质量导致成本较高的状况，该公司决定采取以下措施：(1)加强对流通加工作业的标准化管理，制定针对各类货物的加工流程；(2)购入一条自动加工生产线，以提高流通加工的效率和质量；(3)购置一批冷藏设备，用于保存需要冷藏的货物。

课前思考

1.构成流通加工成本的项目有哪些？

2.厦门中外运物流有限公司采取了哪些措施来优化流通加工成本？

知识学习

一、认识流通加成本

流通加工指根据顾客的需要，在流通过程中对产品实施的简单加工作业活动（如包装、分割、计量、分拣、刷标志、拴标签、组装等）的总称。流通加工在现代物流中的地位虽不能与运输、仓储等主要功能要素相比拟，但它能起到运输、仓储等主要功能无法起到的作用。流通加工是一种低投入、高产出的加工方式，企业往往通过这种简单的加工解决了大问题。

实践证明，有的流通加工通过改变包装使商品档次跃升而充分实现其价值，有的流通加工可使产品利用率提高20%～50%。所以流通加工是物流企业的重要利润源，它在物流中的地位是不可低估的，属于增值服务范畴。流通加工之所以有生命力，重要优势之一是有较高的投入产出比，有效起着补充完善作用。如果流通加工成本过高，则不能实现以较低投入获得更高效益的目的。因此，开展流通加工活动，必须重视流通加工成本管理。

图5-1　水果分拣挑选的流通加工

知识链接

绿色流通加工

流通加工（distribution processing）是指物品在从生产地到使用地过程中，根据需要施加包装、分割、计量、分拣、组装、价格贴付、标签贴付、商品检验等简单作业的总称。流通加工具有较强的生产性，也是流通部门对环境保护可以大有作为的领域。

绿色流通加工主要包括两个方面措施：一是变消费者加工为专业集中加工，以规模作业方式提高资源利用效率，减少环境污染。如饮食服务业对食品进行集中加工，以减少家庭分散烹调所带来的能源和空气污染。二是集中处理消费品加工中产生的边角废料，以减少消费者分散加工所造成的废弃物的污染，如流通部门对蔬菜集中加工，可减少居民分散加工垃圾丢放及相应的环境治理问题。

二、流通加工成本的构成

在物流系统中进行流通加工所消耗的物化劳动和活劳动的货币表现即为流通加工成本。流通加工成本由以下几个方面构成。

1.流通加工设备费用

流通加工设备因流通加工形式、服务对象不同而不同。物流中心常见的流通加工设备有势板加工需要的剪板机、印贴标签条码的喷印机、拆箱需要的拆箱机等。购置这些设备所支出的费用,通过流通加工的形式转移到被加工的产品中去。

2.流通加工材料费用

在流通加工过程中需要消耗直接材料就是流通加工材料费用。

3.流通加工劳务费用

在流通加工过程中从事加工活动的管理人员、工人和其他相关人员的工资、奖金等费用的总和,即构成了流通加工成本的劳务费用。

4.流通加工其他费用

在流通加工过程中,除了要消耗直接材料以外,还要耗费加工作业必需的电力、燃料等费用,这些也是流通加工费用的构成。

一般情况下为了简化核算,对流通加工成本设置直接材料、直接人工和制造费用三个成本项目。

三、流通加工成本的核算

1.流通加工直接材料费用的核算

(1)流通加工直接材料费用的内容

流通加工直接材料费用是指对流通加工过程中直接消耗的辅助材料、包装材料等所需支付的费用。同工业企业相比,在流通加工过程中的直接材料费用占流通加工成本的比例不大。

(2)材料消耗量的计算

为了正确计算在流通加工过程中材料的消耗量,企业应当采用连续记录法,及时记录材料的消耗数量。记录生产过程中材料消耗量的原始凭证有“领料单”、“限额领料单”、“领料登记表”等。为了正确计算材料的消耗量、期末对于在生产过程中只领未用的材料,应当填置“退料单”。“退料单”也是记录材料消耗的原始凭证。只有严格办理材料发出的凭证和手续,才能正确计算和确定材料消耗的数量。

(3)消耗材料价格的计算

在实际工作中,物流企业可以按照实际成本计价组织材料计算,也可按计划成本计价组织材料计算,但无论采用哪种计价方式,加工过程中消耗的材料的费用,都应当是材料的实际成本。

在使用实际成本计价组织材料计算时,由于同一材料的购入时间和地点不同,各批材料购进的实际单价可能不一致,因此,物流企业应采用一定的方法,正确计算消耗材料的实际价格。

在使用计划成本计价组织材料计算时，物流企业应当正确计算消耗材料应分摊的材料成本差异，将消耗材料的计划成本调整为实际成本。消耗材料的实际成本等于计划成本加上应分摊的材料成本超支差异，或减去应分摊的材料成本节约差异。

(4)直接材料费用的归集

直接材料费用，受材料消耗量和材料价格两个因素的影响，正确计算与确定材料的消耗数量和价格后，就可以计算直接材料费用。

在直接材料费用中，材料费用数额是根据全部领料凭证汇总编制的“耗用材料汇总表”确定的。在归集直接材料费用时，凡能分清某一成本计算的对象，应单独列出，以便直接计入该加工对象的成本计算单中；属于几个加工成本对象共同耗用的直接材料费用，应当选择适当的方法，分配计入各加工成本计算对象的成本计算单中。

(5)直接材料费用的分配

两个或两个以上成本计算对象共同耗用的材料，需要采用一定的方法，在各成本计算对象之间进行分配。在直接材料费用中，流通加工消耗的材料和燃料费用的分配一般可以选用重量分配法、定额耗用量比例分配法、系数分配法等方法；流通加工消耗的动力费用的分配一般可选用定额耗用量比例分配法、系数分配法、生产工时分配法和机器工时分配法等方法。需要分配计入各加工成本对象的直接材料费用，在选择分配方法时，要遵循合理、简便的原则。分配方法的简便原则主要指分配方法中的分配标准，其资料应当容易获取，便于计算。

下面以重量分配法为例进行说明：

重量分配法是以各种产品的重量为标准来分配材料费用的方法。如果企业生产的几种产品共同耗用同种材料或燃料，耗用量的多少与产品重量有直接联系，则可以选用重量分配法。重量分配法的计算公式如下：

费用分配率＝各种产品共同耗用的材料费用/各种产品的重量之和

某产品应分配费用＝该产品总质量×费用分配率

实例 5-14

某物流加工厂加工甲、乙、丙三种产品，2021 年 10 月，三种产品共同耗用 A 材料90 000元，该月三种产品的净重分别为 2 000 千克、2 500 千克、4 500 千克。采用重量分配法编制“A 材料费用分配表”，如表 5-18 所示。

解析：

表 5-18　A 材料费用分配表

产品名称	产品重量/千克	费用分配率/(元/千克)	分配金额/元
甲产品	2 000	10	20 000
乙产品	2 500	10	25 000
丙产品	4 500	10	45 000
合计	9 000	10	90 000

重量分配法的分配标准为产品重量，当分配标准为产品产量或产品的面积、体积、长度等时，可以分别称为产量分配法、面积分配法等，计算公式与重量分配法的计算公式类似。直接材料费用的分配根据适用的不同方法采用各自的计算规则。

2.流通加工直接人工费用的核算

(1)流通加工直接人工费用的内容

流通加工直接人工费用是指直接进行加工生产的生产工人的工资总额和按工资总额提取的职工福利费。生产工人的工资总额包括计时工资、计件工资、奖金、津贴、加班工资和特殊情况下支付的工资等。

(2)流通加工直接人工费用的归集

计入产品成本的人工费用的数额，是根据当期“工资结算汇总表”和“职工福利费计算表”来确定的。“工资结算汇总表”是进行工资结算和分配的原始依据，它是根据“工资结算单”按人员类别汇总编制的。“职工福利费计算表”是依据“工资结算表”确定的各类人员工资总额取比例计算后编制的。

(3)流通加工直接人工费用的分配

采用计件工资形式支付给生产工人的工资，一般可直接计入所加工的产品的成本，不需要在各种产品之间进行分配。采用计时工资形式支付的工资，如果生产工人只生产一种产品，也可以将工资费用直接计入该产品成本，不需进行分配；如果加工了多种产品，则需要选用合理的方法，在各种产品之间进行分配。按照工资总额一定比例提取的职工福利费，其分配方法与工资分配法相同。

直接人工费用的分配方法有生产工时分配法、系数分配法等。流通加工生产工时分配法中的生产加工工时可以是产品的实际加工工时，也可以是按照单位加工产品的定额工时和实际加工生产量的定额总工时。流通加工生产工时分配法的计算公式如下：

费用分配率＝应分配的直接人工费用/各种产品加工工时之和

某加工产品应分配费用＝该产品的加工工时×费用分配率

实例 5-15

某加工厂设有一个基本生产车间，生产甲、乙、丙三种产品，10 月份产品生产工人的工资为 99 000 元，按生产工人工资总额提取的职工福利费用为 13 860 元。该厂采用生产工时分配法分配直接人工费用，10 月份甲、乙、丙三种产品的实际生产加工工时分别为 4 000 小时、10 000 小时和 8 000 小时。根据资料编制“直接人工费甩分配表”如表 5-19 所示。

解析：

表 5-19 直接人工费用分配表

产品名称	实际生产工时/小时	工资分配		福利费分配		分配金额合计/元
		分配率/（元/小时）	分配金额/元	分配率/（元/小时）	分配金额/元	
甲产品	4 000	4.5	18 000	0.63	2 520	20 520
乙产品	10 000	4.5	45 000	0.63	6 300	51 300
丙产品	8 000	4.5	36 000	0.63	5 040	41 040
合计	22 000	4.5	99 000	0.63	13 850	112 860

3.流通加工制造费用的核算

（1）流通加工制造费用的内容

流通加工制造费用是物流中心设置的生产加工单位为组织和管理生产加工所发生的各项间接费用。主要包括流通加工生产单位管理人员的工资及提取的福利费，生产加工单位房屋、建筑物、机器设备等的折旧费和修理费，生产单位固定资产租赁费，机器物料油耗，低值易耗品摊销，取暖费、水电费、办公费、差旅费、保险费、试验检验费，季节性停工和机器设备修理期间的停工损失以及其他制造费用等。

在构成流通加工成本的直接材料费用、直接人工费用和制造费用等项目中，制造费用属于综合性费用，明细项目比较多，除机器设备等的折旧费和修理费外，制造费用的大部分固定费用。尽管有些制造费用和加工产品产量的变动有关，但制造费用多为固定费用，不能按照业务量定制定额，只能按会计期间编制制造费用预算，控制制造费用总额。

（2）流通加工制造费用的归集

流通加工制造费用是通过设置制造费用明细账。按照费用发生的地点来归集的。制造费用明细账按照加工生产单位开设，并按费用明细账项目设专栏组织核算。流通加工制造费用表的格式可以参考工业企业的制造费用表的一般格式。

由于流通加工环节的折旧费用、固定资产修理费用等占成本比例较大，故其费用归集尤其重要。折旧费用和修理费用从其与加工生产工艺过程的关系来看，属于基本费用，为了简化核算，通常视同组织和管理加工生产所发生的间接费用。折旧费用是通过编制“折旧费用汇总表”，计算出各生产单位本期折旧费用以后，计入制造费用的。

固定资产修理费用一般可直接计入当月该生产单位的制造费用。但是当修理费用发生频率不均衡或者一次发生的数额较大时，也可以采用分期摊销或按计划预提计入制造费用的方法。当采用预提方式计提大修理费用时，要注意正确预计每月的提取数额，且预提费用总额与实际支付总额的差额，期末应当调整计入流通加工成本。

（3）流通加工制造费用的分配

流通加工制造费用是各加工单位为组织和管理流通加工所发生的间接费用，其受益对象是流通加工期间所发生的全部产品。当加工单位只加工一种产品时，制造费用不需要在受益对象之间分配，直接转入流通加工成本；若加工了多种产品，则需要在全部受益对象之间进行分配。

制造费用分配方法有生产工时分配法、机器工时分配法、系数分配法、直接人工费用、比例分配法、计划分配串分配法等。

下面以生产工时分配法为例进行说明。

生产工时分配法是以加工各种产品的生产工时为标准分配费用的方法。加工生产工时一般指加工产品实际总工时，也可以是按实际加工量和单位加工量的定额工时计算的定额总工时。生产工时分配法的计算公式如下：

$$费用分配率=\frac{某流通加工单位应分配制造费用}{该流通加工单位各种产品加工工时之和}$$

某加工产品应分配费用＝该产品的加工工时×费用分配率

实例 5-16

某加工车间生产加工甲、乙、丙三种产品，该车间的制造费用明细账所记的分配前费用余额为 20 000 元，三种产品实际的生产工时分别为 10 000 小时、6 000小时和4 000小时。

按生产工人工时比例分配三种产品制造费用。

解析：

按生产工人工时比例分配上述制造费用，见下表。

表 5-20　制造费用分配表

产品名称	加工工时/小时	费用分配率/(元/小时)	分配金额/元
甲产品	10 000	1	10 000
乙产品	6 000	1	6 000
丙产品	4 000	1	4 000
合计	20 000	1	20 000

4.流通加工费用在完工产品和期末在产品之间的分配

(1)在产品数量的计算

在产品指流通加工单位或某一加工步骤正在加工的在制品，在产品完成全部加工过程、验收合格以后就成为完工产品。

按成本项目在完工产品和在产品之间归集流通加工费用主要有以下 3 种形式；

①如果流通加工的产品在本月已经全部完工，没有在产品，则加工费用合计数等于本月完工产品加工总成本。如果月初也没有在产品，则本月加工费等于本月完工产品加工总成本。

②如果本月产品全部没有完工，则加工费用合计数等于月末在产品加工成本。

③如果该产品既有已经完工的产品，又有正在加工的月末产品，这时需要将加工费用合计数在本月完工产品和月末在产品之间进行分配。

公式表示为：

月初在产品加工成本＋本月发生加工费用＝本月完工产品成本＋月末在产品加工成本

根据这一公式，可以计算本月完工产品加工成本：

本月完工产品加工成本＝月初在产品加工成本＋本月发生加工费用—月末在产品加工成本

上述公式表明，正确计算完工产品加工成本，关键是要正确计算月末在产品加工成本。

(2)在产品加工成本的计算

由于物流中心的流通加工部门在产品品种规格多，流动性大，完工程度不一，因此，在产品加工成本的计算是一个比较复杂的问题，物流企业应当根据在产品加工费用的投入程度、月末在产品数量的多少、各月月末在产品数量变化的大小、加工成本中各成本项目费用比重的大小以及企业成本管理基础工作等具体情况，选择合理的在产品成本计算方法。

通常采用的流通加工费用在完工产品和在产品之间分配的方法有产量比例法、在产品按定额成本估价扣除法等方法。产量比例法是以产成品和在产品的实际产量作为依据来分配费用于产成品和在产品上的方法。产量比例法可分为实际产量比例法与约当产量法，下面以实际产量比例法为例进行说明。

采用实际产量比例法时，直接按产成品和在产品的数量比例分配费用，多适用于原材料在开工时一次投入情况下原材料成本项目费用的分配。因为如果原材料是第一道工序全部投入，加工过程中不论其形状或重量如何变化，不论哪一工序的在产品，其所耗的原材料与产成品是一样的。因此，可按在产品与产成品的实际产量比例来分配材料费。

其计算公式如下：

$$单位材料成本=\frac{月初在产品材料成本+本月投入材料成本}{本月产成品数量+月末在产品盘存数量}$$

产成品应负担的材料费＝产成品数量×单位材料成本

月末在产品应负担的材料费＝月末在产品数量×单位材料成本

实例 5-17

假设某工厂开工时一次投入原材料 19000 元，该月发生的生产工人工资和制造费用分别为 2800 元和 3150 元。在产品直接工资、制造费用按 50%完工程度计算，本期完工产品 320 件，期末在产品 60 件。对完工产品和期末在产品费用进行分配。

解析：

在完工产品和在产品之间分配费用，见表 5-21。

表 5-21 完工产品和在产品之费用分配表

成本项目	生产费用合计/元	分配率/(元/件)	在产品成本/元	产品品成本/元
直接材料	19 000	50	3 000	16 000
直接工资	2 800	8	240	2 560
制造费用	3 150	9	270	2 880
合计	24 950		3 510	21 440

直接材料分配率＝19 000/(60＋320)＝50(元/件)

直接工资分配率＝2 800/(60×50%＋320)＝8(元/件)

制造费用分配率＝3 150/(60×50%＋320)＝9(元/件)

任务小结

流通加工成本是满足客户个性化需求在流通过程中进行加工所支付的费用，在我国还处于初级阶段，加工手段与加工方法都很简单，只能满足初级个性化需求，随着经济发展特别是近年买方市场的形成，流通加工会越来越普遍，加工层次也会提升，在物流总成本的占比也会不断提高，成为第三方物流企业重要的利润来源。本任务主要在于认识流通加工成本的概念和构成，通过流通加工成本的核算，把握流通加工成本的控制方法。

项目小结

本项目学习包装成本、装卸搬运成本和流通加工成本的核算及管理。通过学习，了解包装成本、装卸搬运成本和流通加工成本的内涵、基本分类和构成；学会编制包装成本、装卸搬运和流通加工成本计算表。

教学分享

1.学习课时：建议 6 课时(其中理论学习 3 课时，实践 3 课时)

2.教学方法

建议采用讲解、体验式教学(包括视频资料学习、参访物流企业、网络平台的资源学习等)、小组讨论，实践教学等方式方法。应把握的知识重点包括：包装、装卸搬运、流通加工成本认知和核算方法。

3.学习环境要求

(1)学习场地：① 多媒体教室；② 典型物流企业。

(2)学习资料：①物流成本实训软件；②视频资源；③课程网络资源。

课后习题

一、单项选择题

1.(　　)是指一定时期内企业为完成货物包装业务而发生的全部费用,包括运输包装费和集装、分装包装费;包括业务人员的工资福利、包装设施年折旧、包装材料消耗、设施设备维修保养费、业务费等。

A.运输成本　　B.包装成本　　C.物流成本　　D.货物成本

2.将包装分为工业包装和商业包装两大类是属于按照包装的(　　)分类。

A. 技术　　B. 功能　　C. 层次　　D. 目的

3.商业包装的主要目的在于(　　)功能。

A. 促销　　B. 定量　　C. 便利　　D. 商品

4.采用防潮材料对产品进行包装,以隔绝外部空气相对湿度变化对产品的影响,从而确保产品质量的包装属于(　　)。

A. 缓冲包装　　B. 防潮包装　　C. 防锈包装　　D. 防霉包装

5.下面哪个不属于包装的功能有(　　)。

A.保护货物　　B.提高物流作业效率　　C.营销手段　　D.提高产品质量

6.处于传送带上的货物装卸搬运活性指数是(　　)。

A. 0　　B. 1　　C.3　　D.4

7.下列选项中不属于装卸搬运合理化原则的是(　　)。

A.消除无效搬运　　B.提高搬运活性

C.尽量采用人工作业　　D.采用集装单元化作业

8.装卸搬运成本计算期间通常为(　　)。

A. 经营周期　　B. 月　　C.运输周期　　D.年

二、判断题

1.(　　)按包装在流通过程中的作用分为运输包装、贮藏包装和销售包装等。

2.(　　)包装的目的就是为了保护产品,便于储存和运输。

3.(　　)包装成本的一般由下面几部分构成:包装材料成本、包装机械成本、包装技术成本、包装的人工成本、包装辅助费用。

4.(　　)先进先出法是以先购入的材料必须实际先发出为前提。一般企业采取该种方法计价。

5.(　　)包装成本的核算就是把企业物流活动实际发生的各项包装费用按照其用途进行汇集、分配,计算出实际总包装成本和单位成本。

6.(　　)包装材料的买价可直接计入包装的材料成本。

7.(　　)装卸搬运是衔接仓储和运输的桥梁和纽带。

8.(　　)装卸搬运虽不创造产品的价值,但却在物流成本中占有相当大的费用。

9.(　　)装卸搬运是提高物流系统效率的关键,物流的机械化和自动化水平很大程度上取决于装卸搬运。

10.(　　)装卸搬运是一种伴生性的物流活动,它本身不具有明确的价值。

技能训练

1.某物流企业对某物资 10 000 件进行运输前的包装业务。包装使用甲材料进行商品包装,2013 年 1 月全月材料的收发情况如下:

(1)1 日,甲材料期初余额 500 千克,单价 60 元;

(2)8 日,购入甲材料 700 千克,单价 65 元;

(3)12 日,领用甲材料 800 千克;

(4)15 日,购入甲材料 600 千克,单价 70 元;

(5)21 日,领用甲材料 400 千克;

(6)25 日,购入甲材料 300 千克,单价 80 元。

另:本月支付包装工人工资 5 000 元,按 14%提取福利,并在月末对一台包装机械计提折旧,该包装机械原价 50 000 元,净残值为 1 000 元,年折旧率 10%;在上述的物资包装中,进行了包装设计和包装实施,应分摊包装技术成本 280 元、包装辅助费用 100 元。

要求:用先进先出法核算本月的包装材料成本(见表 5-22),并编制包装成本计算表(见表 5-23)。

表 5-22　本月包装材料成本明细表

2017 年		摘要	收入			发出			结存		
月	日		数量/千克	单价/元	金额/元	数量/千克	单价/元	金额/元	数量/千克	单价/元	金额/元
1	1	期初结存									

表 5-23 包装成本计算表

成本项目	本月实际数	本年累计数
包装材料/元		
包装机械/元		
包装技术/元		
包装人工/元		
包装辅助费用/元		
包装总成本/元		
包装单位成本/(元/千克)		

2.厦门中外运装卸部进行对某物资 10 000 件进行装卸搬运业务。2013 年 1 月装卸部的工资支出情况如下:装卸工人及操作设备工人工资为 12 000 元,装卸设备维修人员工资 3 600 元,装卸部的管理人员工资为 5 000 元。领用材料 16 000 元,其中装卸设备耗用 12 000 元,装卸总管理用车耗用 4 000 元。当月领用外胎 6 000 元,领用内胎、垫带等 1 000 元。保养修理装卸机械领用各种配件、辅料及其他材料10 000元。应提取的固定资产:装卸机械 12 600 元,装卸部办公用房 500 元。另外,各项其他直接费用汇总额 920 元。

要求:计算各项成本费用并编制装卸搬运成本计算表(见表 5-24)。

表 5-24 装卸搬运成本计算表

项目	本月实际数	本月累计数
1.直接人工/元		
2.直接材料/元		
燃料和动力/元		
轮胎/元		
3.其他直接费用/元		
维修保养费/元		
折旧费/元		
其他费用/元		
4.营运间接费用/元		
5.装卸总成本/元		
6.装卸作业量/件		
7.单位成本/(元/件)		

3.厦门中外运流通加工中心的加工车间对A产品进行流通加工，该产品采用品种法计算流通加工成本，费用支出如表5-25所示。月末完工产品160件，月末在产品20件。原材料在开工时一次投入，在产品按50%完工程度计算。要求计算A产品的加工成本（见表5-26）。

表5-25 A产品加工费用支出表

单位：元

成本项目	月初在产品	本月费用
材料费	600	4 000
人工费	1 000	18 500
制造费用	658	26 542
合计	2 258	49 042

表5-26 A产品加工成本计算表

成本项目	月初在产品成本/元	本月发生的费用/元	成本费用合计/元	分配率/（元/件）	月末在产品加工成本/元	完工产品成本/元
材料费	600	4 000				
人工费	1 000	18 500				
制造费用	658	26 542				
合计	2 258	49 042				

4.案例分析题

果切，你还会买吗？

当前，外卖平台的蓬勃发展和人们生活习惯的转变，使得线上买水果成为人们日常的生活形式之一，其中现切、拼盘等果切形式，因其便利性、多样性等特点也获得越来越多消费者的青睐。

在外卖平台搜索关键词“果切”，便可发现果切类产品销售十分火爆，月售上千单的店铺不在少数。根据消费者需求，店家分别推出单品果切、双拼果切、三拼果切、自选拼盘、水果杯等不同品类产品，还包括乌梅小番茄、酸奶捞等创新单品。

色彩丰富、品种多样，果切产品契合了当下年轻人的消费需求，随着气温的升高，其销量也一路攀升。饿了么平台数据显示，时令瓜果的果切订单消费增长显著，立夏前一周，全国荔枝果切消费相比四月末上涨超6成，西瓜果切消费环比前一个月增长近翻番。同时，一、二线城市的果切订单的增长速度已远超整果。

火爆的市场引得不少品牌入局。据饿了么平台统计，截至2022年3月，果切商户数量达3.5万家，同比增长约150%。作为水果行业的细分类目，果切的发展取决于水果在人们日常生活中的需求度。据国家统计局数据显示，2020年我国居民人均干鲜瓜果类消费量为56.3kg，其中城镇居民为65.9kg，农村居民为43.8kg。

可以看出，我国人均水果消费量相比发达国家人均消费105kg的标准还有很大差距，中国人均水果消费量未来还有很大的提升空间。而背靠年轻消费群体的庞大需求，果切市场也将迎来更加广阔的前景。

果切销量虽然呈爆发式增长趋势，但仍有很多消费者不买单，除了价格较高以外，还有一个很大的顾虑：食品安全问题。

“虽然果切很方便，省去了我洗水果切水果的麻烦，但是我怎么能知道商家给我的水果不是坏的水果呢？商家在切水果的过程中是否有佩戴口罩、及时清洗刀具呢？”消费者周女士表示，果切商品可能存在加工流程不规范、水果选材不新鲜、包装规格不统一、产地信息不透明等问题，一定程度上影响了她的消费意愿。

事实也确实如此，在缺乏行业标准与有效监管的情况下，某些商家用坏果、烂果做果切产品的情况确实存在。这次的百果园果切事件，也加剧了网友们的忧虑。

果切生意越来越火，果切行业却存在种种市场乱象，消费者“舌尖上的安全”如何保障？

果切市场若想长远健康发展，对产品进行标准化管理是不二之法。显然，果切行业内部也意识到了这一点。

就在2022年5月5日，中国连锁经营协会发布团体标准《即食鲜切果蔬制作服务规范（食品经营者）》（以下简称《规范》），这是国内首个适用于超市、餐饮、便利店、水果专卖店、果切专卖店、互联网消费平台商户等食品经营者在经营现场切分、制作、配送即食鲜切果蔬产品的标准。

《规范》中的不少规定，都提及了消费者关心的问题。

例如：

鲜切操作人员不得留长指甲、染指甲和涂抹香水等。工作时，应穿清洁的工作服，不得佩戴手表、手镯、手链、手串、戒指和耳环等外露饰物。

加工用具及清洁用具在使用后应及时清洗和消毒。

切分前应对待用的原料进行感官检查，发现有发霉、腐烂或者生虫迹象，或者其他感官性状异常的，不得加工和使用。

切分过程中使用的手套出现破损或者连续使用4小时后应及时更换。

即食鲜切果蔬应在冷藏陈列柜中展售或即时售卖，冷藏环境温度范围应为0°C～8°C；应标注标签信息，标签上应注明分切日期、时间和保质期等。

暂存物料应储存于冷藏环境，做好切分时间及使用期限等记录或标识，贮存时间不得超过当日。

另外，《规范》附录里对常见果蔬清洗消毒流程、切分方法，例如苹果、梨、桃等带核类果蔬怎么切，西瓜、木瓜、哈密瓜等瓜瓤类果蔬如何处理，都有详细的切分指导。

要注意的是，该《规范》属于团体标准，是由团体按照团体确立的标准制定程序自主制定发布，由社会自愿采用的标准。也就是说，《规范》不具有强制性，是给超市、餐饮、便利店、水果专卖店、果切专卖店等食品经营实体店提供的指引和规范。尽管如此,《规范》的诞生也是一个积极的信号。

资料来源:https://m.thepaper.cn/baijiahao_18093233

案例讨论思考题

1.为什么果切获得越来越多消费者的青睐?

2.果切市场发展面临哪些问题?

3.要如何促进果切市场健康发展?

教学评价

班级__________ 学号__________ 姓名__________ 成绩__________

项目五知识技能测评表

学习任务	分项评价指标	学生学习结果评价
任务一：包装成本认知及核算	包装成本核算的对象	A(　　) B(　　) C(　　)
	包装成本的构成	A(　　) B(　　) C(　　)
	包装成本的核算	A(　　) B(　　) C(　　)
	包装成本的计算表的编制	A(　　) B(　　) C(　　)
任务二：装卸搬运成本认知及核算	装卸搬运成本核算的对象	A(　　) B(　　) C(　　)
	装卸搬运成本的构成	A(　　) B(　　) C(　　)
	装卸搬运成本的核算	A(　　) B(　　) C(　　)
	装卸搬运成本计算表的编制	A(　　) B(　　) C(　　)
任务三：流通加工成本认知及核算	流通加工成本核算的对象	A(　　) B(　　) C(　　)
	流通加工成本的构成	A(　　) B(　　) C(　　)
	流通加工成本的核算	A(　　) B(　　) C(　　)
学生自我评价：		
学生对教学有何建议：		
教师总体评价： 年　　月　　日		

说明：在(　　)中打√，A表示理解掌握，B表示基本理解掌握，C表示未理解掌握。

◆ 项目六 ◆
配送成本管理

知识目标

1.了解配送成本的概念和分类、影响配送成本的因素；

2.理解配送成本的特性、配送成本的核算范围；

3.掌握配送成本的核算、配送成本分析、配送成本优化途径。

技能目标

1.能够对配送成本进行归集和核算；

2.能够运用配送成本优化的策略服务于配送管理。

思政目标

1.培养物流成本管理的意识；

2.培养工匠精神；

3.树立低碳配送的理念。

任务一 配送成本认知

学习内容

1.配送成本的概念；

2.配送成本的特性；

3.配送成本的分类；

4.影响配送成本的因素。

学习目标

1.了解配送成本的概念和特性；

2.掌握配送成本的分类；

3.掌握影响配送成本的因素。

案例导入

多年以来,厦门中外运物流有限公司都是按成本支付形态来划分、核算配送成本的。采用这种方式,厦门中外运物流有限公司可以更直接地从财务报表中将成本数据迁移到配送成本核算表中,从而节省配送成本核算的时间与人力成本。

但是为了更好地了解配送运输、分拣、配装、流通加工、保管等环节的实际成本状况,加强配送成本管理提供更充实、细致的数据支持,新华决定按配送功能来划分配送成本,并据此来编制配送成本核算表。

通过对配送成本核算表的初步分析,新华发现影响该公司配送成本的因素主要包括配送周期、配送批量和配送距离等。因此,新华决定从几个方面来重点加强配送成本管理。

课前思考

1.什么是配送成本?

2.影响配送成本的因素有哪些?

知识学习

一、配送成本的概念

配送成本(distributing cost)是指在配送活动中的备货、储存、分拣、配货、配装、送货等环节所发生的各项费用的总和,是配送过程中所消耗的各种活劳动和物化劳动的货币表现。由于物流活动贯穿于企业活动的全过程,包括原材料物流、生产物流、从工厂到配送中心再到用户的过程,因此包装、装卸、搬运、储存、流通加工等各个活动中的费用都可记作配送成本。

二、配送成本的特性

1.配送成本与服务水平密切相关

高水平的配送服务是由高的配送成本来保证的,企业很难既提高配送服务水平,同时又降低配送成本。在一定范围内,配送成本与服务水平呈正相关,即配送成本越高,服务水平也越高;配送成本越低,服务水平也越低。

2.配送成本的隐蔽性

“物流成本冰山”说体现了物流成本的难识别性,而配送成本也具有隐蔽性。财务上通常可以通过“销售费用”、“管理费用”科目看出部分配送成本的情况,但这些科目反映的费用是企业对外部支付的配送费用,仅仅是配送成本的一部分,现实中,财务会计无法通过单独设立配送费用科目进行配送成本的核算。

3.配送成本的削减具有乘法效应

配送成本的削减具有乘法效应,也就是说配送成本的减少可以显著增加企业的效益和利润。通常来说,降低10%的配送成本所起的作用相当于销售额增加50%所带来的利润。

4.配送成本的"效益悖反"

物流系统中普遍存在"效益悖反"现象,配送活动中也不例外。比如,在配送作业中,为了降低配送运输成本,需要对物品进行仔细分拣、配装,这一来,虽然配送运输成本降低了,但是分拣和配装成本增加了。

三、配送成本的分类

1.按支付形态分类

按支付形态不同来进行配送成本的分类主要是以财务会计中发生的费用为基础的,通过乘以一定的比例来加以核算。配送成本可以分为以下几方面:

(1)材料费。指因物料消耗而发生的费用,由物质材料费、燃料费、消耗性工具、低值易耗品摊销及其他物料消耗组成。

(2)人工费。指因人力劳务的消耗而发生的费用,包括工资、奖金、福利费、医药费、劳保费以及职工教育培训费和其他一切用于职工的费用。

(3)公益费。指向电力、煤气、自来水等提供公益服务的部门支付的费用。

(4)维护费。指土地、建筑物、机械设备、车辆、搬运工具等固定资产的使用、转运和维修保养所产生的费用,包括维修保养费、折旧费、房产税、土地、车船使用税、租赁费、保险费等。

(5)一般经费。指差旅费、交通费、资料费、零星购进费、邮电费、城建费、能源建设税及其他税款,还包括商品消耗费、事故处理费及其他杂费等一切一般支出。

(6)特别经费。指采用不同于财务会计的计算方法计算出来的配送费用,包括按实际使用年限计算的折旧费和企业内利息等。

(7)对外委托费。指企业对外支付的包装费、运费、保管费、出入库装卸费、手续费等业务费用。

(8)其他企业支付费用。该费用比如购进商品采用送货制时,包含在购买价格中的运费和商品销售采用提货制时,因顾客自己取货而从销售价格中扣除的运费。此类费用虽然实际上本企业并未发生配送活动,但却发生了相关费用,应把其作为配送成本计算在内。

2.按配送功能分类

配送时集货、分拣、配载、包装、组配及加工等一系列功能的集合,根据配送的功能环节,配送成本包含以下几种费用:

(1)配送运输费

①车辆费用。指从事配送运输生产而发生的各项费用。具体包括驾驶员及助手的工资及福利费、燃料、轮胎、修理费、车辆折旧费、车船使用税等项目。

②营运间接费用。指营运过程中发生的不能直接计入各成本计算对象的车站、车队经费。包括车站、车队人员的工资及福利费、办公费、水电费、折旧费等内容。

(2)分拣费用

①分拣人工费用。指从事分拣工作的作业人员及有关人员的人工支出的费用总和,具体包括工资、奖金、福利、补贴等费用。

②分拣设备费用。指分拣作业中所使用的机械设备的折旧费用及修理费用。

(3)配装费用

①配装材料费用。指配装作业中耗费的材料费用。常见的配装材料有:木材、纸、自然纤维和合成纤维、塑料等。这些包装材料功能不同,成本差异很大。

②配装辅助费用。指除上述配装材料费用外,额外支出的一些辅助性费用,如包装标记、标志的印刷费用,拴挂物费用的支出等。

③配装人工费用。指从事配装工作的作业人员及有关人员的人工支出的费用总和,具体包括工资、奖金、福利、补贴等费用。

(4)流通加工费用

①流通加工设备费用。该费用因流通加工形式的不同而不同,购置这些设备所支出的费用,即流通加工设备费用。其以流通加工费用的形式转移到被加工产品中去。

②流通加工材料费用。在流通加工过程中,投入加工过程中的一些材料消耗所需要的费用。

③流通加工人工费用。在流通加工过程中从事加工活动的管理人员、工人及有关人员的工资、奖金等费用的总和,

3.按适用对象分类

(1)按营业单位计算配送成本。该方法要算出各营业单位配送成本与销售金额或毛收入的对比,用以了解各营业单位配送中存在的问题,以便加强管理。

(2)按顾客计算配送成本。该方法可分为按标准单价计算和按实际单价计算两种方式。按顾客计算配送成本可以用来作为确定目标顾客、确定服务水平等营销战略的参考。

(3)按商品计算配送成本。按功能计算出成本,以各自不同的基准,分配给各类商品,以此计算配送成本。该方法可以用来分析各类商品的盈亏,进而为确定企业的产品策略提供参考。

四、影响配送成本的因素

配送成本是各种配送作业活动的费用和,它的大小与配送管理、配送货物和市场等因素密切相关。

1.配送管理因素

(1)配送满足率。这是指配送中心的取货量占顾客所需要的货物数量的比例。如果配送满足率高,可以一次性、大批量进行配送;反之,配送中心只能分批次进行配送,对不足的货物还需要另外安排时间和车辆进行配送。导致配送成本增加并可能失去顾客。

(2)配送周期。配送持续时间的长短直接影响着配送成本的高低,如果配送效率低下,对配送中心的占用时间长,就会耗用更多的仓储固定成本。这种成本往往表现为机会成本,使得配送中心不能提供其他配送服务获得收入或者其他配送服务上需要另外增加成本。

(3)配送工具。不同的配送工具,其成本高低不同,运输能力大小也不同。运输工具的选择一方面取决于所运货物的体积、重量及价值大小,另一方面又取决于企业对所运货物的需求程度及工艺要求。因此,运输工具的选择既要保证客户的需求,又要力求配送成本最低。

(4)配送货流的不均衡性。货流的不均衡性直接影响配送成本。当发生空车返回时,劳动、燃料和维修保养费用将等同于原先的全程费用。由于不同地区的货物配送数量和时间需求的不均衡性,导致配送成本随着发生变化。

2.与配送货物相关的因素

(1)配送货物价值。产品价值的高低会直接影响配送服务成本的大小。随着产品价值的增加,每一项配送活动的成本都会增加,运费在一定程度上反映货物移动的风险。一般情况下,产品的价值越大,对其所使用的运输工具的要求越高,运输和包装成本也随着产品价值的增加而增加。

(2)配送货物的数量和重量。数量和重量增加虽然会使配送作业量增大,但大批量的作业往往使得配送效率提高。配送的数量和重量是配送企业获得折扣的理由。而单件、小批量的配送不仅不能体现配送的优势,还由于单位固定成本较高,使得配送成本相对也会较高。

(3)配送货物的密度。配送货物的密度越大,相同运输单位所装的货物越多,运输成本就越低。同样,配送中心一定空间领域存放的货物也越多,库存成本也会降低,因此不同产品的单位配送成本也会不同。

(4)特殊要求的货物。有些货物在配送过程中有特殊要求,如对长大物品的搬运需要特殊的装载工具;有些物品在搬运过程中需要加热或制冷等,这些都会增加配送成本。

3.与市场相关的因素

(1)配送距离。运输成本是构成配送成本的主要内容,而距离则是影响运输成本的主要因素。距离越远,运输成本越高。

(2)外部成本。配送经营有时需要使用配送企业以外的资源。而外部资源的使用成本是企业无法控制的,特别是一些垄断性的外部资源,配送企业在使用过程中都会增加额外的成本开支。

(3)同行业的竞争因素。配送服务成本随着同行之间的竞争不断发生变化。企业的优势主要体现在产品或服务的价格、质量以及客户的满意度。提升服务水平,相应的服务成本必然随之提高。

案例分析 6-1

即时配送小时达的秘密，不止于配

如果要为一家零售门店提供优质的即时履约服务，仅仅做好配送是不够的，我们还需要深入履约链条上游的仓储和拣货环节，才能全方位地赋能零售商。

又一场大促来了。

2022 年 4 月 8 日晚 8 点，"415 同城狂欢节"在京东 App 和京东到家 App 上同步开启。与消费者习以为常的远距电商大促相比，这场大促多少有些不同。

它是小时级、最快分钟级送达的同城大促，也是京东到家和京东首次双平台同时启动 415 大促，同时还是京东到家 415 周年庆有史以来规模最大的一次。沃尔玛、华润万家、永辉超市、家乐福等全国 1700 多个县区市的超 15 万家实体门店都参与其中。不仅如此，今年 415 期间，还开启了同城本地直播，直播间下单商品从就近门店发货，"边看直播边下单，1 小时内收到货"。

要达成如此效果并不容易，尽管我们已经习惯于餐饮外卖的配送速度。但相比于餐饮外卖，即时零售的履约链路更长，需要与商家协同程度更高，需要面对的商品种类更多，需要更好的统筹多、快、好、省四要素。换句话说，即时零售高效履约背后，需要的不仅仅是快速配送。

对于行业而言，"配"应该比较熟悉，而"拣"是怎么做的？赶着"415 同城狂欢节"，我们在沃尔玛北京建国路店做了一番探访体验。

"其实现在给您配送商品，不仅仅是配送骑士的工作，前端的补货、拣货、打包和交接都非常重要"，达达优拣业务相关负责人李晨开门见山地介绍道，在前端，达达的"秘密武器"在于达达优拣。

作为达达集团发布的众包拣货管理数字化解决方案，达达优拣可以为商超门店提供服务于全渠道订单的补货、拣货、交接、管理在内的多种服务，并且首创了众包拣货模式实现人员的弹性调度，可以很好地应对订单高峰的拣货需求，实现削峰填谷。

在达达优拣，日常拣货和打包主要在拣货仓里进行。拣货仓里分区域划分，放置着日常用户下单频率比较高的商品，当然也有一部分商品需要在卖场拣选。用户下单后，拣货员从仓里的货架上或从卖场里把相应的商品拣回来，再在仓内统一进行打包，打包完毕后放置在交接区，等待骑手取货配送即可。

达达优拣可以对全流程进行数字化管控，底层有沧海系统、海博系统的支持，拣货商品在门店的哪个区域都能定位，可以帮助拣货员快速找到商品。

通过数字化系统，拣货员的拣货时长、拣货数量、拣货质量也可以被管理追踪，这也是效率与质量的又一重保障。

此外，达达优拣也可以根据门店订单量的变化调整拣货员人数，从而有效应对订单高峰，比如正在进行中的"415 同城狂欢节"。大促之下，门店订单量大幅增长，不过因为在此之前，达达已经提前预估了门店单量，并匹配相应的拣货人员数量，于是在业务量高峰期间也能保障拣货效率和拣货质量。

从以往的大促数据看，达达优拣的表现可圈可点。2021年双十一大促期间，达达优拣的日均拣货单量相比618期间增长了69%，在单量大幅增长的情况下，达达优拣的拣货履约率仍然能够维持在98%以上的高水准。

资料来源：https://baijiahao.baidu.com/s?id=1729814741277125530&wfr=spider&for=pc

思考题

1.分析拣货对即时配送的重要性。

2.达达优拣有哪些特色？

任务小结

本任务在对配送相关概念有较好理解的基础上，介绍了配送成本的概念、配送成本的特性，重点介绍了配送成本的分类以及影响配送成本的因素，为后续配送成本的核算奠定基础。

任务二　配送成本核算

学习内容

1.配送成本核算的范围；

2.配送成本核算的方法。

学习目标

1.掌握配送成本核算的范围；

2.掌握配送成本的核算方法。

案例导入

为了控制配送成本，厦门中外运物流有限公司配送部门决定通过配送成本核算，找出配送成本中占比最大的部分，并采取具有针对性的措施来降低该部分成本。

新华建议配送部门经理按配送营运车队来核算配送运输成本，按货物类型来核算分拣成本、配装成本、流通加工成本和保管成本，并编制格式统一的配送成本核算表。这样可以更清楚地反映配送成本的具体构成情况，找出配送各环节中的成本控制问题，并对配送成本加以控制。

课前思考

1.配送成本核算的范围有哪些?

2.如何正确进行配送成本的核算?

知识学习

一、配送成本核算的范围

配送成本费用总额是由各个环节的总成本组成的,即集货、分拣、配货、配装、配送运输、送达服务及流通加工等可能存在的各环节成本的总和。

不同企业的配送涉及的作业环节有所不同,以下主要通过配送运输成本、分拣成本、配装成本和流通加工成本来介绍配送成本的核算方法。

1.配送运输成本的核算

(1)配送运输成本的项目和内容

配送运输成本是指配送车辆在配送货物过程中,所发生的各种车辆费用和配送间接费用。

① 车辆费用:指配送车辆从事配送生产所发生的各项费用,包括以下项目:

A.工资,指支付给配送车辆司机的基本工资、附加工资及工资性津贴。

B.职工福利费,指按规定的工资总数及规定比例计提的职工福利费。

C.燃料费,指配送车辆运行所消耗的燃料,如汽油、柴油等费用。

D.轮胎费,指配送车辆耗用的外胎、内胎、垫带的费用支出以及轮胎的翻新费用和修补费。

E.修理费,指配送车辆进行各级保养和修理所发生的工料费用、修复旧件费用和行车耗用的机油费用。

F.大修费,指配送车辆计提的大修基金,以及车辆大修竣工后调整的费用差异和车辆超、亏大修里程定额差异应调整增减的费用。

G.折旧费,指配送车辆按规定计提的折旧费。

H.车船使用费税,指企业按规定向税务部门缴纳的营运车辆使用税。

I.行车事故损失,指配送车辆在配送过程中,因行车肇事所发生的事故损失。

J.其他费用,指不属于以上各项的车辆费用,如行车杂支、随车工具费、防滑链条费、中途故障救济费、司机和助手劳动保护用品费、车辆清洗费、冬季预热费、由配送方负担的过桥费等。

②配送间接费用:指配送运输管理部门为管理和组织配送运输生产所发生的各项管理费用和业务费用,包括:配送运输管理部门管理人员的工资及福利费;配送运输管理部门为组织运输生产活动所发生的管理费用及业务费用,如取暖费、水电费、办公费、差旅费和保险费等;配送运输管理部门使用固定资产的折旧费用、修理费用;直接用于生产活动,构成营运成本但不能直接计入成本项目的其他费用。

(2)配送运输成本计算方法

配送运输成本计算方法是指配送运输车辆在生产过程中所发生的费用按照规定的成本计算对象和成本项目,计入配送运输成本的方法。

①工资及职工福利费,根据“工资分配汇总表”和“职工福利费计算表”中各车型分配的金额计入成本。

②燃料,根据“燃料发出凭证汇总表”中各车型耗用的燃料金额计入成本。配送车辆在本企业以外的油库加油,其领发数量不作为企业购入和发出处理的,应在发生时按照配送车辆领用数量和金额计入成本。

③轮胎,轮胎外胎采用一次摊销法的,即根据“轮胎发出凭证汇总表”中各车型领用的金额计入成本;采用按轮胎行驶里程提取法的,根据“轮胎摊取费计算表”中各车型应负担的摊提额计入成本;发生轮胎翻新费时,根据付款凭证直接计入各车型成本或通过待摊费用分期摊销;内胎、垫带根据“材料发出凭证汇总表”中各车型成本领用金额计入成本。

④修理费,辅助生产部门对配送车辆进行保养和修理的费用,根据“辅助营运费用表”中分配各车型的金额计入成本。

⑤折旧,根据“固定资产折旧计算表”中按照车辆种类提取的折旧金额计入各分类成本。

⑥运输管理费,配送车辆应缴纳的运输管理费,应在月终计入成本时,编制“配送营运车辆应缴纳管理费计算表”,据此计入配送成本。

⑦车船使用税、行车事故损失和其他费用,如果是通过银行转账、应付票据、现金支付的,根据付款凭证等直接计入有关的车辆成本;如果是在企业仓库内领用的材料物资,根据“材料发出凭证汇总表”、“低值易耗品发出的凭证汇总表”中各车型领用的金额计入成本。

⑧营运间接费用,根据“营运间接费用分配表”计入有关配送车辆成本。

(3)配装运输成本计算表

物流配送企业月末应编制配送运输成本计算表,以反映配送总成本和单位成本。

配送运输总成本是指成本计算期内成本计算对象的成本总额,即各个成本项目金额之和。

单位成本是指成本计算期内各成本计算对象完成单位周转量的成本额。

配送运输成本计算表的格式如表 6-1 所示。

表 6-1 配送运输成本计算表

编制单位 年 月

项目	计算依据	配送车合计	配送营运车辆	
			车辆 A	…车辆 N…
1.车辆费用				
工资				
职工福利				
燃料				
轮胎				
修理费				
折旧				
车船使用税				
行车事故损失				
其他				
2.营业间接费用				
3.配送运输总成本				
4.周转量/千吨公里				
5.单位成本/(元/千吨公里)				
6.成本降低率				

2.分拣成本的核算

分拣成本是指分拣机械及人工在完成货物分拣过程中所发生的各种费用。

(1)分拣成本项目和内容

①分拣直接费用:

A.工资,指按规定支付给分拣作业工人的标准工资、奖金、津贴等。

B.职工福利费,指按规定的工资总额和按标准计提的职工福利费。

C.修理费,指分拣机械进行保养和修理所发生的工料费用。

D.折旧费,指分拣机械按规定计提的折旧费。

E.其他费用,指不属于以上各项的费用。

②分拣间接费用。分拣间接费用是指配送分拣管理部门为管理和组织分拣生产,需要由分拣成本负担的各项管理费用和业务费用。

(2)分拣成本的计算方法

配送环节分拣成本的计算方法,是指分拣过程所发生的费用,按照规定的成本计算对象和成本项目,计入分拣成本的方法。

①工资及职工福利,根据"工资分配汇总表"和"职工福利费计算表"中分配的金额计入分拣成本。

②修理费,辅助生产部门对分拣机械进行保养和修理的费用,根据"辅助生产费用

分配表”中分配的分拣成本金额计入成本。

③折旧费，根据“固定资产折旧计算表”中按照分拣机械提取的折旧金额计入成本。

④其他费用，根据“低值易耗品发出凭证汇总表”中分拣成本领用的金额计入成本。

⑤分拣间接费用，根据“配送管理费用分配表”计入分拣成本。

(3)分拣成本的计算表

物流配送企业月末应编制“配送分拣成本计算表”，以反映配送分拣总成本。分拣总成本是指成本计算期内成本计算对象的成本总额，即各个成本项目金额之和。分拣成本可按表 6-2 进行计算。

表 6-2　分拣成本计算表

编制单位　　　　　　　　　　　　　　　　　　年　　月

项目	计算依据	合计	分拣品种	
			货物 A	…货物 N…
1.分拣直接费用				
工资				
福利费				
修理费				
折旧				
其他				
2.分拣间接费用				
分拣总成本				

3.配装成本的核算

配装成本是指在完成配装货物过程中所发生的各种费用。

(1)配装成本的项目和内容

①配装直接费用：

A.工资，指按规定支付给配装作业工人的标准工资、奖金、津贴。

B.职工福利费，指按规定的工资总额和提取标准计提的职工福利费。

C.材料费，指配装过程中消耗的各种材料，如包装袋、纸箱等所发生的费用。

D.辅助材料费，指配装过程中使用的辅助材料，如标志、标签、笔墨等所发生的费用。

E.其他费用，指不属于以上各项的费用，如配装工人的劳动保护用品费等。

②配装间接费用：配送配装管理部门为管理和组织配装生产所发生的，由配装成本负担的各项管理费用和业务费用。

(2)配装成本的计算方法

配装成本的计算方法是指配装过程中所发生的费用，按照规定的成本计算对象和成本项目进行计算的方法。

①工资及福利费:根据“工资分配汇总表”和“职工福利费计算表”中分配的配装成本的金额计入成本。计入产品成本中的直接人工费用的数额,是根据当期“工资结算汇总表”和“职工福利费计算表”来确定的。

②材料费用:根据“材料发出凭证汇总表”、“领料单”、“领料登记表”等原始凭证,将配装成本耗用的金额计入成本。在直接材料费用中,材料费用数额是根据全部领料凭证汇总编制“耗用材料汇总表”确定的;在归集直接材料费用时,凡能分清某一成本计算对象的费用,应单独列出,以便直接计入该配装对象的产品成本计算单;属于几个配装成本对象共同耗用的直接材料费用,应当选择适当的方法,分配计入各配装成本计算对象的本成本计算单中。

③辅助材料费用:根据“材料发出凭证表”、“领料单”中的金额计入成本。

④其他费用:根据“材料发出凭证汇总表”、“低值易耗品发出凭证”中配装成本领用的金额计入成本。

⑤配装间接费用:根据“配装间接费用分配表”计入配装成本。

(3)配装成本计算表

物流配送企业月末应编制配送环节配装成本计算表,以反映配装总成本,只有进行有效的配装,才能提高送货水平,降低送货成本。表6-3为配装成本计算表。

表6-3 配装成本计算表

编制单位　　　　　　　　　　　　　　　　　　　　年　　月

项目	计算依据	合计	配装品种	
			货物A	…货物N…
1.配装直接费用				
工资				
职工福利费				
材料费				
辅助材料费				
其他				
2.配装间接费用				
配装总成本				

4.流通加工成本的核算

(1)流通加工成本的项目和内容

①直接材料费用

流通加工的直接材料费用,指流通加工产品加工过程中直接消耗的材料、辅助材料、包装材料以及燃料和动力等。与工业企业相比,流通加工的直接材料费用占流通加工成本的比例不大。

②直接人工费用

流通加工成本中的直接人工费用，指直接进行加工生产的生产工人的工资总额和按工资水平总额提取的职工福利费。生产工人工资总额包括计时工资、计件工资、奖金、津贴和补贴、加班工资、非工作时间的工资等。

③制造费用

流通加工制造费用是物流中心设置的生产加工单位，为组织和管理生产加工所发生的各项间接费用，主要包括流通加工生产单位管理人员的工资和福利费，生产加工单位房屋、建筑物、机器设备等的折旧费和修理费，生产单位固定资产租赁费、机物料消耗、低值易耗品摊销、取暖费、水电费、办公费、差旅费、保险费、检验费、季节性停工和机器设备修理期间的停工损失，以及其他制造费用。

(2)流通加工成本项目的归集

①直接材料费用的归集

在直接材料费用中，材料和燃料费用数额是根据全部领料凭证汇总编制“耗用材料汇总表”来确定的。外购动力费用根据有关凭证确定。在归集直接材料费用时，凡能分清某一成本计算对象的费用，应单独列出，以便直接计入该加工对象的产品成本；属于几个加工成本对象共同耗用的直接材料费用，应当选择适当的方法，分配计入各加工成本计算对象的成本计算单。

②直接人工费用的归集

计入产品成本中的直接人工费用的数额，是根据当期“工资结算汇总表”和“职工福利费计算表”来确定的。“工资结算汇总表”是进行工资结算和分配的原始依据。它根据“工资结算单”按人员类别汇总编制。“工资结算单”应当依据职工工资卡片、考勤记录、工作量记录等工资计算的原始记录编制。“职工福利费计算表”是依据“工资结算汇总表”确定的各类人员工资总额，按规定的提取比例计算后编制的。

③制造费用的归集

制造费用是通过设置制造费用明细账，按照费用发生的地点来归集的。制造费用明细账按照加工生产单位开设，并按费用明细账项目设专栏组织核算。由于流通加工环节的折旧费用、固定资产修理费用等占成本的比例比较大，其费用的归集尤为重要。

(3)流通加工成本计算表

物流配送企业月末应编制流通加工成本计算表，以反映配送总成本和单位成本。配送环节的流通加工成本是指成本计算期内成本计算对象的成本总额，即各个成本项目金额之和。流通加工成本计算如表 6-4 所示。

表 6-4 流通加工成本计算表

编制单位 年 月

项目	计算依据	合计	流通加工品种	
			货物 A	…货物 N…
直接材料				
直接人工				
制造费用				
合计				

二、配送成本的核算

计算了配送各个环节的总成本后，将各个环节的总成本加总，即得到配送总成本。其计算公式如下：

配送成本＝配送运输成本＋分拣成本＋配装成本＋流通加工成本

注意，在进行配送成本费用核算时，要避免配送成本费用重复交叉。夸大或减小费用支出，会造成配送成本费用核算不真实，不利于配送成本费用的管理。

▶▶▶▶ 任务导入 ▶▶▶

通过业务学习，新华对中外运配送业务有一定的了解。接下来，王总给新华提供了公司 3 月份一些相关的配送成本，希望新华能够对其进行准确计算，最终汇总出公司的总配送成本。

表 6-5 中外运物流有限公司配送成本表(2022 年 3 月)

单位：元

配送运输成本		配送分拣成本		配装成本		流通加工成本	
工资及福利费	108 000	工资及福利费	55 000	工资及福利费	93 000	直接人工	40 000
燃料费	92 000	机器维修和保养费	11 200	配装材料费	18 000	直接材料	7 600
轮胎费	63 200	折旧费	21 000	辅助材料费	9 800	制造费用	51 100
折旧和修理费	59 000	间接费用	20 150	其他费用	4 000		
税费	24 500			间接费用	18 900		
事故处理费	30 000						
间接费用	86 000						

3 月份配送运输周转量为 7 500 千吨公里。

通过多方查找资料，新华认为在对配送成本进行核算之前，必须清楚其核算的范围，进而通过科学的核算方法，准确地对公司配送成本进行准确核算。

▶▶▶▶ 任务实施 ▶▶▶

第一步：计算配送运输成本

配送运输成本计算方法是指配送运输车辆在生产过程中所发生的费用按照规定的成本计算对象和成本项目，计入配送运输成本的方法。

(1)配送运输成本＝工资及职工福利费＋燃料费＋轮胎＋修理费＋折旧费＋养路费及运输管理费＋车船使用税、行车事故损失和其他费用＋营运间接费用

(2)根据王总提供的数据可知：

配送运输成本＝108 000＋92 000＋63 200＋59 000＋24 500＋30 000＋86 000＝462 700

(3)编制运输成本计算表(见表6-6)

表6-6 运输成本计算表

编制单位 厦门中外运有限公司　　2022年3月　　单位：元

项目	计算依据	配送车合计	配送营运车辆	
			车辆A	…车辆N…
1.车辆费用		376 700		
工资		108 000		
职工福利				
燃料		92 000		
轮胎		63 200		
修理费		59 000		
折旧				
车船使用税		24 500		
行车事故损失		30 000		
其他		0		
2.营业间接费用		86 000		
3.配送运输总成本		462 700		
4.周转量/千吨公里		7 500		
5.单位成本/(元/千吨公里)		61.69		

第二步：计算分拣成本

配送环节分拣成本的计算方法，是指分拣过程所发生的费用，按照规定的成本计算对象和成本项目，计入分拣成本的方法。

(1)分拣成本＝工资及职工福利＋修理费＋折旧费＋其他费用＋分拣间接费用

(2)根据王总提供的数据可知：

分拣成本＝55 000＋11 200＋21 000＋20 150＝107 350(元)

(3)编制分拣成本计算表(见表 6-7)

表 6-7　分拣成本计算表

编制单位　厦门中外运物流有限公司　　2022 年 3 月　　单位:元

项目	计算依据	合计	分拣品种	
			货物 A	…货物 N…
1.分拣直接费用		87 200		
工资		55 000		
福利费				
修理费		11 200		
折旧		21 000		
其他		0		
2.分拣间接费用		20 150		
分拣总成本		107350		

第三步:计算配装成本

配装成本的计算方法是指配装过程中所发生的费用,按照规定的成本计算对象和成本项目进行计算的方法。

(1)配装成本=工资及福利费+材料费用+辅助材料费用+其他费用+配装间接费用

(2)根据王总提供的数据可知:

配装成本=93 000+18 000+9 800+4 000+18 900=143 700(元)

(3)编制配装成本计算表(见表 6-8)

表 6-8　配装成本计算表

编制单位　厦门中外运物流有限公司　　2022 年 3 月　　单位:元

项目	计算依据	合计	配装品种	
			货物 A	…货物 N…
1.配装直接费用		124 800		
工资		93 000		
职工福利费				
材料费		18 000		
辅助材料费		9 800		
其他		4 000		
2.配装间接费用		18 900		
配装总成本		143 700		

第四步:计算流通加工成本

流通加工成本的计算是指成本计算期内成本计算对象的成本总额,即各个成本项目金额之和。

(1)流通加工成本=直接材料费+直接人工费+制造费用

(2)根据王总提供的数据可知:

流通加工成本=40 000+7 600+51 100=98 700(元)

(3)编制流通加工成本计算表(见表6-9)

表 6-9 流通加工成本计算表

编制单位 厦门中外运物流有限公司 2022年3月 单位:元

项目	计算依据	合计	流通加工品种	
			货物 A	…货物 N…
直接材料		7 600		
直接人工		40 000		
制造费用		51 100		
合计		98 700		

第五步:计算配送总成本

配送总成本的计算即将各个环节的总成本加总。

(1)配送总成本=配送运输成本+分拣成本+配装成本+流通加工成本

(2)根据以上各步骤

配送总成本=462 700+107 350+143 700+98 700=812 450(元)

(3)根据以上数据编制配送成本计算表(见表6-10)

表 6-10 配送总成本计算表

编制单位:厦门中外运物流有限公司 2022年3月 单位:元

项目	合计
一、配送运输成本	462 700
二、分拣成本	107 350
三、配装成本	143 700
四、流通加工成本	98 700
合计	812 450

任务总结

该任务详细介绍了配送成本核算的范围及其对应的核算方法,即配送运输成本、分拣成本、配装成本、流通加工成本四部分,总的配送成本由以上四部分加总。需要注意的是在实际应用中,要根据企业的具体情况灵活应用。

任务三　配送成本优化

学习内容

1.不合理配送的表现；

2.配送成本的分析；

3.配送成本优化的途径。

学习目标

1.了解不合理配送的表现；

2.熟悉配送成本的分析方法；

3.了解配送成本优化的途径。

案例导入

按照配送新成本划分方式，厦门中外运物流有限公司核算了年度配送成本情况，并编制了配送成本汇总表。从表中可以看出，厦门中外运物流有限公司当年的配送成本同比下降了2%，这与计划降低4%的目标仍然存在较大差距。

为了弄清楚原因，新华通过计算各成本项目的成本计划完成率、成本降低额、成本降低率等指标，具体分析了配送运输、分拣、配装、流通加工、保管等环节的成本管理绩效。经过初步分析，新华发现配送部门对分拣、配装、流通加工环节的成本控制较好，其成本计划完成率和成本降低率都达到了预设目标。然而配送运输和保管环节的成本仍然居高不下，影响了配送总成本的管理绩效。

通过进一步分析，新华发现配送运输成本和保管成本较高的原因主要有配送计划不合理、配送库存不合理。因此，新华建议公司经理王总从合理制订配送计划、合理设计配送路线、合理设置库存量等角度来优化配送成本。

课前思考

1. 如何进行配送成本分析？

2.如何进行配送成本优化？

知识学习

一、不合理配送的表现

1.配送资源筹措不合理

配送是通过集中筹措资源的规模效益来降低资源筹措成本，使配送资源筹措成本低于客户自己筹措资源的成本，从而取得优势。如果不是集中多个用户的需要进行批量资源筹措，而仅仅是为个别用户代购代筹，对用户来讲，不仅不能降低资源筹措费，相反却要向配送企业多支付一笔代购代筹费，这是不合理的。

2.库存决策不合理

配送应充分利用集中库存总量低于各用户分散库存总量的优势，降低客户平均分摊的库存成本。如果库存决策不合理、库存量过大，库存成本就会增加；如果库存量过少，就会给客户造成缺货损失，影响配送中心的服务水平。

3.配送价格不合理

一般的配送价格会低于客户自己进货的价格加上提货、运输、进货的成本总和，这样才会使客户有利可图。由于配送具有较高的服务水平，价格稍高客户也是可以接受的，但这不是普遍的原则。如果配送价格普遍高于客户自己的进货价格，损害了客户的利益，这就是一种价格不合理的表现。但是如果价格制定得过低，配送企业就会处于无利或亏损状态，也是不合理的。

4.配送与直达决策不合理

一般的配送是增加环节，但是这个环节的增加可降低用户的平均库存水平，这不但抵消了增加环节的支出，而且还能取得剩余效益。但是如果客户使用批量大，可以直接通过社会物流系统批量进货，与通过配送中转送货相比可能更节约费用。因此，在这种情况下，不直接进货而通过配送就属于不合理的范畴。

5.送货过程运输不合理

配送与客户自提相比有优势，尤其是对于多个小客户来讲，可以集中配装一车送几家，这比一家一户自提，大大节省运力和运费。如果不能利用这一优势，仍然是一户一送，车辆达不到满载，就是不合理，此外，不合理运输的若干表现形式，在配送中都可能出现，使配送不合理。

二、配送成本的分析

配送成本的高低很大程度上取决于配送是否合理化。因此，科学地进行配送合理化判断，能够实现高效的配送成本分析。目前国内外尚无确切的配送合理化判断指标，但是结合企业实务，通过以下若干指标进行配送合理化判断。现以配送环节的配送运输成本为例进行分析，通过配送运输成本降低额和配送运输成本降低率两个指标进行分析。

1.配送运输成本降低额

按各成本计算对象计算的成本降低额，是指用该配送成本的上年度实际单位乘以本期实际周转量计算的总成本，减去本期实际总成本差额。它是反映该配送运输成本由于成本降低所产生的节约金额的一项指标。其计算公式如下：

配送运输成本降低额

＝上年度实际单位成本×本期实际周转量－本期配送运输实际总成本

说明：

(1)＝0；

(2)正数表示成本降低；

(3)负数表示成本超支。

2.配送运输成本降低率

按各成本计算对象计算的成本降低率，是指该配送运输成本的降低额，与上年度实际单位成本乘以本期实际周转量计算的总成本之比的百分比，它是反映该配送运输成本降低幅度的一项指标。

配送运输成本降低率

＝配送运输成本降低额/(上年度实际单位成本×本期实际周转量)×100%

3.全部配送运输成本降低额和降低率

全部配送运输成本降低额是指各成本计算对象成本降低额之和。计算公式为：

全部配送运输成本降低额＝∑各成本计算对象成本降低额

全部配送运输成本降低率是指全部运输车辆综合的成本降低幅度。计算公式为：

全部配送运输成本降低率＝

$$\frac{\text{全部运输成本降低额}}{\sum \text{各成本计算对象按上年实际单位成本和本期实际周转量计算的成本}}\times 100\%$$

任务导入

获得中外运的配送总成本后，新华需要对构成配送总成本的每个项目进行分析，以寻求优化配送成本的方法。

任务实施

新华认为，要想对当前的配送成本情况进行分析，必须知道历史数据，通过二者的对比才能知道当前的配送成本的高低情况，进而寻找降低成本的方法，于是，新华又开始查阅相关资料，着手这项工作了。新华通过对历史数据的汇总，得到厦门中外运物流有限公司 2021 年实际单位配送的运输成本为 60.5 元/千吨公里。根据表 6-6 至 6-9 中的数据，可以计算得出：

配送运输成本降低额＝60.5×7 500－462 700＝453 750－462 700＝－8 950(元)

配送运输成本降低率＝－8 950/(60.5×7 500)×100%＝－1.97%

厦门中外运物流有限公司 2022 年 3 月份的配送运输成本相对于历史数据来说有所上升。新华将算得的配送运输成本与历史数据进行逐一对比后，发现配送运输成本升高了。她综合考虑了影响配送运输成本的因素，并对每个构成配送运输总成本的项目进行分析，从库存决策、送货过程运输等方面为王总提出了公司可能存在的不合理配送的表现，同时从优化配送业务和优化配送作业效率等方面提出优化配送成本的建议。在此基础上，新华通过翻越大量书籍，又提出了加强配送计划的制定、设计合理的配送线路、差异化配送策略、共同配送、延迟策略等降低配送成本的策略，受到了公司主管的赞赏。

三、配送成本优化的途径

优化配送的目的是提高配送效率，降低配送成本，把低成本、高效率、优质服务作为配送合理化的目标：在一定配送成本下尽量提高顾客服务水平，或在一定顾客服务水平下使配送成本最小。

配送成本优化的途径有以下两方面：

1.优化配送业务

优化配送业务的方法主要有实行混合配送、差异化配送、合并配送、延迟配送以及标准化配送等策略。

(1)混合策略

混合策略是指配送业务一部分由企业自身完成，一部分外包给第三方物流企业。这种策略的基本思路是，尽管采用纯策略容易形成一定的规模经济，并使管理简化，但由于产品品种多变、规格不一、销售不等等情况，采用纯策略的配送方式反而会造成规模不经济。因此，采用混合策略，合理安排企业自身完成的配送和外包给第三方物流完成的配送，能有效降低配送成本。

(2)差异化策略

差异化策略主要是根据不同的产品特征，提供不同的顾客服务水平。当企业拥有多种产品线时，不能对所有产品都按同一标准的顾客服务水平来配送，而应按产品的特点、销售水平来设置不同的库存、不同的运输方式以及不同的储存地点。

(3)合并策略

合并策略主要包含配送方法上的合并以及共同配送。

配送方法上的合并是指企业安排完成配送任务时，充分利用车辆的容积和载货量，做到满载满装，降低配送成本。

共同配送是一种产权层次上的共享，也称集中协作配送。它是几个企业联合，集小量为大量，共同利用统一配送设施的配送方式，各配送主体以经营活动(或以资产为纽带)联合行动，在较大的地域内协调运作，共同对某一或某几个客户提供系列化配送服务。它通过作业活动的规模化降低作业成本，提高物流资源的利用效率。

(4)延迟策略

该策略是指对产品的外观、形状及其生产、组装、配送尽可能推迟到接到客户的订单后再确定。一旦接到订单就要快速反应。因此对信息的传递要求非常高。此外对实施延迟策略的企业包括产品本身都有一定的条件限制。

实施延迟策略通常采用两种方式：生产延迟(形成延迟)和物流延迟(时间延迟)。由于配送中往往夹杂着加工活动，因此实施配送延迟策略既可采用生产延迟方式也可采用物流延迟方式。

(5)标准化策略

该策略就是尽量减少因品种多变而导致的附加配送成本，尽可能多地采用标准零部件、模块化产品。采用标准化策略要求厂家从产品设计开始就要站在消费者的立场去考虑如何节省配送成本。

不管采用何种策略,都要充分考虑各种因素,以期达到配送成本最低、满意度较高的配送目的。

2.优化配送作业效率

优化配送作业、提高作业效率的目的是提高配送效率,降低作业成本,加快流通速度,减少资金占用。其主要包括以下几方面:

(1)入货、发货时商品检验的效率化

流通速度是配送的检验标准之一,也是配送成本控制的一个主要方面。如何科学地对入货发货时的商品进行检验是提高配送作业效率的关键环节之一。当前,根据配送中心的规模和发展趋势,应积极采用现代技术提高入货发货时商品检验的效率,比如自动识别技术、条形码技术等。

(2)保管、装卸作业的效率化

保管、装卸作业是配送中出现频率较高的一项作业活动,其效率高低直接影响配送的整体效率。由于装卸对劳动力的需求量大,需要使用相关装卸设备,现代配送中心都极力导入自动化作业,在实现作业快速化的同时,减少作业人员数量,降低人力费用。

(3)备货作业的效率化

充足的商品储备是提高配送中心供给实力的一个有效手段,但同时也是资金积压的一个重要方面。配送中心成本优化的目标之一就是用最少的资金得到一个最理想的存货水平。因此在备货过程中的订货、商品运送、库存水平等的控制成为配送成本管理的一个关键。

(4)分拣作业的效率化

分拣作业是配送中心一个重要且繁重的工作,其安排是否得当、流程是否科学,将在很大程度上决定配送作业的质量,影响配送成本,合理地提高这一过程的机械化作业程度、减少作业差错率十分必要。

案例分析 6-2

抢抓数智化机遇完善供应链　　“618”快递行业跑出加速度

年中快递小高峰已至。根据国务院物流保通保畅工作领导小组办公室监测汇总数据,2023 年 5 月 29 日至 6 月 11 日,全国邮政快递累计揽收量约 55.65 亿件,累计投递量约 55.61 亿件。国家邮政局监测数据显示,截至 5 月 31 日,2023 年我国快递业务量已达 500 亿件。

随着“618”大促开启,快递量明显提升。

据悉,为满足消费者、电商平台等多方需求,快递物流企业纷纷加大运力投入,拼速度、拼服务,同时借助数字技术、人工智能等保障骤增的快递需求。

"618"期间,提速成为快递行业的一大关键词。快递企业纷纷在仓储、配送、技术、资金等方面持续发力,完善供应链协同机制。

从需求端来看,"618"期间,随着电商平台对消费者的服务承诺和服务保障的不断加码,发货速度成为电商消费者最关心的问题之一,发货慢、预售时间过长等影响消费者的下单意愿。

从供应端来看,菜鸟集团相关负责人表示,菜鸟供应链全面向商家开放了大促前置预处理能力,联动品牌商家,提前对预售商品进行拣选、打包处理,部分商品更是提前下沉到距离消费者最近的快递网点。

配送时效方面,半日达、次日达成为主流配送时效。菜鸟集团相关负责人表示,菜鸟供应链数据显示,2023 年"618"期间,多个粮油米面和乳饮酒水品牌通过菜鸟供应链提供送货上门、半日达的订单数量,较 2022 年同期增长 200%～300%。

此外,数智化成关键竞逐点,快递物流的数字化、智能化成为行业发力的重要方向。

京东物流相关负责人表示,2023 年昆山亚一 2 期正式投用,京东物流落成全球规模最大仓拣一体智能物流园区,其自动分拣中心拥有超过 80 条自动分拣线、1 万个智能分拣机器人,分拣准确率也达到 99.99%。在京东"618"期间,分拣中心全天 24 小时不间断作业,具备日均分拣超 450 万件包裹的能力,效率提升 5 倍之多。

中国数实融合 50 人论坛智库专家洪勇表示,从 2023 年"618"的情况来看,时效性、运力等要求提高,供应链协同发展趋势增强。不过,我国物流链条中仍然存在一些短板,例如一些地区的物流基础设施尚未跟上,在信息共享、业务合作等方面也需要不断加强和完善。

国务院发展研究中心市场经济研究所所长王微表示,"618"带动了众多电商和线下实体零售、服务企业的参与,对更好促进、引领消费将产生非常积极的作用。

"一方面,'618'有助于传统消费领域的进一步恢复;另一方面,借助线上消费大数据,可以有效赋能实体零售服务企业,带动制造业、服务业发展,推动创造新产品、新服务、新场景,加快形成消费引领供给、供给创造需求的发展格局,更加有效地满足消费和释放消费潜力。"王微表示。

Co-Found 智库秘书长张新原表示,"618"期间,绿色智能、生鲜果蔬等快递量的快速增长反映了目前消费的智能化、数字化、便捷化、品质化和健康化趋势。

2023 年以来快递量攀升,反映了消费升级和消费需求多元化的趋势。当前,消费者对于商品品质、服务质量、物流时效等方面的要求日益提高,也促使各行业不断提升产品和服务质量,预计未来的消费市场还将保持高速增长。

资料来源:http://www.ce.cn/xwzx/gnsz/gdxw/202306/19/t20230619_38595765.shtml

思考题

1.2023年“618”快递配送有什么特点？

2.为应对“618”，快递物流企业采取了哪些措施？

任务小结

该任务主要介绍了部分不合理配送的表现，在此基础上，介绍了配送成本的分析方法以及有效进行配送成本优化的途径。

项目小结

配送成本是物流成本的重要组成部分，本项目分为三个任务，分别从配送成本认知、配送成本的核算以及配送成本的优化进行介绍，旨在让学生掌握配送成本的核算及其优化方法，并应用这些方法解决实际配送中的优化策略，提高管理水平。

教学分享

1.学习课时：建议4课时(其中理论学习2课时，实践2课时)

2.教学方法：建议采用讲解、体验式教学(包括视频资料学习、参访物流企业、网络平台的资源学习等)、小组讨论，实践教学等方式方法。应把握的知识重点包括：配送成本的认知、配送成本的核算以及配送成本优化。

3.学习环境要求：

(1)学习场地：① 多媒体教室；
② 典型物流企业。

(2)学习资料：①物流成本实训软件；
②视频资源；
③课程网络资源。

课后习题

一、单项选择题

1.差旅费属于配送成本中的(　　)。

A.人工费　　B.公益费　　C.一般经费　　D.特殊经费

2.影响配送成本的因素中，配送工具属于(　　)。

A.配送管理因素　　B.与配送货物相关的因素

C.与市场相关的因素　　D.与配送成本无关

3.编制配送运输成本计算表时，配送运输的周转量一般采用的单位是(　　)。

A.千克公里　　B.吨公里　　C.千吨公里　　D.万吨公里

4.制造费用属于配送(　　)成本计算表中的内容。

A.运输　　B.分拣　　C.配装　　D.流通加工

5.产品特征不同,顾客服务水平也不同,属于配成成本优化中的(　　)。

A.混合策略　　B.差异化策略　　C.合并策略　　D.标准化策略

二、多项选择

1.以下属于配送成本特性的是(　　)。

A. 配送成本与服务水平密切相关　　B. 配送成本的不隐蔽性

C. 配送成本的削减具有乘法效应　　D. 配送成本的“效益悖反”

2.根据配送的功能环节,配送成本包含以下几种费用(　　)。

A. 配送运输费　　B. 分拣费　　C. 配装费　　D. 流通加工费

3.配装成本主要包括(　　)。

A. 配装设备费　　B. 配装材料费　　C. 配装辅助费　　D. 配装折旧费

4.以下属于不合理配送表现的是(　　)。

A. 配送资源筹措不合理　　B. 库存决策不合理

C. 配送价格不合理　　D. 配送与直达决策不合理

5.优化配送业务的方法主要有(　　)。

A.混合策略　　B.差异化策略

C.合并策略　　D.入货、发货时的商品检验策略

技能训练

1.讨论:以企业实例探讨如何制订鲜活商品和普通商品的配送计划

2.配送运输成本核算技能训练

某公司某月发生配送成本如下:

(1)配送运输成本:共发放工资及福利费 9 000 元,运输过程发生燃料费用2 000 元,折旧和修理费 900 元,上缴税费 450 元,处理发生事故 300 元,其他间接费用 400 元。

(2)分拣成本:发给分拣作业工人工资及福利费 5 000 元,分拣机器维修和保养费 200 元,折旧费 1 000 元,其他间接费用 150 元。

(3)配装成本:发放工资及福利费 3 000 元,材料费总计 800 元,其他费用总计 400 元。

(4)流通加工成本:发放工资及福利费 2 000 元,使用直接材料 600 元,发生间接制造费用 1 100 元。

要求:

(1)结合实例分析配送成本的构成。

(2)结合实例计算该公司的配送成本。

(3)结合实例提出配送成本的优化途径。

3.厦门中外运物流有限公司的配送运输成本相关资料如表6-10所示。

表6-10 配送运输成本资料

车型	上年实际单位成本/(元/千吨公里)	本月实际运输周转量/吨公里	本月实际运输成本/元
A	700	560 000	420 000
B	600	300 000	207 000

要求：

(1)计算A、B车型的单位配送运输成本。

(2)计算各车型的成本降低额和成本降低率。

(3)计算该企业全部配送成本的成本降低额和成本降低率。

教学评价

班级__________ 学号__________ 姓名__________ 成绩__________

项目六知识技能测评表

学习任务	分项评价指标	学生学习结果评价
任务一：配送成本认知	配送成本的概念	A(　　) B(　　) C(　　)
	配送成本的特性	A(　　) B(　　) C(　　)
	配送成本核算的目的	A(　　) B(　　) C(　　)
	影响配送成本的因素	A(　　) B(　　) C(　　)
任务二：配送成本核算	配送成本核算的范围	A(　　) B(　　) C(　　)
	配送成本核算的方法	A(　　) B(　　) C(　　)
任务三：配送成本优化	不合理配送的表现	A(　　) B(　　) C(　　)
	配送成本分析	A(　　) B(　　) C(　　)
	配送成本优化的途径	A(　　) B(　　) C(　　)
学生自我评价：		
学生对教学有何建议：		
教师总体评价： 年　　月　　日		

说明：在(　　)中打√，A表示理解掌握，B表示基本理解掌握，C表示未理解掌握。

◆ 项目七 ◆
物流成本分析、预测和决策

知识目标

1.了解物流成本分析的含义和内容、物流成本预测的概念和分类、物流成本决策的含义和重要性；

2.理解物流成本预测的步骤、物流成本决策的步骤；

3.掌握物流成本分析的方法、物流成本预测的方法、物流成本决策的方法。

技能目标

1.能够用因素分析法对物流成本的差异进行分析；

2.能够应用成本预测方法对物流成本进行预测；

3.能够利用量本利分析法进行物流成本决策。

思政目标

1.培养物流成本管理的意识；

2.培养工匠精神；

3.树立全局观念。

任务一　物流成本分析

学习内容

1.物流成本分析的概念；

2. 物流成本的分析内容；

3. 物流成本的分析的方法；

4.因素分析法的应用。

学习目标

1.准确把握物流成本分析概念，了解其内容，理解并掌握其方法；

2.能够应用因素分析法对物流成本的差异进行分析,找出差异原因,分析其合理性。

案例导入

厦门中外运物流有限公司从事货物的流通加工业务,5月份流通加工业务材料成本计划数为112 500元,实际发生数为99 000元。月末,公司召开部门经理会议,针对5月份的材料成本差异进行了分析讨论。

首先发言的是生产部门刘经理,他说:“本月计划流通加工货物数量为2 500件,实际加工数量仅2 000件,未能完成计划数,本人惭愧。”总经理说道:“如此说来,总成本降低8 000元也不足为奇啊。”采购部门杨经理说:“在物价飞涨的今天,我们的采购成本也上去了,以往我们流通加工所用的材料,市场价是每公斤5元,现在涨到每公斤5.5元。”总经理说,这是普遍现象,所有企业都面临这个问题,在有效控制成本的同时,也只能适当提高服务价格了。生产部门刘经理又补充说:“本月车间来了一批新员工,由于技术水平不够熟练,在材料的使用上也有一定的浪费。以前每加工一件货物消耗材料8公斤,可是这个月,每一件货物消耗掉了9公斤的材料啊。”总经理眉头紧锁,陷入了沉思。随后,他吩咐统计员小张对刚才两个部门经理叙述的情况进行详细的记录,并要求小张对本月材料消耗的实际成本和计划成本进行准确的分析,找出原因,以便更好地控制成本。

任务描述:仅仅从流通加工的材料总成本上看,似乎是节约了13 500元,但是在实际工作中,不能盲目下结论,还要考虑影响材料总成本的各个因素。因此,小张拟采用因素分析法对成本差异进行分析。

课前思考

1.什么是物流成本分析?物流成本分析的目的是什么?

2.利用因素分析法对物流成本进行分析有什么优点?

知识学习

一、物流成本分析的含义

物流成本分析是指利用物流成本核算数据和其他相关资料,以本期实际物流成本指标与目标物流成本指标、上期实际物流成本指标、国内外同类企业的物流成本指标等进行比较,以便了解物流成本相关指标的升降变动情况,以及变动的因素和原因,并分清单位与个人的责任。

物流成本分析与物流成本预测是物流成本决策的基础,依据物流成本分析与物流成本预测提供的材料,企业可以制定各类物流成本决策,从而达到降低物流成本、提高物流成本使用效益、优化物流管理的目的。

二、物流成本分析的内容

一般情况下，物流成本分析的内容涉及以下几个方面：

1.评价核算结果

在核算资料的基础上，通过深入分析，正确评价企业物流成本计划的执行情况，提高企业和职工讲求经济效益的积极性。

2.分析原因

揭示物流成本升降的原因，正确地查明影响物流成本高低的各种因素及其原因，进一步提高企业物流管理水平。

3.寻求对策

寻求进一步降低物流成本的途径和方法。物流成本分析还可以结合企业物流经营条件的变化，正确选定适应新情况的最合适的物流成本水平。

三、物流成本分析的方法

1.指标对比法

指标对比法又称比较法，是实际工作中广泛应用的分析方法。它是通过将相互关联的物流成本指标进行对比来确定数量差异的一种方法。通过对比揭露矛盾、发现问题。寻找差距、分析原因，为进一步降低物流成本、提高效益指明方向。物流成本指标的对比分析可采用以下几种形式：

(1)实际成本指标与预期成本目标对比，考察企业成本目标的完成情况；

(2)实际成本指标与历史成本水平对比，考察企业成本水平的变动情况；

(3)实际成本指标与同类企业或同类产品成本水平对比，以考察企业成本水平在同类产品中所处的地位。

应该指出，采用指标对比法时，应注意对比指标的可比性，即对比指标采用的其计量单位、计价标准、时间单位、指标内容和计算方法等具有可比性的基础和条件。

一项指标的变动是受多个因素影响的，指标对比法没有揭示各个因素对指标变化的影响和贡献。

2.因素分析法

因素分析法是根据因素之间的内在依存关系，依次测定各因素变动对经济指标差异影响的一种分析方法。因素分析法的主要作用在于分析计算综合经济指标变动的原因及其各因素的影响程度。因素分析法的前提条件：经济指标与它的构成因素之间有着因果关系，能够构成一种代数式。注意这个代数式不一定是乘积关系，加减乘除都可以。

四、因素分析法应用程序

因素分析法的一般做法是将某一综合指标分解为若干个相互联系的因素，并分别计算、分析每个因素影响程度的一种方法。在几个相互联系的因素共同影响着某一指标的情况下，可应用这一方法来计算各个因素对经济指标发生变动的影响程度。如企业物流成本是一个综合性的指标，各方面工作都会影响物流成本水平。物流成本升降是由许多因素造成的，概括起来有两类：一类是外部因素，另一类是内部因素。外部因素来自社会，是外部经济环境和条件影响所造成的；内部因素是企业本身经营管理所造成的。这样分类有利于评价企业的各方面的工作质量。

利用因素分析法进行物流成本分析的一般计算程序是：以物流成本的计划指标为基础，按预订的顺序将各个因素的计划指标依次替换为实际指标，一直替换到全部都是实际指标为止。每次计算结果与前次计算结果相比，就可以求得某一因素对计划完成情况的影响。具体应用程序如下：

1.确定分析指标的组成因素以及它们之间的关系

在分解时应注意指标的组成因素能够反映形成该指标差异的构成原因，否则，计算的结果就不准确。如材料费用指标分解为产品产量、单位消耗量与单价的乘积。但不能分解为生产该产品的天数、每天用料量与产品产量的乘积，因为这种构成方式不能全面反映产品材料费的构成情况。

2.分析指标的实际数与基期数，列出两个关系式或指标体系，确定计算对象

分析计算对象就是两个指标的差额，即实际指标与基期指标的差额。个因素变动对所要分析的经济指标完成情况产生影响的合计数，应与该分析对象相等。

3.确定各因素的替代顺序

在确定经济指标因素的组成时，其先后顺序就是分析时的替代顺序。在确定替代顺序时，应从各个因素相互依存的关系出发，使分析的结果有助于分清经济责任。

替代因素排列的顺序一般按以下原则进行：

(1)如果计算公式由乘法构成，必须数量指标在先、质量指标在后，必须保持指标的内在经济联系。

(2)如果计算公式由除法构成，先替代分母因素，再替代分子因素。

(3)如果计算公式由加减法构成，直接比较。

(4) 如果计算公式由四则运算构成，先替代分母上的连乘因素，再替代分子上的连乘因素。

4.连环顺序替代，计算替代结果

该方法是以基期为基础，用实际指标体系中的各个因素逐步替换。每次用实际数替换基数指标中的一个因素，就可以计算出一个指标。每次替换后，实际数保留下来，有几个因素就替换几次，就可以得出几个指标。在替换时要注意替换顺序，应采取连环的方式，不能间断，否则，计算出来的各因素的影响程度之和，就不能与经济实际数与基期数的差额(即分析对象)相等。

5.比较各因素的替代结果，确定各因素对分析指标的影响程度

该方法是将每次替代所得到的结果与这一因素替代前的结果进行比较分析，其差额就是这一因素变动对经济指标的影响程度。

6.检查分析结果

例如,G 代表要分析的物流成本指标,A、B、C 分别代表指标的影响因素,下标 2 代表本期;下标 1 代表基期。则有:

基期成本:$N_1=A_1\times B_1\times C_1$

实际成本:$N_2=A_2\times B_2\times C_2$　　差异额:$G=N_2-N_1$

第一次替换:$A_2\times B_1\times C_1=N_3$　　$N_3-N_1=A$ 变动的影响

第二次替换:$A_2\times B_2\times C_1=N_4$　　$N_4-N_3=B$ 变动的影响

第三次替换:$A_2\times B_2\times C_2=N_2$　　$N_2-N_4=C$ 变动的影响

综上所述,可得 $G=A+B+C=N_2-N_1$

知识链接

因素替代法的特点

因素替代法有一定的局限性,在运用时应注意它的如下特点:

1.替代的顺序性。替代因素时,必须按照各因素的依存关系,排列成一定的顺序并依次替代,不可随意地加以颠倒,否则就会出现不同的计算结果。一般而言,确定正确排列因素替代程序的原则是,按分析对象的性质,从诸多因素相互依存的关系出发,并使分析结果有助于分清责任。

2.替代的连环性。连环替代法是严格按照各因素的排列顺序逐次以一个因素的实际数替换其基数。除第一次替换外,每个因素的替换都是在前一个因素替换的基础上进行的。

3.结果的假设性。运用这一方法在测定某一因素影响时,是以假定其他因素不变为条件的。

实例 7-1

厦门中外运物流有限公司经过 2022 年 5 月份成本差异分析和工作调整,6 月份实际材料成本数据较该年计划数有了明显改善。6 月份材料数据如表 7-1 所示。请利用因素分析法对 6 月份材料成本实际数与计划数进行分析比较。

解析:

表 7-1　6 月份材料费有关资料

指标	计划	6 月份
材料费用/元	80 000	61 600
产品产量/件	2 000	2 200
材料单耗/千克	8	7
材料单价/元	5	4

计划材料费＝计划产品产量×计划材料单耗×计划材料单价

实际材料费＝实际产品产量×实际材料单耗×实际材料单价

计划材料费:2 000×8×5＝80 000(元)

实际材料费:2 200×7×4＝61 600(元)

差异总额是：61 600－ 80 000＝－18 400(元)

替代第一因素产量:2200×8×5＝88 000(元)

产量变动影响:88 000－80 000＝8 000(元)

替代第二因素单耗:2 200×7×5＝77 000(元)

单耗变动影响:77 000－88 000＝－11 000(元)

替代第三因素单价:2 200×7×4＝61 600(元)

单价变动影响:61 600－77 000＝－15 400(元)

各因素造成物流总成本变动的差异总额为:8 000－11 000－15 400＝－18 400(元)

分析:由于技术工人操作水平进步了,有效提高了工作效率,6月份物流流通加工数量提高,使成本上升8000元;技术工人熟练程度提高了,致使平均每件货物加工所消耗的材料数量降低了,有效地节约了成本11000元;由于材料采购价格下降使成本节约了15400元;6月份材料总成本实际数比计划数节约了18400元。

任务小结

成本分析的主要方法有指标对比法和因素分析法,本任务重点学习了因素分析法。因素分析法是根据因素之间的内在依存关系,依次测定各因素变动对经济指标差异影响的一种分析方法,通过对过去企业物流成本变动规律的了解,正确评价企业物流成本计划的执行结果,揭示物流成本升降变动的原因,为制定物流成本决策提供重要依据。

任务二　物流成本预测

学习内容

1.物流成本预测的概念;

2. 物流成本预测的分类;

3. 物流成本预测的步骤;

4.物流成本预测的方法。

学习目标

1.准确把握物流成本预测概念,了解其步骤、理解并掌握其计算方法;

2.能够应用物流成本预测方法对物流成本进行预测。

案例导入

为了对未来的物流成本水平及其变动趋势做出科学的估计，厦门中外运物流有限公司将物流部门管理人员和基层职工代表召集到一起，针对公司接下来的发展计划进行讨论和分析，并在综合考虑各方意见的基础上，对公司下个季度的物流成本状况做出初步预测。

为了使预测结果更为精确，小林决定采用定性和定量预测相结合的方法，在往期物流成本数据的基础上，预测厦门中外运物流有限公司下个季度的物流成本状况。在综合考虑定性和定量预测的结果后，小林编制了一份详细的物流成本预测报告。

课前思考

1.什么是物流成本预测？

2.物流成本预测有什么样的意义？

知识学习

一、物流成本预测的概念

所谓预测就是人们对某一不确定的或未知事件的估计和表述。而物流成本预测是指依据物流成本与各种技术经济因素的依存关系，结合发展前景及采取的各种措施，利用一定的科学方法，对未来期间的物流成本水平及其变化趋势做出科学的推测和估计。

物流成本预测是物流成本决策、物流成本预算和物流成本控制的基础，可以提高物流成本管理的科学性和预见性。在物流成本管理的多个环节都存在物流成本预测的问题，如运输成本预测、仓储成本预测、装卸搬运成本预测、配送成本预测等。

物流成本预测能使企业对未来的物流成本水平及其变化趋势做到“心中有数”，并能与物流成本分析一起为企业成本决策提供科学的依据，以减少物流成本决策中的主观性和盲目性。

物流成本预测是物流成本管理的起点，对于把握未来物流成本发展变化方向、妥善安排资金有重要的作用，对于挖掘降低物流成本潜力，提高经济效益以及正确进行物流活动都具有十分重要的意义。

二、物流成本预测的分类

1.按照预测的期限分类

按照预测的期限，物流成本预测可以分为长期预测和短期预测。长期预测指对一年以上期间进行的预测，如三年或五年；短期预测指一年以下的预测，如按月、按季或按年。

2.按预测的内容分类

按预测的内容，物流成本预测可以分为制订计划或方案阶段的物流成本预测、在计划实施阶段的物流成本预测。

3.按物流不同功能环节分类

按物流的不同功能环节，物流成本预测可以分为运输成本预测、仓储成本预测、装卸搬运成本预测、流通加工成本预测、包装成本预测、配送成本预测等。

三、物流成本预测的步骤

物流成本预测的对象通常是随机的，与物流成本预测对象相联系的。各物流功能环节影响因素错综复杂，预测不同功能环节的物流成本，其背景也不同，应该采取不同的预测方法和手段。为了保证预测结果的客观性与准确性，进行物流成本预测时，通常应该遵循以下五个步骤：

1.确定预测目标

进行物流成本预测，首先要有一个明确的目标。物流成本预测的目标又取决于企业对未来的生产经营活动所欲达到的总目标。物流成本预测目标确定之后，便可明确物流成本预测的具体内容。

2.搜集预测资料

物流成本指标是一项综合性指标，涉及企业的生产技术、生产组织和经营管理等各个方面。在进行物流成本预测前，必须尽可能全面地收集相关的资料，并应注意去粗取精、去伪存真。

3.建立预测模型

在进行预测时，必须对已收集到的有关资料，运用一定的数学方法进行科学的加工处理，建立科学的预测模型，借以揭示有关变量之间的规律性联系。数学模型一般是带有参数的。需要针对建立的数学模型进行相应参数的估计（利用收集到的数据样本），最终识别和确认所选用的具体数学模型。

4.模型检验

以历史资料为基础建立的预测模型可能与未来的实际状况有一定的偏差，且数量方法本身就有一定的假定性，因此必须采用一些科学方法对预测的结果进行综合的分析判断，对存在的偏差及时予以修正。针对具体数学模型进行合理性检验、误差检验等。如有必要，还需回到第 3 步。

5.预测与结果分析

运用前面建立的数学模型，使用有关物流预测对象的数据样本做出预测，并在有关经济理论的基础上做出合理分析和解析。

四、物流成本的预测方法

物流成本预测的方法很多，它随预测对象和预测期限的不同而各有所异，但总体来看，基本方法包括定性预测方法和定量预测方法。

在实际应用中，定性预测方法与定量预测方法并非相互排斥，而是相互补充的，即在定量分析的基础上，考虑定性预测的结果，综合确定预测值，从而使最终的预测结果更加接近实际。

定性预测方法也称主观预测方法，它简单明了，不需要数学公式。它的依据是来源不明的各种主观意见。定性预测方法包括德尔菲法、一般预测、市场调研、小组共识、历史类比等。

定量预测方法也称统计预测法，其主要特点是利用统计资料和数学模型来进行预测。定量预测方法按照成本预测模型中成本与相应变量的性质不同又可分为趋势预测方法和因果预测方法两类。趋势预测方法是按照时间顺序排列有关的历史成本资料，运用一定的数学方法和模型进行加工计算并预测的各类方法，具体包括简单平均法、加权平均法和指数平滑法等。这类方法承认事物发展规律的连续性，将未来视为历史的自然延续，因此又称为外推分析法。与趋势预测方法不同，因果预测方法是根据成本与其相关因素之间的内在联系，建立数学模型并进行分析预测的各种方法，具体包括投入产出分析法、回归分析法、经济计量模型等。这类方法的实质是利用事物内部因素发展的因果关系来预测事物发展的趋势。预测方法的种类见表 7-2。

表 7-2　常见的预测方法

预测方法的种类		预测方法
定性预测		一般预测法 市场调研法 小组共识法 历史类比法 德尔菲法
定量预测	时间序列分析法	简单算术平均法 加权算术平均法 简单移动平均法 加权移动平均法 指数平滑法
	因果关联分析	回归分析法 经济计量模型法 投入/产出法

五、物流成本预测定量预测常用的方法

1.算术平均法

算术平均法包括简单算术平均法和加权算术平均法。加权算术平均法是采用各种权数算得平均数作为加权算术平均数，它可以以自然数作权数，也可以以数据出现的次数作权数或根据实际情况确定权数，所求平均值即测定值。简单算术平均法可看做加权算术平均法的特例，即各期权数都为 1。

预测期成本＝(∑历史各期成本×该期权数)/各期权数之和

实例 7-2

厦门中外运物流有限公司 2022 年 1—6 月的物流成本分别为 350 万、346 万、358 万、360 万、355 万、370 万元。试用算术平均法预测该企业 2022 年 7 月份的物流成本。

解析：

(1) 简单算术平均法：

该企业 2013 年 7 月份的物流成本的算术平均数是：

(350＋346＋358＋360＋355＋370)/6＝356.5(万元)

因此，预测 7 月份的物流成本是 356.5 万元。

说明：简单算术平均法主要适用于观察变量不呈现明显倾向变化，而在现实中经济数据常常有一定时间趋势等特征，因此其局限性是明显的。

(2) 加权算术平均法：

假如给予观察值相应的权数依次为：1、2、3、4、5、6，用加权平均法预测的 7 月份物流成本是：

(1×350＋2×346＋3×358＋4×360＋5×355＋6×370)/(1＋2＋3＋4＋5＋6)≈359.57(万元)

加权算术平均法考虑了近期的物流成本对预测影响较大而给予较大权数，这样可能更符合实际。运用加权算术平均法的关键在于确定适当的权数。

2.简单移动平均法

简单移动平均法是指对由移动期数的连续移动所形成的各组数据，使用算术平均法计算各组数据的移动平均值，并将其作为下一期预测值。

简单的移动平均的计算公式如下：

$$F_t=\frac{A_{t-1}+A_{t-2}+A_{t-3}+\cdots+A_{t-n}}{n}$$

式中：F_t 为对下一期的预测值；

n 为移动平均的时期个数；

A_{t-1} 为前期实际值；

A_{t-2}、A_{t-3} 和 A_{t-n} 分别表示前两期、前三期直至前 n 期的实际值。

实例 7-3

以实例 7-2 为例，当 $n=3$ 时，运用简单移动平均法预测该企业 2022 年 7 月份的物流成本。

解析：

表 7-3 简单移动平均法的物流成本预测示例

月份	实际物流成本/万元	$n=3$ 的预测量
1	350	
2	346	
3	358	
4	360	(358+346+350)/3=351.33
5	355	(360+358+346)/3=354.67
6	370	(355+360+358)/3=357.67
7		(370+355+360)/3=361.67

3.加权移动平均法

加权移动平均法是根据同一个移动段内不同时间的数据对预测值的影响程度，分别赋予不同的权数，然后再进行平均移动以预测未来值。

加权移动平均法赋予近期数据较大的权数，赋予较远的数据较小的权数，这样来弥补简单移动平均法的不足。

加权移动平均法的计算公式如下：

$$Y_{n+1}=\frac{\sum_{i=1}^{n}Y_i \times X_i}{\sum_{i=1}^{n}X_i}$$

式中：

Y_{n+1} 为第 $n+1$ 期加权平均预测值；

Y_i 为第 i 期实际值；

X_i 为第 i 期的权数(权数的和等于 1)；

n 为期数。

用加权移动平均法求预测值，对近期的趋势反应较敏感，但如果一组数据有明显的季节性影响时，用加权移动平均法所得到的预测值可能会出现偏差。因此，有明显的季节性变化因素存在时，最好不要加权。

实例 7-4

以例实例 7-2 为例，当 $n=3$ 时，取 $X_1=1/6$，$X_2=2/6$，$X_3=3/6$，运用加权移动平均法预测该企业 2022 年 7 月份的物流成本。

解析：

表 7-4 加权移动平均法的物流成本预测示例

月份	实际物流成本/万元	$n=3$ 的预测量
1	350	
2	346	
3	358	
4	360	358×3/6+346×2/6+350×1/6=352.67
5	355	360×3/6+358×2/6+346×1/6=357
6	370	355×3/6+360×2/6+358×1/6=357.17
7		370×3/6+355×2/6+360×1/6=363.33

4.指数平滑法

指数平滑法是生产预测中常用的一种方法。也用于中短期经济发展趋势预测，所有预测方法中，指数平滑是用得最多的一种。简单的全期平均法是对时间数列的过去数据一个不漏地全部加以同等利用；移动平均法则不考虑较远期的数据，并在加权移动平均法中给予近期资料更大的权重；而指数平滑法则兼容了全期平均和移动平均所长，不舍弃过去的数据，但是仅给予逐渐减弱的影响程度，即随着数据的远离，赋予逐渐收敛为零的权数。

也就是说指数平滑法是在移动平均法基础上发展起来的一种时间序列分析预测法，它是通过计算指数平滑值，配合一定的时间序列预测模型对现象的未来进行预测。其原理是任一期的指数平滑值都是本期实际观察值与前一期指数平滑值的加权平均。

简单指数平滑法的公式如下：

$$F_n=F_{n-1}+\alpha(D_{n-1}-F_{n-1})$$

式中：

F_n 为新一期的指数平滑预测值；

F_{n-1} 为上一期的预测值；

D_{n-1} 为上一期的实际需求；

α 为平滑常数（$0<\alpha<1$）。

在指数平滑法的计算中，关键是 α 的取值大小，但 α 的取值又容易受主观影响，因此合理确定 α 的取值方法十分重要，一般来说，如果数据波动较大，α 值应取大一些，可以增加近期数据对预测结果的影响。如果数据波动平稳，α 值应取小一些。

实例 7-5

根据表 7-5 给出的数值,用指数平滑法进行预测。

解析:

表 7-5 指数平滑法的物流成本预测示例

月份	实际物流成本/万元	指数平滑法	
		$\alpha=0.1$	$\alpha=0.5$
1	3 000		
2	2 879	3 000	3 000
3	3 121	2 988	2 940
4	2 865	3 001	3 031
5	2 867	2 987	2 940
6	3 100	2 975	2 904

5.一元线性回归预测法

回归分析法是通过对观察值的统计分析来确定它们之间的联系形式的一种有效的预测方法。从量的方面来说,事物变化的因果关系可以用一组变量来描述,因为因果关系可以表述为变量之间的依存关系,即自变量与因变量的关系。运用变量之间这种客观存在着的因果关系,可以使人们对未来状况的预测达到更加准确的程度。线性回归分析法包括一元线性回归预测法、二元线性回归预测法和多元线性回归预测法。

变量间最简单的相关关系,就是线性相关关系。一元线性回归预测法是回归分析预测法中最简单的关于两个变量间线性相关关系的预测法。

用一元线性回归预测法时,首先要确定自变量 x 与因变量 y 之间是否线性相关及其相关程度,判别的方法主要有散布图法与相关系数法。所谓散布图法,就是将有关的数据绘制成散布图,然后依据散布图的分布情况判断 x 与 y 之间是否存在线性关系;所谓相关系数法,就是通过计算相关系数 r 判别 x 与 y 之间的关系。

在确认因变量与自变量之间的线性关系后,便可以建立回归线性方程:

$$y=a+bx$$

式中:y 为要求解的因变量;

a 为 y 轴截距;

b 为斜率;

x 为自变量,在时间序列分析中,x 代表时间单位。

根据最小二乘法原理,可求得 a、b:

$$b=\frac{n\sum x_i y_i-\sum y_i\sum x_i}{n\sum x_i^2-\sum x_i\sum x_i}$$

$$a=\frac{\sum y_i-b\sum x_i}{n}$$

实例 7-6

厦门中外运物流有限公司下半年某项物流业务成本资料见 7-6。

表 7-6 成本资料

月份	物流业务量/小时	物流成本/元
7	6.5	120
8	8.5	130
9	5	110
10	8	130
11	10	140
12	6	125

假设第二年 1 月份物流业务量为 13 小时，请预测该项物流业务的成本。

解析：

为了便于计算，先对资料进行以下处理，见表 7-7。

表 7-7 计算表

月份	物流业务量 x/小时	物流成本 y/元	xy	X^2
7	6.5	120	780	42.25
8	8.5	130	1105	72.25
9	5	110	550	25
10	8	130	1040	64
11	10	140	1400	100
12	6	125	750	36
$n=6$	$\sum x=44$	$\sum y=755$	$\sum xy=5625$	$\sum x^2=339.5$

$$b=\frac{n\sum x_i y_i-\sum y_i\sum x_i}{n\sum x_i^2-\sum x_i\sum x_i}=\frac{6\times5625-44\times775}{6\times339.5-44\times44}=-3.47(\text{元/小时})$$

$$a=\frac{\sum y_i-b\sum x_i}{n}=\frac{755-(-3.47)\times44}{6}=151.28(\text{元})$$

根据上述计算结果，采用回归预测法计算出该项物流业务成本的直线方程为：

$$y=151.28-3.47x$$

第二年 1 月份物流业务量为 13 小时的情况下，物流业务成本为：

$$y=151.28-3.47\times13=106.17(\text{元})$$

任务小结

物流成本预测的基本方法有定性预测方法和定量预测方法，本任务重点学习定量预测方法。定量预测方法主要有时间序列分析法和因果关联分析法，时间序列分析法包括简单算术平均法、权算术平均法、简单移动平均、加权移动平均、指数平滑等；因果关联分析法包括回归分析、经济计量模型和投入/产出法等。

任务三　物流成本决策

学习内容

1.物流成本决策的含义和意义；

2.物流成本决策的步骤；

3.物流成本决策的方法；

4.量本利分析法。

学习目标

1.了解物流成本决策的含义和意义，熟悉物流成本决策的步骤和方法；

2.能够利用量本利分析法进行物流成本决策。

案例导入

根据厦门中外运物流有限公司物流成本预测结果，小林制订了三份物流成本管理备选方案，并以报告的形式将方案递交给公司经理王总审阅。

在报告中，小林采用量本利分析法仔细分析了公司在采用不同方案时可能出现的盈亏平衡点、目标利润率下的营业量等指标，让王总对各方案有了初步的理解。王总最后选择了在当前市场条件下更易实施的方案。

课前思考

1.什么是物流成本决策？物流成本决策的目的是什么？

2.物流成本决策的意义有哪些？

知识学习

一、物流成本决策的含义

物流成本决策是指根据物流成本分析与物流成本预测所得的相关数据、结论及其他资料运用定性与定量的方法，选择最佳成本方案的过程。具体说来，就是以物流成本分析和预测的结果等为基础建立适当目标，拟订几种可以达到该目标的方案，根据成本效益评价从这几个方案中选出最优方案的过程。

二、物流成本决策的重要性

随着市场经济的不断发展，物流成本决策对于企业的生存和发展有着越来越重要的作用。

1.物流成本决策是企业管理体制改革的客观要求

企业自主经营、自负盈亏的性质决定了企业必须对经营结果负责，对企业自身与广大员工负责，在物流过程中势必要做出正确的决策。没有这一点，且不说发展，即使生存也要受到威胁。

2.物流成本决策是企业提高经济效益的迫切需要

企业为了增强自身的竞争能力和适应能力，必须不断研究改进物流过程和降低物流成本的方法，不断提高经济效益，并从中求得发展。严格地讲，这一切部有赖于科学的物流成本决策。

3.物流成本决策是企业内外部环境条件变化的必然结果

一方面，随着生产的社会性越加强烈，企业外部环境条件处于急剧的变化之中，为了适应这种形势，必须从节约资金的角度来规划企业的活动；另一方面，生产的高技术与大规模越来越明显，生产投资额不断升高，耗费也日显巨大。因此，企业应对自身的物流活动进行合理控制，而这又要依赖于物流成本决策。

4.物流成本决策是现代化成本管理的重要特征

近年来，管理科学的进步已对成本管理产生了重大影响，人们已经认识到，单一的计划管理和行政手段远远不能满足现代化生产经营管理的需要。应用新理论，采取新方法，更新传统的成本管理方式也就顺理成章，在目前阶段，这种更新最显示出必要并确有可能的莫过于实施成本决策了，这也是现代化成本管理的重要标志。

三、物流成本决策的步骤

1.收集有助于决策的相关资料

搜集与进行该项物流成本决策有关的所有成本资料及其他资料，是决策是否可靠的基础。一般讲来，全面、真实、具体是这种搜集工作的基本要求。若做不到这些，决策便很难保证正确可信。

2.拟订可行性方案

物流成本决策的可行性方案就是指保证成本目标实现，具备实施条件的措施。进行决策，必须拟订多个可行方案，才能从比较中择优。换言之，一个成功的决策应该有一定数量(当然应各自具备一定的质量)的可行性方案作为保证。拟订可行性方案时，一般应把握两个基本原则：一是保持方案的全面完整性，二是满足方案之间的互斥性。当然，在实际工作中，这些原则可以根据具体情况灵活掌握应用。

3.做出选优决策

对各种可行性方案，应在比较分析之后根据一定的标准，采取合理的方法进行筛选，做出成本最优化决策。对可行性方案的选优决策主要应把握两点：一是确定合理的优劣评价标准，包括成本标准和效益标准；二是选取适宜的抉择方法，包括定量方法和定性方法。

四、物流成本决策的方法

1.以物流总成本最低为依据的决策方法

以物流总成本最低为依据的决策方法是指在物流系统所要提供的客户服务水平既定的前提下，对各类物流成本进行权衡，将能够实现其他物流成本之和最小的方案作为最佳方案。

通过物流成本分析，企业可以发现哪些物流成本过高及存在的问题，并可以采取相应的手段与措施来降低该成本。但是，由于各类物流成本之间存在背反关系，一类物流成本的下降往往以其他几类物流成本的上升为代价，因此在进行物流成本决策时，绝不能只关注某一类物流成本，而是必须要在物流成本预测的基础上，将各类物流成本综合在一起加以考虑，以物流总成本最低作为方案取舍的标准。同样，当企业为了适应市场需要，要在物流运作方面进行某些改变时，也应当以物流总成本最低作为方案取舍的标准。

(1)物流成本与客户服务之间的关系

物流系统的目标就是向客户提供适当的物流服务。在物流管理中，“适当”的观点很重要，因为没有一个物流系统既可以做到提供最高的客户服务水平，使客户的满意程度最高，又可以做到狭义物流成本之和最低。而这一点正说明了客户服务水平与物流成本之间的关系。

物流客户服务水平是影响客户购买和连续购买的关键因素，也是企业用来吸引潜在客户的有效手段，最佳的物流客户服务水平可以创造客户满意与客户信任，减少现有客户与潜在客户的流失。然而，客户服务水平的提高要求有大量的存货、快捷的运输、充分的仓容和高效的订单处理，这必然要增加物流成本。而降低物流成本，又必然会导致客户服务水平的降低。客户服务水平与物流成本之间的关系，如 7-1 所示。

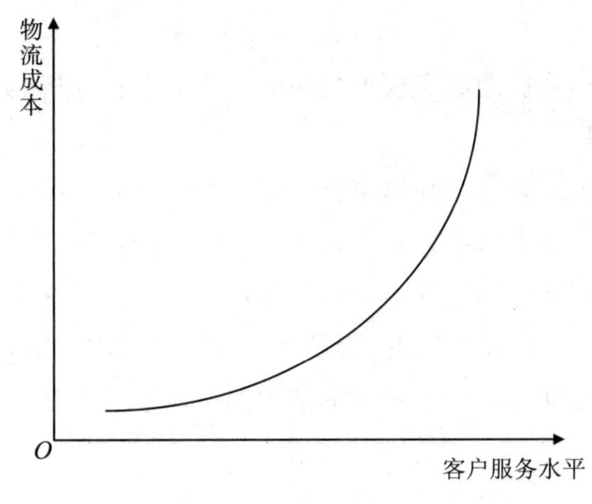

图 7-1 客户服务水平与物流成本之间的关系

一般来说，随着物流客户服务水平的提高，物流成本将加速增长。

(2)各类物流成本之间的背反关系

各类物流成本之间有着密切的关系，总的说来就是悖反关系，即一类物流成本的下降，往往以其他几类物流成本的上升为代价。物流成本之间的背反关系决定了企业管理层在进行物流决策时，必须要在各种物流成本之间进行权衡，并以实现既定服务水平条件下的物流总成本最小作为选择物流运作方案的依据。

2.通过差量分析法进行物流成本决策

通过差量分析法进行物流成本决策就是计算不同被选方案下，物流总成本的数值，将总成本最低的那个方案作为最终的方案。

差量分析法还有一种变形，就是当企业想要实施某一方案时，可以计算实施该方案后，有哪些物流成本会下降，下降的数值是多少；有哪些物流成本会上升，上升的数值是多少；如果上升的成本数值低于下降的成本数值，则该方案可取。

3.利用数学模型进行物流成本决策

(1)经济订货批量模型(EOQ)的基本概念

经济订货批量(EOQ)模型是最经典的通过物流成本权衡，以物流总成本最小为依据，进行物流成本决策的数量模型。它来源于运筹学中的存储论，用于进行存储决策。

(2)经济订货批量模型(EOQ)见项目四，此处不再重复。

4.利用量本利分析法进行物流成本决策

(1)量本利分析法的基本原理与相关概念

量本利分析(VCP 分析)又称本量利分析(CVP 分析)，是成本—业务量—利润关系分析的简称。作为一种定量分析方法，量本利分析能在变动成本计算模式的基础上，以数学模型与图形来揭示固定成本、变动成本、营业量、单价、营业额、利润等变量之间内在的规律性联系，从而为预测和决策规划提供必需的财务信息。

量本利分析所考虑的因素主要包括固定成本 a 、单位变动成本 b、营业量 x、单价 p、营业额 px 和营业利润 P 等。这些变量之间的关系表示为：

$$P=px-(a+bx)=(p-b)x-a$$

上式是建立量本利分析的数学模型的基础，是量本利分析的基本公式。

(2)量本利分析图

为了使量本利分析的思想更加形象化，实践中常常会使用到量本利分析图。所谓量本利分析图就是在平面直角坐标系上，使用解析几何模型反映量本利关系的图像。量本利分析图不但能够反映固定成本、变动成本、营业量、营业额和盈亏平衡点、亏损区和利润区，而且还可以反映贡献边际、安全边际及其相关范围，甚至可以提供单价、单位变动成本和单位贡献边际的水平。最基本的量本利分析图如图 7-2 所示。

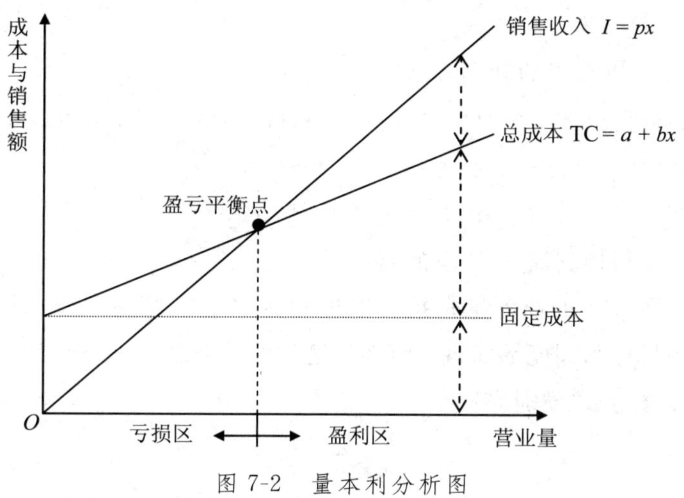

图 7-2 量本利分析图

(3)通过物流作业的量本利分析,可进行的物流成本决策

对某项物流作业进行量本利分析，可以帮助企业进行以下几个方面的决策：

①对物流业务量(额) 的决策

A.确定物流作业的盈亏平衡点

所谓物流作业的盈亏平衡点，就是指物流作业在一定时期内的收入与成本相等。既没有盈利也不亏损，利润额为零。当企业的物流作业业务量(额) 低于该点时，企业在该项物流作业上会出现亏损，因此该点是企业可以接受的业务量(额) 的最低线，当业务量(额)低于该点时，企业应当拒绝该单生意。

盈亏平衡点企业利润额为零,即利润 $P=0$

$px-(a+bx)=0$

$(p-b)x=a$

盈亏平衡点业务量 $x_0=a/(p-b)$

盈亏平衡点营业收入 $y_0=px_0$

B.评价物流经营安全程度

当物流作业的业务量(额) 超过盈亏平衡点以后，企业还要对物流经营的安全程度进行评价。当安全度较低时现有业务量与盈亏平衡点差距较小，企业也需要采取相应措施提高业务量(额)，以保证物流经营的安全性。

安全边际指标包括：

安全边际量:$MS_{量}=x-x_0$

安全边际额:$MS_{额}=y-y_0$

安全边际率:$MSR=(x-x_0)/x=(y-y_0)/y$

欧美企业的安全边际指标：

$MSR<10\%$:危险状态

$10\%<MSR<20\%$:警示

$20\%<MSR<30\%$:比较安全

30%＜MSR＜40%：安全

② 确定企业可以获得的利润额

通过量本利分析公式，企业可以计算出在目前经营状态下，可以从该项物流作业中获取多少利润(P)，用公式表示为：

$$P=px-(a+bx)$$

③确定企业在目标利润率 P 下的营业量

实现目标利润(P)的业务量是指在单价和成本水平保持不变的情况下，为保证预先已经确定的目标利润能够实现，而必须达到的营业量(x_2)和营业额(y_2)的统称。

x_2和 y_2的计算公式分别为：

$$x_2=\frac{a+P}{p-b}$$

$$y_2=\frac{a+P}{p-b}\times b$$

④实现目标利润的前提下，确定物流作业单价

利用量本利分析的基本公式，企业还可以计算出其他要素不变时，为实现目标利润，物流作业的单价(p)的大小。具体计算公式为：

$$p=\frac{P+bx+a}{x}$$

⑤实现目标利润的前提下，确定物流作业成本水平

当其他要素一定时，企业有时需要通过量本利分析来确定，将该项物流作业成本控制在什么水平才能实现企业既定的目标利润？利用量本利分析的基本公式，可以计算出固定成本(a)与单位变动成本(b)的数值，其计算公式为：

$$a=px-bx-P=(p-b)x-P$$

$$b=\frac{px-a-P}{x}=p-\frac{a+P}{x}$$

实例 7-7

厦门中外运物流有限公司运输部门依据历史数据分析，确定单位变动成本为150 元/千吨公里，固定成本总额为 20 万元，营业税率为 3%，下月预计货物周转量5 000千吨公里，单位运价为 200 元/千吨公里。请分析：

(1)在该单位运价下，运营业务量是否可以盈利？盈亏为多少？

(2)如果预测下月业务量只有 4 000 千吨公里，则单位运价至少为多少才能保本？

(3)为确保下月盈利 30 000 元，在成本和单价不变情况下，业务量要达到多少？

解析：

(1)利润：P =营业额－营业税－成本

$=px(1-t)-(a+bx)$

$=200\times5\,000\times(1-3\%)-(200\,000+150\times5\,000)$

$=970\,000-950\,000$

$=20\,000$(元)

所以，在该单位运价下，运营该业务量企业可以盈利，利润为20 000元。

(2)$P=px(1-t)-(a+bx)$

保本时，P=0，即

$0=4\,000\times(1-3\%)p-(200\,000+150\times4\,000)$

$3\,880p=800\,000$

$p=206.19$(元/千吨公里)

所以，在业务量只有4 000千吨公里下，单位运价至少为206.19元/千吨公里才能保本。

(3)$P=px(1-t)-(a+bx)$

盈利30 000元时，$P=30\,000$

$30\,000=200\times(1-3\%)x-(200\,000+150x)$

$44x=230\,000$

$x=5\,227.27$(千吨公里)

所以，为确保下月盈利30 000元，在成本和单价不变情况下，业务量至少要达到5 227.27千吨公里。

任务小结

物流成本决策是指根据物流成本分析与物流成本预测所得的相关数据、结论及其他资料运用定性与定量的方法，选择最佳成本方案的过程。物流成本决策的方法主要有多种，其中利用量本利分析进行物流成本决策是本任务学习的重点成本决策方法。

项目小结

本项目主要对物流成本的分析、物流成本预测与物流成本决策进行认知和学习，通过学习，能够把握物流成本分析概念，了解物流成本分析内容，掌握物流成本分析的方法，并重点掌握因素分析法的应用。理解物流成本预测的概念及其步骤，掌握并学会应用物流成本预测的计算方法。了解物流成本决策的含义，理解物流成本决策的步骤和方法，能应用量本利分析法进行物流成本决策。

教学分享

1.学习课时：建议6课时(其中理论学习3课时,实践3课时)

2.教学方法

建议采用讲解、体验式教学(包括视频资料学习、参访物流企业、网络平台的资源学习等)、小组讨论、实践教学等方式方法。应把握的知识重点包括物流成本分析方法、物流成本预测方法、物流成本决策方法。

3.学习环境要求

(1)学习场地：① 多媒体教室；

② 典型物流企业。

(2)学习资料：①物流成本实训软件；

②视频资源；

③课程网络资源。

课后习题

一、单项选择题

1.(　　)又称比较法,是通过将相互关联的物流成本指标进行对比来确定数量差异的一种方法。

A. 指标对比法　　B. 相关分析法　　C. 因素分析法　　D. 标准分析法

2.以下不属于物流成本分析内容的是(　　)。

A.评价核算结果　　B.分析原因　　C. 选优决策　　D.寻求对策

3. (　　)是根据因素之间的内在依存关系,依次测定各因素变动对经济指标差异影响的一种分析方法。

A. 指标对比法　　B.相关分析法　　C. 因素分析法　　D. 标准分析法

4.人们进行物流成本预测的前提是(　　)。

A.发展　　B.创新　　C.计划　　D.变化

5.下列物流成本预测属于主观预测方法的是(　　)。

A.时间序列分析法　B.德尔菲法　　C.回归分析法　　D.简单平均法

6.下列预测方法中属于统计预测法的是(　　)。

A.回归分析法　　B.一般预测法　　C.德尔菲法　　D.历史类比法

7.对一年以下物流成本的预测属于(　　)。

A.长期预测　　B.短期预测　　C.中期预测　　D.中短期预测

8.不管采用哪种方法进行物流成本预测,首先要做的是(　　)。

A.确定预测的目标和用途

B.收集预测所需的数据

C.选择预测对象,分析决定影响需求的因素及其重要性

D.选择预测模型

9.在简单平均法的基础上,更多地考虑到近期形势的影响,据此做出预测的方法叫(　　)。

A.简单算术平均法 B.加权算术平均法 C.简单移动平均　D.加权移动平均

10.如果最近期的数据远比早期的更能预测未来,我们应该选用(　　)。

A.简单算术平均法 B.加权算术平均法 C.指数平滑法　　D.加权移动平均

11. 物流成本决策是否可靠的基础是(　　)。

A.收集有助于决策的相关资料　　B.拟订可行性方案

C.做出选优决策　　D.决策结果分析

二、判断题

1.(　　)物流成本分析就是对过去成本管理工作的回顾。

2.(　　)物流成本分析与物流成本预测是物流成本决策的基础,是为了达到降低物流成本、提高物流成本使用效益、优化物流管理的目的。

3.(　　)指标对比法可以揭示各个因素对指标变化的影响和贡献。

4.(　　)物流成本预测是物流成本决策、物流成本预算和物流成本控制的基础。

5.(　　)德尔菲法属于定量预测方法。

6.(　　)有明显的季节性变化因素存在时,也可以用加权移动平均法进行预测。

7.(　　)在运用指数平滑法进行预测时,平滑常数越大,则预测值的稳定性越好。

8.(　　)指数平滑法则兼容了全期平均和移动平均所长,不舍弃过去的数据,但是仅给予逐渐减弱的影响程度。

9.(　　)物流成本决策是指根据物流成本分析与物流成本预测所得的相关数据、结论及其他资料运用定性与定量的方法,选择最佳成本方案的过程。

10.(　　) 以物流总成本最低为依据进行决策时,可以让运输成本与库存持有成本与仓储成本同时达到最低。

三、思考题

1.简述物流成本分析的方法。

2.物流成本分析有哪些方法。

3.物流成本预测的步骤是怎样的?

4.简述物流成本预测的方法。

5.各类物流成本之间的背反关系是怎样的?

6.如何通过差量分析法进行物流成本决策?

7.如何利用量本利分析进行物流成本决策?

技能训练

1.参观你所在地区的某企业,了解其物流成本的分析情况,并帮助该企业做一个月的物流成本分析。活动结束后分组讨论并写出调查报告。

2.通过一家物流企业的调研,写一篇物流成本预测或决策的调研报告。

3.计算题

(1)厦门中外运物流有限公司2022年的燃料耗用资料见表7-7。请利用因素分析法对2022年燃料成本实际数与计划数进行分析比较。

表7-7 8月份燃料耗用有关资料

指标	计划	2022年
燃料耗用单位成本/(元/吨千米)	0.200	0.254
货车周转量/吨千米	7777.67	8166.55
燃料耗用总成本/元	1555.53	2074.30

(2)根据表7-8的条件,用加权移动平均法(由远及近3周权重分别为1/6、2/6、3/6)计算4、5、6周的需求预测,填入①、②、③中,并写明计算过程。

表7-8 1—6周实际物流成本

单位:万元

周	实际成本	加权移动平均法($n=3$)
1	30	
2	60	
3	90	
4	120	①
5	150	②
6	180	③

(3)厦门中外运物流有限公司2022年1—6月的运输成本如下表所示,试用指数平滑法($\alpha=0.20$)进行预测,假定初始期运输成本预测为5。

表7-9 2013年1—6月运输成本

单位:十万元

月	1	2	3	4	5	6
需求	7	9	5	8	9	13

(4)厦门中外运物流有限公司每年需以单价10元购入8 000单位的库存物品。每次订货的订货成本为30元,每单位每年的储存成本为3元,求批量采购的经济批量及采购周期。

(5)运输公司依据历史数据分析,确定单位变动成本为160元/千吨公里,固定成本总额为34万元,该公司的营业税率为3%。预计计划年度1月份货物周转量为12 000千吨公里,单位运价为200元/千吨公里。请对该公司进行运输业务的本量利分析。

请分析:

①计算保本点运输周转量、保本点运输营业收入。

②运输公司 1 月份单位运价至少为多少才能保本?

③运输公司 1 月份的安全边际量、安全边际额、安全边际率为多少?

教学评价

班级__________ 学号__________ 姓名__________ 成绩__________

项目七 知识技能测评表

学习任务	分项评价指标	学生学习结果评价
任务一：物流成本分析	物流成本分析的概念	A( ) B( ) C( )
	物流成本分析的方法	A( ) B( ) C( )
	物流成本分析的内容	A( ) B( ) C( )
	因素分析法的应用	A( ) B( ) C( )
任务二：物流成本预测	物流成本预测的概念	A( ) B( ) C( )
	物流成本预测的分类	A( ) B( ) C( )
	物流成本预测的步骤	A( ) B( ) C( )
	物流成本预测的方法	A( ) B( ) C( )
任务三：物流成本决策	物流成本决策的含义	A( ) B( ) C( )
	物流成本决策步骤	A( ) B( ) C( )
	物流成本决策的方法	A( ) B( ) C( )
	本量利分析法	A( ) B( ) C( )
学生自我评价：		
学生对教学有何建议：		
教师总体评价： 年 月 日		

说明：在( )中打√，A表示理解掌握，B表示基本理解掌握，C表示未理解掌握。

◆ 项目八 ◆
物流成本控制

知识目标

1.了解物流成本控制的含义和分类、目标成本法的含义和特点、标准成本法的含义和分类；

2.理解物流成本控制的原则和步骤；

3.掌握物流目标成本的确定和分解、标准成本的制定。

技能目标

1.能够应用物流成本控制原理制订企业物流成本控制方案；

2.能够应用目标成本法对物流成本进行控制；

3.能够应用标准成本法对物流成本进行控制。

思政目标

1.培养物流成本管理的意识；

2.培养工匠精神；

3.树立建设物流强国的信念。

任务一　物流成本控制概述

学习内容

1.物流成本控制含义与分类；

2.物流成本控制原则与步骤。

学习目标

1.准确把握物流成本控制概念，了解其分类；

2.能够应用物流成本控制原理制订企业物流成本控制方案。

案例导入

中国物流成本高在哪里？怎么降？

在2023年5月26日举行的第十三届中国物流投融资大会暨第二届成渝地区供应链发展大会上，十二届全国人大财经委副主任委员、重庆市原市长黄奇帆指出，国内的物流大循环有一个关键的问题始终困扰着我们，那就是物流运输的总费用占GDP的比重偏高的问题。

根据国家统计局数据，2022年，我国社会物流总费用占GDP的比重为14.7%，与2015年的16.0%相比，下降了1.3个百分点。但横向来看，该指标不仅高于美国（约7%）、欧盟（约6%），与东盟10国的约10%相比，也高出近5个百分点。

"5个百分点就是6万亿。"黄奇帆说，"我们工商企业利润占GDP逾10%，大体上是十几万亿。如果把物流费用省出的6万亿转为企业利润，那企业发展就会大大加快。"

物流降本增效已箭在弦上，如何分解任务、尽快抚平与周边国家的差距？

黄奇帆分析，2022年17.6万亿社会物流总费用的构成，包括9.6万亿的物流运输费用、5万余亿的物流仓储费用，以及各种企业、部门管理成本支出费用共2万余亿。具体操作思路，也可以从这三个方面入手。

能耗

物流运输不经济，首先源于运输的货物不经济。我国现阶段工业产业结构存在物流运输量太大、能源消耗太多、废品回收循环经济不到位的问题，其中最直接的问题是作为工业产业源头的各类原材料使用占比较高。

根据数据，2022年，全球从地下开发的资源量大概为250亿吨，我国使用了130亿吨，占比大概在50%多一点，但是，我国工业产值仅为全球总值的30%。由于我国生产力还没有达到世界工业强国水平，作为工业大国消耗过多资源，这就会体现在过高的物流运输上。

除单位物资消耗较高之外，还有两个类似的问题：一方面，我国单位GDP能耗同样偏高，大约是世界平均水平的1.5倍；另一方面，废品回收能力低，特别是各种工业产品、装备、终端的回收。

黄奇帆指出，我国工业品回收率大概在10%左右，而经济发达国家通常是40%～50%，这是一座"巨大的矿山"。

在黄奇帆看来，这三方面与产业结构生产力发展目标有关，和物流系统也有关。如果能有效实现三方面优化，不仅会推动"双碳"目标圆满实现，也会大大削减社会物流总费用占比。据他测算，削减的幅度将在2～3个百分点。

运输

此外，在运输方式上也存在优化空间。

一般来说，在公、铁、水三种运输方式中，汽车运输能耗最高、每吨公里运费也最高。黄奇帆指出，汽车运输价格大致是轮船运输的5倍、铁路运输的3倍。由此，要降低成本,“应该有个公转水、公转铁的逻辑”。

但事实上,我国的铁路运输和水运均占比较低。2022年,我国全年货物运输总量为506.1亿吨,其中铁路为49.3亿吨、水路为85.5亿吨,在总货运量中的占比分别为9.7%和16.9%。

如何让低能耗、低成本的水路、铁路功能进一步发挥?

一方面,对于铁路货运,黄奇帆指向全国大量工业开发区,“所有开发区的‘七通一平’,没有‘铁路通’,应该‘八通一平’”,特别是对于千亿产值以上的工业开发区,“就该有铁路直达,装卸时直接上火车”。

由于缺少“最后一公里”的无缝对接,工厂出货要靠汽车运到火车站,两次装货卸货十分不便。也就是货装上汽车后,一些企业选择不去火车站,而是直接用公路运输,铁路运输功能没能得到很好地发挥。参照美国铁路运输占总货运20%以上的比重,“中国如果能增加10个百分点,将节省1万亿元的物流成本”。

另一方面,内河航运能力不足,主要体现在长江的航运受限。据黄奇帆分析,长江存在工程性障碍,三峡大坝的设计货运能力为14亿吨,在运行之初就已经不能满足上游运量,而到2030年、2035年,上游运量将有望达到30亿吨。面对“过坝瓶颈”,超出的运量甚至要通过汽车运输实现“翻坝”。

事实上,长江潜在运能不容小觑。黄奇帆提到,美国密西西比河相当于12条铁路运能,长江比密西西比河还要宽,但现在实际上只有6条铁路的运能。

要释放被抑制的运能有两种思路,一是在长江三峡建第二闸口,让货运能力提升一倍至28亿吨;二是打造翻坝,使长江再增加6条铁路的运能。

此外,即便是高速公路本身,也存在物流成本降低的空间。黄奇帆说,根据全球通行的规则,经营性公路在运营25～30年之后通常不再收费。如果我国大部分公路到了这个年限能够做到不收费,每年还能减掉1万～2万亿的费用。

据他测算,通过公转铁、公转水,以及高速公路收费体制机制的变化,社会物流总费用占比将有可能再降低2个百分点。

仓储

仓储费用和管理费用的下降,则有赖于新技术、新模式的运用。

黄奇帆指出,物流运输一直以来都与数字经济、数学有关,是一个关乎运筹学的系统工程。通过大数据、云计算、人工智能、区块链、移动互联网“五位一体”的智慧系统与物流相结合,可以将物流系统变成一个平台,通过智慧物流实现数字化。据黄奇帆估算,物流系统获得赋能后,产值将能提升1%～10%。

资料来源:https://baijiahao.baidu.com/s?id=1767109267018408897&wfr=spider&for=pc

课前思考

1.中国物流成本高在哪里?

2.该如何控制中国物流成本?

知识学习

一、物流成本控制的含义

物流成本控制,是指企业在物流活动过程中依据事先制定的物流成本标准,对实际发生的物流成本进行严格审核,一旦发现偏差,及时采取措施加以纠正,从而实现预定的物流成本目标。

进行物流成本控制,应根据物流成本的特性和类别,在物流成本的形成过程中,对其事先进行规划,事中进行指导、限制和监督,事后进行分析评价,总结经验教训,不断采取改进措施,使企业的物流成本不断降低。

现代物流成本控制是企业全员控制、全过程控制、全环节控制和全方位控制,是商品使用价值和价值结合的控制,是经济和技术相结合的控制。在现代企业管理中,物流成本控制占有十分重要的地位,它突破了传统物流成本管理把物流成本局限为"唯成本而成本"的研究领域,把重心转向企业整体战略这一更为广阔的研究领域。

二、物流成本控制的分类

物流成本控制是企业物流管理的一个重要手段,物流成本控制分为广义的物流成本控制和狭义的物流成本控制。广义的物流成本控制按控制的时间来划分,具体可分为物流成本事前控制、物流成本事中控制和物流成本事后控制三个环节;狭义的物流成本控制仅指物流成本事中控制。

1.物流成本事前控制

物流成本事前控制是指在物流活动或提供物流作业前对影响物流成本的经济活动进行事前的规划、审核,确定目标物流成本。它是物流成本的前馈控制。

2. 物流成本事中控制

物流成本事中控制是在物流成本的形成过程中,随时对实际发生的物流成本与目标物流成本进行对比,及时发现差异并采取相应措施予以纠正,以保证物流成本目标的实现,它是物流成本的过程控制。

物流成本事中控制应在物流成本目标的归口分级管理的基础上进行,严格按照物流成本目标对一切生产经营耗费随时随地进行检查审核,把可能产生损失浪费的苗头消灭在萌芽状态,并且把各种成本偏差的信息 及时反馈给有关的责任单位,以利于及时采取纠正措施。

3.物流成本事后控制

物流成本事后控制是在物流成本形成之后,对实际物流成本的核算、分析和考核。它是物流成本的后馈控制。

物流成本事后控制通过实际物流成本和一定标准的比较，确定物流成本的节约或浪费,并进行深入的分析，查明物流成本节约或超支的主客观原因，确定其责任归属，对物流成本责任单位进行相应的考核和奖惩。通过物流成本分析，为日后的物流成本控制提出积极改进意见和措施，进一步修订物流成本控制标准，改进各项物流成本控制制度，以达到降低物流成本的目的。

物流成本的事中控制主要是针对具体各个物流成本费用项目进行实地实时的分散控制,而物流成本的综合性分析控制，一般要在事后才可能进行。物流成本事后控制的意义并不是消极的，大量的物流成本控制工作有赖于物流成本事后控制来实现。从某种意义上讲，控制的事前与事后是相对而言的，本期的事后控制也就是下期的事前控制。

三、物流成本控制的原则

为了有效地进行物流成本控制，必须遵循以下原则。

1.经济原则

所谓经济原则指的是以较少的投入取得尽可能大的经济效果,也就是对人力、物力、财力的节省。强调效益观念,是提高经济效益的核心。因此，经济原则是物流成本控制的最基本原则。

2. 全面原则

全面原则包括全员控制、全方位控制以及全过程控制。全员控制是指物流成本控制不仅要有专职物流成本管理机构的人员参与，而且还要发挥广大职工群众在物流成本控制中的重要作用，使物流成本控制更加深入和有效。全方位控制是指物流成本控制不仅对各项费用发生的数额进行控制，而且还对费用发生的时间和用途加以控制，讲究物流成本开支的经济性、合理性和合法性。全过程控制是指物流成本控制不限于生产过程，而是从生产向前延伸到投资、设计，向后延伸到用户服务成本的全过程。

3. 责、权、利相结合原则

只有切实贯彻责、权、利相结合的原则，物流成本控制才能真正发挥其效益。显然，企业管理当局在要求企业内部各部门和单位完成物流成本控制职责的同时，必须赋予其在规定的范围内有决定某项费用是否可以开支的权力。如果没有这种权力，也就无法进行物流成本的控制。此外，还必须定期对物流成本业绩进行评价，据此实行奖惩，以充分调动各单位和职工进行物流成本控制的积极性和主动性。

4. 目标控制原则

目标控制原则是指企业管理当局以既定的目标作为管理人力、物力、财力和各项重要经济指标的基础。物流成本控制是目标控制的一项重要内容，即以目标物流成本为依据，对企业经济活动进行约束和指导，力求以最小的物流成本获取最大的盈利。

5. 重点控制原则

所谓的重点控制，简言之，就是对超出常规的关键性差异进行控制，旨在保证管理人员将精力集中于偏离标准的一些重要事项上。企业日常出现的物流成本差异往往成千上万，头绪繁杂，管理人员对异常差异实行重点控制有利于提高物流成本控制的工作效率。重点控制原则是企业进行日常控制所采用的一种专门方法，盛行于西方国家，特别是在对物流成本指标的日常控制方面应用得更为广泛。

四、物流成本控制的步骤

物流成本控制贯穿于企业生产经营的全过程，一般来讲，物流成本控制包括以下步骤。

1. 制定物流成本标准

物流成本标准是物流成本控制的准绳，是对各项物流费用开支和资源耗费所规定的数量限度，是检查、衡量、评价实际物流成本水平的依据。物流成本标准应包括物流成本计划中规定的各项指标。由于这些指标通常都比较综合，不能满足具体控制的要求，这就必须规定一系列具体的标准。确定这些标准可以采用计划指标分解法、预算法、定额法等。在采用这些方法确定物流成本控制标准时，一定要进行充分的调查研究和科学计算，同时还要正确处理物流成本指标与其他技术经济指标的关系。

2. 监督物流成本的形成

这就是根据控制标准，经常对物流成本形成的各个项目进行检查、评比和监督，不仅要检查指标本身的执行情况，而且要检查和监督影响指标的各项条件，如物流设施设备、技术水平、工作环境等。

要加强物流费用开支的日常控制，要有专人负责和监督，还要加强执行者自我控制，明确经济责任制，调动全体职工的积极性，使成本的日常控制有群众基础。

3. 及时揭示并纠正不利偏差

揭示物流成本差异即核算确定实际物流成本脱离标准的差异，分析差异的成因，明确责任的归属。针对物流成本差异发生的原因，分别情况，分清轻重缓急，提出改进措施，加以贯彻执行。对于重大差异项目的纠正，一般采用下列步骤。

(1) 提出降低物流成本的课题。从各种物流成本超支的原因中提出降低物流成本的课题。这些课题首先应当是那些成本降低潜力大、各方关心、可能实行的项目。提出课题的要求，包括课题的目的、内容、理由、根据和预期达到的经济效益。

(2) 讨论和决策。发动有关部门和人员进行广泛的研究和讨论。对重大课题，可能要提出多种解决方案，然后进行各种方案的对比分析，从中选出最优方案。

(3) 确定方案实施的方法、步骤及负责执行的部门和人员。

(4) 贯彻执行确定的方案。在执行过程中也要及时加以监督检查，方案实现以后，还要检查方案实现后的经济效益，衡量是否达到了预期的目标。

4. 评价和激励

评价物流成本目标的执行结果，根据物流成本业绩实施奖惩。

任务小结

本任务主要了解物流成本控制含义与分类,理解物流成本控制的原则与步骤。通过学习能够应用物流成本控制原理制订企业物流成本控制方案。

任务二 目标成本法

学习内容

1.目标成本法的含义、特点与优势;

2.目标成本法的确定过程;

3.目标成本法的分解方法。

学习目标

1.准确把握目标成本法的含义,理解其与传统成本管理方法的区别;

2.能够应用目标成本法对物流成本进行控制,理解目标成本分解方式。

案例导入

在分析和评价厦门中外运物流有限公司2022年的物流成本控制绩效时,小林发现该公司比较重视物流成本管理的事后控制,对事前控制的重视程度不够,对市场变化反应不够快,公司员工参与物流成本管理比较被动。

新华建议公司经理采用目标成本法对物流成本进行控制,以市场为导向,事中控制,协同各部门活动,以实现企业目标利润。

课前思考

1.什么是目标成本?

2.目标成本法的特点有哪些?

3.目标成本法与传统成本管理方法有什么区别?

知识学习

一、目标成本法的含义

目标成本法是战略成本管理所用的新工具之一。所谓目标成本,是指根据市场调查,预计可实现的物流营业收入,为实现目标利润而必须达成的成本目标值。换句话说,即生命周期成本下的最大成本容许值。

目标成本是一种预计成本,是指产品、劳务和工程项目等在其生产经营活动开始前，根据预定的目标所预先制定的产品、劳务和工程项目生产和营建过程中各种消耗的标准，是成本责任单位、责任人努力的方向与目标。

目标成本法从本质上看，就是一种对企业的未来利润进行战略性管理的技术。目标成本法使得“成本”成为产品开发过程中的积极因素，而不是事后消极结果。企业只要将待开发产品的预计售价扣除期望边际利润，即可得到目标成本，然后的关键便是设计能在目标成本水平上满足客户需求并可投产制造的产品。

二、目标成本法的特点和优势

与传统成本控制方法相比，目标成本法不是局限在企业内部计算成本，它需要更多的信息，例如企业的竞争战略、产品战略以及供应链战略等信息，企业拥有这些信息后，就可以实现各环节的物流成本管理。目标成本具有以下四个特点：

1.目标成本法实现了总体战略目标管理

从本质来看，目标成本是一种基于企业长远性发展的战略管理技术，目标成本法改变了传统的把降低成本作为唯一目标的观念，实现了总体战略目标管理，其目的是提高企业的竞争实力。

2.目标成本法是全员、全过程、全方位的成本管理方法

所谓全员指的是企业的每个员工，上至高层管理人员，下至基层员工，都要建立目标成本的评价和激励机制，进行绩效考核，从而调动员工进行成本管理的积极性。所谓全过程是指包括整个供应链的活动过程，从供应商、制造商、分销商到客户的各个环节的节点企业的成本，体现了一体化的成本管理思想。所谓全方位指的是从生产管理到企业战略、质量控制、后勤保障、员工培训、财务监督到企业内部各方面的工作以及企业竞争环境的评估、知识管理、供应链管理等。

3.目标成本法运用了价值工程法

价值工程法是针对产品和服务的功能加以研究，以最低的生命周期成本，通过剔除、简化、变更、替代等方法，达到降低成本以及提高产品和服务价值的目的。确定物流服务必要的功能，避免功能过剩（物流服务功能多余或高于产品客户所需要）和功能不足（物流服务功能不能满足客户的要求）现象的发生，追求物流服务的最佳价值，其公式如下：

$$价值=\frac{功能}{成本}$$

式中：功能——物流服务的功能；

成本——物流服务的寿命周期成本，指为实现物流服务的必要功能在整个物流服务过程所发生的成本。

4.目标成本法建立了持续的成本降低机制

在目标成本下，成本控制是持续进行的，这种持续进行的成本控制是靠绩效评估系统的不断改进来保障的。客观、公正的绩效评估系统可以使管理者合理选择实现目标成本的方法，组织物流资源，并设置短期、中期和长期目标，使成本控制有了明确的

方向。它促进企业员工了解组织的任务和自己承担的责任,并感受到管理系统的公平和自身的价值,调动了全体员工参与降低物流成本的积极性。

目标成本法是以实现目标利润为目的,以目标成本为依据,对企业的经营活动发生的各种支出进行全面的管理。它与传统的成本管理相比,主要有以下区别,如表 8-1 所示。

表 8-1 目标成本法与传统成本管理的区别

	目标成本法	传统成本管理
指导思想	以市场为导向,围绕企业的经营利润目标	以基期的成本水平为依据,并考虑计划期的因素变动
管理范围	对产品进行全面、全过程的管理	局限于事中、事后的成本管理
管理重点	侧重于事前控制和事中控制,及时分析差异	侧重于事后分析,提出下期改进的意见
管理责任	强调成本指标的分解归口管理,强调各部门的成本责任,强调执行人参与成本控制	强调成本的产生和综合成本,执行人被动参与

(1)指导思想不同。传统的成本管理是以基期的成本水平为依据,考虑到计划期有关因素变动对成本的影响来确定计划期的成本水平,并以此为依据进行成本管理。目标成本法是以市场为导向,围绕企业的经营管理目标所进行的成本管理,它取决于企业的目标利润水平。

(2)管理的范围不同。传统成本管理的范围只局限于事中、事后的成本管理。目标成本法的范围是将企业的全部经营活动作为一个系统,从事前的成本预测到成本的形成及事后的成本分析实行全面的、全过程的管理,将全部经营活动中的一切耗费都置于成本控制之下。

(3)管理的侧重点不同。传统的成本管理侧重于事后算账,虽然也进行成本分析,提出改进意见,但改进措施的实施要等到下一个成本管理期间。目标成本法则把工作重点放在事前控制和事中控制,及时分析差异,采取措施消除不利因素,加强了成本的控制地位。

(4)管理责任的区分不同。传统成本管理以成本的形成作为成本管理的出发点和归宿点。目标成本法强调成本指标的分解归口管理,在各自责任范围内有效地控制成本,强调严格划分各责任单位的经济责任。

三、目标成本的确定

传统产品设计和售价决定方法与目标成本法有所不同,传统法是先做市场调查后设计新产品,再计算出产品成本,然后再估计产品是否有销路,再加上所需利润计算出产品的售价。

目标成本法在产品企划与设计阶段就先做市场调查制定出目标售价,即最可能被消费者接受的售价,再根据企业中长期计划制定目标利润,最后以目标售价减去目标利润即为产品的目标成本，其计算公式如下：

目标成本＝目标售价－目标利润

目标成本的确定过程如8-1所示。

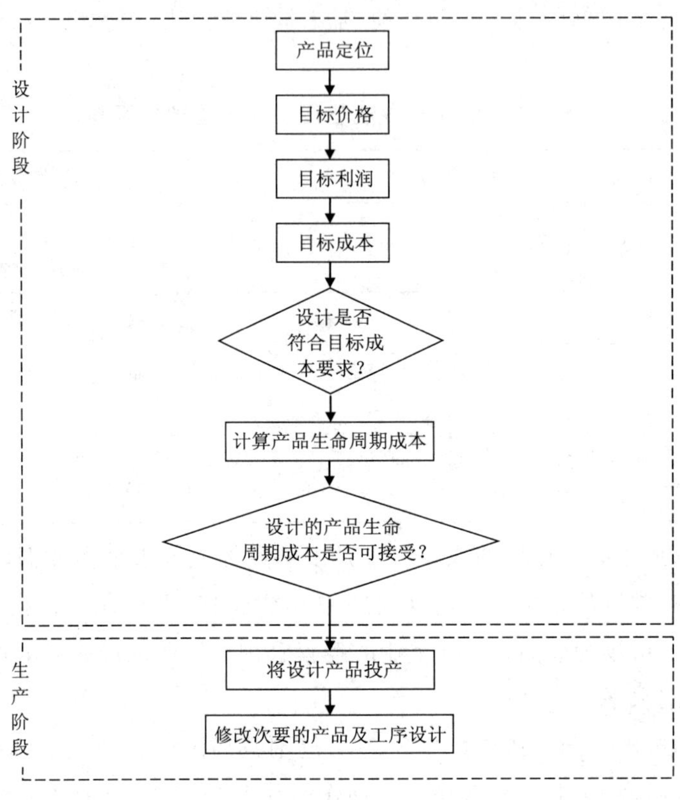

图8-1 目标成本的确定流程

目标成本的确定一般包括制定目标售价、确定目标利润和确定目标成本三个步骤。

1.制定目标售价

目标售价的制定通常可运用两种方法。

(1)消费者需求研究方法

新产品推出前要先做市场研究，以回答一些问题，例如市场目前和将来需要的是什么样的产品，消费者需要这些产品具有哪些功能与特色，这些产品的需用量如何，客户能付多少价格。

市场主要对以下问题进行调查研究：

① 对经济、政治、人口、产业等宏观或总体性资料进行收集与预测；

② 对过去、目前和将来的顾客做系统的消费者需求调查；

③ 选取特定消费者样本群体，对他们的需求做深入研究。

(2)竞争者分析方法

收集竞争者及其产品的资料与将来计划，通过分析这些资料可回答一些问题，例如竞争者现有哪些产品，将来可能有哪些产品，竞争者产品品质、服务水准如何，竞争者产品有哪些功能及特性、价格水准如何。

可以将主要竞争者产品的资料收集在品质功能矩阵表里，然后将本企业的产品资料与竞争者的资料进行比较。

在确定目标售价时应注意的是，销售价格能否提高主要取决于顾客对产品追加价值的看法，这些追加价值或来自产品的功能或性能的提高，或来自产品质量的提高。企业开发设计的新产品只有在功能或质量上不但超过了旧产品，而且超过了竞争者的同类产品时，才可以提高售价。另外，考虑到目标定价在整个目标成本规划中的重要性，企业也应十分谨慎地制定尽可能切实可行的目标售价。

2.确定目标利润

每种产品可能因不同市场需求、售价政策、成本结构、所需投入资本、品质等因素不同，其利润目标也会有所不同。物流目标成本等于预期物流服务收入减去目标利润，要测算出目标利润，下面介绍两种测算目标利润的方法。

(1)目标利润率法：采用经营相同或者相似业务的物流企业的平均报酬率来预计本企业利润。计算公式为：

目标利润＝预计服务收入×同类企业平均营业利润率

目标利润＝本企业净资产×同类企业平均净资产利润率

目标利润＝本企业总资产×同类企业平均资产利润率

实例 8-1

厦门中外运物流有限公司物流运输的同业平均服务利润率为17.8%，预计本年服务量为408万吨千米，服务的市场价格为每吨千米1元。计算物流运输的目标利润。

解析：

物流目标利润为 408×1×17.8%＝72.5(万元)

采用目标利润法的依据是本企业要达到行业中同类企业的平均报酬水平，才能在竞争中生存。有的企业甚至使用同类企业的先进报酬水平来预计成本。

(2)上年利润基数法

随着企业生产经营的发展，企业高层领导会提出增长利润的要求。其计算公式为：

目标利润＝上年利润×利润增长率

采用上年利润基数法的依据为未来历史的延续，在考虑现有基础的前提下预计未来的变化，包括环境和自身的改变。有时董事会或上级会提出利润增长的明确要求，促使企业采用上年利润基数法。这样测算出来的目标成本只是初步设想，不一定完全符合实际，还要对其可行性进行分析。

3.确定物流目标成本

目标成本为目标售价减去目标利润,物流目标成本的确定包括物流总体目标成本测算和物流单项目标成本测算。

(1)物流总目标成本测算

目标总成本=目标销售收入-目标利润

而目标利润的计算可以根据目标利润率法或上年利润基数法来计算。

实例 8-2

厦门中外运物流有限公司的平均营业利润率为15%,运输作业的市场价格为1元/吨公里,某运输企业预计运输作业的作业量为500万吨公里,试分别求目标利润、目标总成本和目标单位成本。

解析:

目标利润=预计营业收入×同类企业平均营业利润率

=500×1×15%=75(万元)

目标总成本=营业收入 - 目标利润=500×1 - 75=425(万元)

目标单位成本=目标总成本÷作业量=425÷500=0.85(元/吨公里)

(2)物流单项目标成本测算

物流单项目标成本测算一般用于测算各个单项服务、作业的目标成本,有三种方法。

①倒扣法。倒扣法是指根据市场调查得到的客户可以接受的单位价格,扣除企业预期的单位服务目标利润、单位税金以及单位服务期间费用,计算出来的单位服务目标成本。计算公式为:

物流单位服务目标成本=预计单价-单位服务目标利润-单位税金-单位服务期间费用

实例 8-3

某产品预计单位售价为2 000元,单位产品目标利润为300元,该产品的税率为10%,预计单位产品期间费用为200元。根据倒扣法,求出该产品的目标成本。

解析:

该产品的目标成本为2 000-300-2 000×10%-200=1 300(元)

②量本利分析法。量本利分析法是指按照目标利润、目标成本和预计销售量来计算单位变动成本。

依据销售量、成本和利润三者的关系,得出:

利润=单位价格×销售量-单位变动成本×销售量-固定成本

导出目标单位变动成本的计算公式为:

目标单位变动成本＝单位价格－(利润＋固定成本)/预计销售量

实例 8-4

厦门中外运物流有限公司开发一种新服务产品投入市场，据分析其单价不能高于同类产品售价(50 元)的 120%，预计加工该产品的固定费用为 1 500 元，该产品的目标利润为 11 500 元，预计产品销售量为 1 000 件。求出该产品的目标单位变动成本。

解析：

该产品的目标单位变动成本＝50×120%－(11 500＋1 500)/1 000＝47(元/件)

③比价测算法。比价测算法是指将新服务或新作业与原有的相似服务或作业作比较，如果是与原来相同的环节，则按照原来的成本指标测算；对于新的环节，则按照新材料的标准成本和工时标准进行测算。

与物流总目标成本测算一样，物流单项目标成本测算也需要不断调整，目标成本测算是目标成本控制的基础，物流目标成本测算的准确性关系到物流目标成本的控制效果。

按上述方法计算出的目标成本只是初步设想，它提供了一个分析问题的合乎需要的起点，但并不一定完全符合实际，还需要对其可行性进行分析。

目标成本的可行性分析，是指对初步测算得出的目标成本是否切实可行作出分析和判断。分析时，主要是根据本企业实际成本的变化趋势和同类企业的成本水平，充分考虑本企业成本节约的潜力，对某一时期的成本总水平做出预计，看其与目标成本的水平是否大体一致。经过测算，如果预计目标成本是可行的，则将其分解，下达有关部门和单位；如果经反复测算、挖潜，仍不能达到目标成本，就要考虑放弃该产品并设法安排剩余的生产能力；如果从全局看不宜停产该产品，也要限定产量，并确定亏损限额。

一种产品的总目标成本确定后可按成本要素，如直接材料成本、直接人工成本、其他直接成本和间接成本等细分制定每一成本要素的目标成本，也可按产品的各部分功能分别制定各部分功能的目标成本。

四、目标成本的分解

目标成本的分解是指将企业总体的目标成本值进行分解，将其落实到企业内部各单位、各部门的过程，目的在于明确责任，确定未来各单位、各部门的奋斗目标。分解目标成本时应结合企业的实际情况进行。通常可以先将总体目标成本分解到各种产品，然后再将各产品的目标成本分解到各车间或工序。

如果某企业属于多品种作业的企业，在这种情况下，应先将企业总体目标成本分解为各作业的目标成本，分解方法在确定每种作业目标销售利润率的基础上，倒推每种作业的目标成本，最终将各作业目标成本的合计值与企业总体目标成本进行比较并综合平衡，进而确定每种作业的目标成本。照此分解的目标成本并未与基期的盈利水平挂钩，这种方法从每种作业的自身盈利状况出发，直接与企业总体目标成本进行比较，无论是企业的总体目标成本还是各作业的目标成本均可采用“倒扣法”予以确定。

实例 8-5

假设厦门中外运物流有限公司有甲、乙两种产品服务。预计甲产品的作业量为5 000单位，单价600元/单位，预计应缴的流转税（包括消费税、城建税和教育费附加）为165 000元；乙产品的预计作业量为5 000单位，单价为400元/单位，应缴的流转税（包括城建税和教育费附加）为110 000元。该企业以同行业先进的营业利润率为标准确定目标利润，假定同行业先进的营业利润率为20%。预测该企业的总体目标成本，并说明如果该企业结合实际确定甲产品的目标营业利润率为23%，乙产品的目标营业利润率为18%，在这种情况下，该企业规定的总体目标成本是否合理？

解析：

企业总体的目标成本=(5 000×600+5 000×400)－(165 000+110 000)－(5 000×600+5 000×400)×20%=3 725 000(元)

甲产品目标成本=5 000×600－165 000－(5 000×600)×23%=2 145 000(元)

乙产品目标成本=5 000×400－110 000－(5 000×400)×18%=1 530 000(元)

总体目标成本=2 145 000+1 530 000=3 675 000(元)<3 725 000(元)

说明：虽然各产品自身的销售利润率与同行业先进的营业利润率不一致，但以此测算的总体目标成本为367.5万元，低于企业规定的总体目标成本372.5万元，因此该企业规定的总体目标成本合理，应将各产品目标成本的预计值纳入计划。

一种产品的目标成本确定以后，应将其按照企业的组织结构自上而下逐级分解，落实到有关的责任中心。具体的分解方法有以下几种。

1.按管理层次分解

这是指将目标成本按总公司、分公司、部门、班组、个人进行分解。这是一种自上而下的过程，分解的内容包括料、工、费三项。

2.按管理职能分解

这是指将成本在同一管理层次按职能部门分解。例如，推广部门负责推广费用，配送部门负责配送费用，运输部门负责运输费用，劳资部门负责工资成本，后勤部门负责燃料和动力费用，行政部门负责办公费等。

3.按服务结构分解

这是指把服务成本分成各种材料消耗或成本和人工成本，分派给各责任中心。

4.按服务形成过程分解

按服务设计、服务材料采购、服务的提供、服务的推广过程分解成本，形成每一过程的目标成本。

5.按成本的经济内容分解

把服务成本分成固定成本和变动成本。再把固定成本进一步分解为日常费、办公费、差旅费、修理费等项目，把年度目标成本分为季度或月份成本目标，甚至分解成旬或日的成本目标；把变动成本分解为直接材料、直接人工、各项变动费用。

上述各种分解方法，要根据物流企业组织结构和成本形成过程的具体状况，选择采用。

目标成本法是战略成本管理所用的新工具之一。所谓目标成本，是指根据市场调查，预计可实现的物流营业收入，为实现目标利润而必须达成的成本目标值。换句话说，即生命周期成本下的最大成本容许值。

任务小结

目标成本是一种预计成本，是指产品、劳务和工程项目等在其生产经营活动开始前，根据预定的目标所预先制定的产品、劳务和工程项目生产和营建过程中各种消耗的标准，是成本责任单位、责任人努力的方向与目标。本任务学习的重点是目标成本法的分解方法，通过学习能够应用目标成本法对物流成本进行控制。

任务三　标准成本法

学习内容

1.标准成本的概念；

2.标准成本分类；

3.标准成本的制定。

学习目标

1.准确把握物流标准成本法概念，了解其分类，理解并掌握其制定过程；

2.能够应用标准成本法对物流成本进行控制，计算成本差异，找出原因，分析其合理性。

案例导入

为了切实有效地提高管理水平，厦门中外运物流有限公司决定在2022年采用标准成本法对公司的所有业务进行成本控制，并评价不同部门的经营绩效水平。仓储部门提供的单位物流服务标准成本相关数据如表8-2所示。

表8-2 单位物流服务标准成本表

成本项目		用量标准	价格标准
直接材料	A	8千克/件	10元/千克
	B	15千克/件	6元/千克
直接人工		4.5小时/件	20元/小时
制造费用		6小时/件	16元/小时
单位物流服务标准		—	—

在实际运行过程中，发现A材料实际使用了9千克/件，其采购价格为11元/千克，B材料实际使用了14千克/件。本期共生产100件产品，实际耗用A材料1 000千克，B材料1 800千克，实际耗用400工时，实际工资总额为8 000元，实际发生制造费用10 000元。面对这一变化，公司经理王总要求小林抓紧时间对发生变化的结果及原因进行分析，为公司决策提供依据。

课前思考

1.什么是标准成本？

2.标准成本是怎么制定出来的？

3.该公司实际运行过程成本发生了什么变化？分析有利和不利的影响。

知识学习

一、标准成本法的含义

标准成本是指经过认真的调查分析和运用科学的技术检测方法制定的在有效经营条件下应该达到的成本。物流成本控制要求首先制定成本控制标准，物流标准成本主要包括三个方面的内容。直接材料、直接人工和物流服务费用。

知识链接

标准成本控制法是一种理想的事中控制方法，它的原理是对控制对象事先设定标准成本，并设立标准成本卡，在实际工作过程中，将实际消耗量与标准成本进行比较，计算成本差异，分析差异原因，采取措施控制差异，将各项成本支出控制在标准成本范围内。

> 标准成本法是在科学管理之父泰勒的生产过程标准化的思想影响下产生的，1904年，美国效率工程师哈尔顿·艾默生首先在美国铁道公司应用标准成本法；1911年，美国会计师卡特·哈里逊第一次设计出一套标准成本制度；1920年，美国成本会计师协会召开的首届年会设计了一套将实际成本和标准成本相结合的方法；1923年，随着间接费用差异分析方法的形成，标准成本制度进入了实施阶段；1930年哈里逊写成了《标准成本》一书，是世界上第一部论述标准成本制度的专著；1932年，坎曼又丰富了标准成本制度。此后标准成本制度从美国传入英国、德国、日本和瑞典等国家。20世纪70年代末通过世界性管理会计学术会议传入中国，中国的一些大企业(如上海的宝钢、河南的安钢等)采用了标准成本法，取得了巨大的成功，大大地降低了成本，提高了效益，形成了比较科学的标准成本制度。

标准成本法与产品成本计算的其他方法不同。其他成本计算方法计算出的产品成本是产品的实际成本，即生产过程中实际耗费的各种费用；而标准成本法计算出的产品成本，不是产品的实际成本，而是产品的标准成本。因此，标准成本法更重要的是被用来加强成本控制，在本质上它是一种成本管理方法。这是标准成本法与其他成本计算方法的本质区别。

“标准成本”有以下两种含义。

1.单位物流服务的标准成本

它是根据单位物流服务的标准消耗量和标准单价计算出来的，准确地应该称为“成本标准”。单位物流服务的标准成本的计算公式为：

单位物流服务的标准成本＝单位物流服务标准消耗量×标准单价

(2)实际产量的标准成本

这是根据实际产品产量和单位物流服务的成本标准计算出来的。

实际产量的标准成本＝实际产品产量×单位物流服务标准成本

实施标准成本系统一般有以下几个步骤：

(1) 制定单位产品的标准成本；

(2)根据实际产品产量和成本标准计算产品的标准成本；

(3)汇总计算实际成本；

(4)计算标准成本与实际成本的差异；

(5)分析成本差异的发生原因，如果标准成本纳入账簿体系，还要进行分析标准成本及其成本差异的账务处理；

(6)向成本负责人提供控制报告；

(7)评价成本目标的执行结果，根据成本业绩实施奖惩。

二、标准成本的分类

1.理想标准成本和正常标准成本

标准成本按其制定所根据的生产技术和经营管理水平，分为理想标准成本和正常标准成本。

(1)理想标准成本

理想标准成本是以现有生产经营条件处于最优状态为基础确定的最低水平的成本。它通常是根据理论上的生产要素耗用量、最理想的生产要素价格和可能实现的最高生产经营能力利用程度来制定的。采用这种标准成本不允许有任何的失误、浪费和损失存在。由于这种标准成本未考虑客观存在的实际情况，提出的要求过高，很难实现，故实际工作中很少采用，它的主要用途是提供一个完美的工作目标，揭示实际成本下降的潜力。

(2)正常标准成本

正常标准成本是根据正常的耗用水平、正常的价格和正常的生产经营能力利用程度制定的标准成本。在制定这种标准成本时，把生产经营活动中一般难以避免的损耗和低效率等情况也计算在内，使之切合下期的实际情况，成为切实可行的控制成本。这种标准成本的实现既非易事，也非高不可攀，而是经过努力可以达到的。

在标准成本法中，广泛使用正常标准成本。它具有以下特点：①它是用科学方法根据客观实验和过去实践经充分研究后制定出来的，具有客观性和科学性；②它排除了各种偶然性和意外情况，又保留了目前条件下难以避免的损失，代表正常情况下的消耗水平，具有现实性；③它是应该发生的成本，可以作为评价业绩的尺度，成为督促职工去努力争取的目标，具有激励性；④它可以在工艺技术水平和管理有效性水平变化不大时持续使用，不需要经常修订，具有稳定性。

2.现行标准成本和基本标准成本

标准成本按其适用期，分为现行标准成本和基本标准成本。

(1)现行标准成本

现行标准成本是指根据其适用期应该发生的价格、效率和生产经营能力利用程度等预计的标准成本。现行标准成本是在现有生产技术条件下进行有效经营的基础上，根据下一期最可能发生的生产要素的消耗量、预计价格和预计生产经营能力利用程度制定出来的标准成本。这种标准成本可以包括管理当局认为短期还不能完全避免的某些不应有的低效、失误和超量消耗。因其切实可行，这种标准成本最适用于在经济形势变化多端的情况下使用。

(2)基本标准成本

基本标准成本是指一经制定，只要生产的基本条件无重大变化，就不予变动的一种标准成本。这种标准成本一经制定，长期保持不变，它可以使各个时期的实际成本以统一的标准进行比较，以反映成本的变化。但由于基本标准成本不按各期实际修订，不宜用来直接评价工作效率和成本控制的有效性，因此在实际工作中，基本标准成本很少被人们所采用。

三、标准成本的制定

标准成本由产品的物流直接材料、物流直接人工和物流服务费用三部分组成，通常把直接材料、直接人工和物流服务费用三大项目按其形态划分为变动成本与固定成本，以此作为制定标准的基础。尽管这三大项目的具体性质各有不同，但在制定标准成本时，无论哪一个成本项目，都需要分别确定其用量标准和价格标准，两者相乘后得出成本标准。

用量标准包括单位产品材料消耗量、单位产品直接人工工时等，主要由生产技术部门主持制定，吸收执行标准的部门和职工参加。

价格标准包括原材料单价、小时工资率、小时间接费用分配率等，由会计部门和有关其他部门共同研究确定。采购部门是材料价格的责任部门，劳资部门和生产部门对小时工资率负有责任，各生产车间或部门对小时间接费用率承担责任，在制定有关价格标准时，成本管理部门要与有关部门进行协商研究确定。

大多数企业都以正常标准成本为基础，即根据正常的工作效率、正常的经营管理水平和正常的价格规定标准成本。制定标准成本时既要考虑过去较长时期的实际平均水平，又要消除企业经营活动中的异常情况，并估计到未来的生产发展趋势。

1.物流直接材料的标准成本

在单位产品标准成本中，物流直接材料的标准成本是生产单位产品所需各种直接材料的用量标准同这些材料在正常情况下价格标准的乘积之和。

物流直接材料标准成本＝价格标准×用量标准

直接材料的用量标准，是指在现有物流运作条件和经营管理水平下，生产单位产品所需的材料数量，其中包括必不可少的消耗及各种难以避免的损失等。直接材料的用量标准是用统计方法、工业工程法或其他技术分析方法来确定的。

价格标准指事先确定的购买材料、燃料和动力应付的标准价格，包括发票价格、运费、检验和正常损耗等成本，它是取得材料的完全成本。

实例 8-6

假设厦门中外运物流有限公司提供甲物流服务产品，需要耗用 A、B、C 三种原材料，其标准成本计算如表 8-3 所示。

表 8-3　物流直接材料的标准成本计算表

标　准	A 材料	B 材料	C 材料
数量标准 1	6 克	3 千克	8 克
价格标准 2	50 元/克	30 元/千克	10 元/千克
标准成本 1×2	300 元	90 元	80 元
单位产品标准成本	470 元		

2.物流直接人工的标准成本

直接人工的标准成本是单位产品所需消耗的各种人工的工时标准同其相应的标

准小时工资率的乘积之和。

物流直接人工标准成本=标准工资率×工时标准

其中的工时标准指在现有物流运作条件和经营管理水平下，生产单位产品所需要的工作时间，包括对产品的直接加工所费工时、必要的间歇和停工时间所费工时等。

标准工资率，也就是每一标准工时应分配的工资。需要注意的是，工资率标准应按现行工资制度所规定的工资水平计算确定。如果采用计件工资制，标准工资率是预定的每件产品支付的工资除以标准工时；如果采用月工资制，需要根据月工资总额和可用工时总量来计算工资率标准。

实例 8-7

上例甲物流服务产品的人工标准成本计算如表 8-4 所示。

表 8-4　物流直接人工的标准成本计算表

项　目	标　准
月标准总工时 1	22 800 小时
月标准工资总额 2	182 400 元
工资率标准 3=2/1	8 元/时
单位产品工时标准 4	5 小时
直接人工标准成本 5=4×3	40 元

3.物流服务费用的标准成本

物流服务费用的标准成本分为变动物流服务费用标准成本和固定物流服务费用标准成本。

(1)变动物流服务费用标准成本

变动物流服务费用标准成本由变动物流服务数量标准成本和变动物流服务价格标准确定。

数量标准可以采用单位物流服务直接人工标准工时、机械设备标准工时或其他标准，价格标准就是每小时变动物流服务费用的标准分配率，根据变动物流服务费用预算除以数量标准总额得到。因此，计算公式为：

$$\text{变动物流服务费用标准成本}=\text{单位物流服务直接人工标准工时}\times\text{每小时变动物流服务费用的标准分配率}$$

其中，

$$\text{每小时变动物流服务费用标准分配率}=\frac{\text{变动物流服务费用预算总额}}{\text{物流直接人工标准总工时}}$$

变动物流服务费用标准成本的例子有很多，例如装卸搬运活动使用的油料和配件的标准成本。当各部分变动物流服务费用的标准确定以后，将它们加起来就得到变动物流服务费用的单位标准成本。

(2)固定物流服务费用标准成本

固定物流服务费用标准成本由固定物流服务数量标准和固定物流服务价格标准确定。数量标准和价格标准的确定与变动物流服务费用相同。

$$\text{固定物流服务费用标准成本} = \text{单位物流服务直接人工标准工时} \times \text{每小时固定物流服务费用的标准分配率}$$

其中，

$$\text{每小时固定物流服务费用标准分配率} = \frac{\text{固定物流服务费用预算总额}}{\text{直接人工标准总工时}}$$

固定物流服务费用标准成本的例子也有很多，例如仓库租赁费用和仓管员工资标准。当各部分固定物流服务费用的标准确定以后，将它们加起来就得到固定物流服务费用的单位标准成本。

实例 8-8

上例甲物流服务产品的物流服务费用计算如表 8-5 所示。

表 8-5　物流服务费用的标准成本计算表

项　目	标　准
月标准工时 1	22 800 小时
变动物流服务费用预算总额 2	34 200 元
变动物流服务费用标准分配率 3=2/1	1.5 元/小时
工时标准 4	5 小时
变动物流服务费用标准成本 5=4×3	7.5 小时
固定物流服务费用预算总额 6	118 700 元
固定物流服务费用标准分配率 7=6/1	5.25 元/小时
固定物流服务费用标准成本 8=4×7	26.25 元
物流服务费用标准成本 9=5+8	33.75 元

任务小结

物流成本控制要求首先制定成本控制标准。标准成本是指经过认真的调查分析和运用科学的技术检测方法制定的在有效经营条件下应该达到的成本。本任务主要学习重点是标准成本法的差异计算，通过学习能够应用标准成本法对物流成本进行控制。

项目小结

本项目主要对物流成本的控制及其方法——目标成本法与标准成本法进行认知和学习。通过学习，能够把握物流成本控制概念，了解其分类，能应用物流成本控制原理制订企业物流成本控制方案，理解目标成本法的含义，掌握应用目标成本法对物流成本进行控制，理解目标成本分解方式；掌握物流标准成本法概念，了解其分类，理解并掌握其制定过程，并能应用标准成本法对物流成本进行控制。

教学分享

1.学习课时：建议6课时(其中理论学习3课时，实践3课时)

2.教学方法：

建议采用知识精点讲解和技能培训并举的教学方法(包括视频资料学习、参访物流企业、网络平台的资源学习等)、小组讨论，实践教学等方式方法。应把握的知识重点包括：物流成本各种控制方法。

3.学习环境要求：

(1)学习场地：① 多媒体教室；

② 典型物流企业。

(2)学习资料：①物流成本实训软件；

②视频资源；

③课程网络资源。

课后习题

一、单项选择题

1.(　　)是指企业在物流活动过程中依据事先制定的物流成本标准，对实际发生的物流成本进行严格审核，一旦发现偏差，及时采取措施加以纠正。

A.物流成本预测　B.物流成本分析　C.物流成本控制　D.物流成本决策

2.物流成本控制按其控制的时间可划分成三个环节，其中物流成本的过程控制是指(　　)。

A.事前控制　B.事中控制　C.事后控制　D.成本差异控制

3.物流成本控制的原则不包括(　　)。

A.经济原则　B.全面原则　C.责权利相结合原则　D.相关性原则

4.物流成本控制的内容不包括(　　)。

A.事前控制　B.用量差异控制　C.事中控制　D.事后控制

5.企业以目标物流成本为依据，对其经济活动进行约束和指导，力求以最小的物流成本获取最大的盈利，这一原则是指(　　)。

A.重点控制原则　B.目标控制原则　C. 经济原则　D. 全面原则

6.设某物流企业的工作有A、B、C、D、E五个环节，总成本为1 000元，该企业计划在原有基础上进行改进，A环节计划增加投入100元，B环节维持原有水平，C环节计划节约70元，D环节计划节约150元，E环节计划超支20元，则其目标成本总额为(　　)。

A.900元　B.920元　C.1 000元　D.1020元

7.物流单项目标成本的测定方法不包括(　　)。

A.倒扣测算法　　B.比价测算法　　C.本量利分析法　　D.目标利润率法

8.目标成本的确定步骤一般不包括(　　)。

A.制定目标售价　　B.计算产品成本　　C.确定目标利润　　D.确定目标成本

9.某企业助听器销售价格750元,成本650元,单位盈利100元,并占有市场份额30%。竞争对手推出了采用电脑芯片的助听器,性能提高,售价也提高到1 000元,对客户有很大吸引力。企业通过市场调查和客户分析认为,相当一部分客户仍然会选择本企业的助听器,并且如果售价降至600元,助听器仍然可以保持其30%的市场份额,则其目标成本为(　　)。

A.500元　　B.550元　　C.600元　　D.650元

10.某厂某生产环节的成本发生情况为:当耗用工时为1 200工时时,总成本为6 000元;当耗用工时为1 500工时时,总成本为7 200元。则该环节的固定成本为(　　)。

A.300元　　B. 400元　　C. 1 200元　　D. 1 500元

11.物流成本控制要求首先进行(　　)。

A.制定目标成本　　B.制定成本控制标准　　C.确定目标利润　　D.确定销售价格

12. 物流标准成本不包括(　　)。

A.直接材料　　B.直接人工　　C.物流制造费用　　D.物流服务费用

13.根据适用期应该发生的价格、效率和生产经营能力利用程度等预计的标准成本是(　　)。

A.理想标准成本　　B.正常标准成本　　C.基本标准成本　　D.现行标准成本

14.在标准成本系统中,广泛使用的是(　　)。

A.理想标准成本　　B.正常标准成本　　C.基本标准成本　　D.现行标准成本

二、判断题

1.(　　)物流成本控制是为了实现预定的物流成本目标。

2.(　　)目标控制原则是物流成本控制的最基本原则。

3.(　　)物流成本控制贯穿于企业生产经营的全过程,但首要步骤是要监督物流成本的形成。

4.(　　)目标成本是指经过认真的调查分析和运用科学的技术检测方法制定的在有效经营条件下应该达到的成本。

5.(　　)目标成本法是以目标售价减去目标利润来得出产品的目标成本。

6.(　　)制定目标售价可以通过消费者需求研究方法和竞争者分析方法来确定。

7.(　　)目标成本的分解的目的在于确定目标成本的大小。

8.(　　)标准成本法利用成本计算方法计算出的产品成本是产品的实际成本。

9.(　　)标准成本按其适用期分为理想标准成本和正常标准成本。

三、思考题

1.简述物流成本控制的分类和步骤。

2.物流成本控制的原则是什么?

3.目标成本如何确定?

4.标准成本分为几类?

5.标准成本如何制定?

技能训练

1.调查一家企业的成本预算情况,结合学习内容,针对该企业的物流成本控制提出建议,并完成一份调研报告。

2.计算题

(1)某企业的平均营业利润率为20%,经营的产品市场价格为25元/件,该企业预计一月份的产量为10 000件,请计算该企业的目标利润、目标总成本和目标单位成本。

(2)某批发公司上年度以5元价格买入10万件电器,以平均每件10元卖出。有关经营成本如表8-6所示。

表8-6 某批发公司有关经营成本

作业	成本动因	数量	单位成本	成本额
购买	购买订单数	1 000	100	100 000
仓储	搬运次数	8 000	20	160 000
分销	分销次数	500	80	40 000
固定成本				100 000

下一年度购销数量不变,但客户要求有10%的折扣,而公司可以从供应商处得到2%的优惠。如果下年购买订单数减少到800,分销装运单位成本降低5元,利润保持与上年一样,则仓储的目标成本是多少?

3.案例分析

物流如何降成本?

社会物流成本水平是国民经济发展质量和综合竞争力的集中体现,“十四五”期间将如何深入推进物流降成本工作?

2022年12月29日,在国家发展改革委召开的新闻发布会上,国家发展改革委经济贸易司副司长张江波就上述问题进行了回应。他表示,近年来,国家发展改革委牵头报请国务院印发系列综合性政策文件,从深化“放管服”改革、加大减税降费力度、加强重点领域和薄弱环节建设、推动物流信息化标准化智能化、深化产业联动融合和信息互联互通等方面出台了一系列举措,基本构建起推进物流提质增效降本政策框架体系。在各相关部门、全行业的共同努力下,我国社会物流成本水平稳步下降,2021年,社会物流总费用与GDP的比率为14.6%,较2012年下降3.4个百分点,与主要经济体差距不断缩小。

由于生产生活方式改变带来的多批次、小批量物流快速发展，劳动力、土地等资源要素成本不断上升，物流降成本工作面临更加严峻复杂的挑战。特别是2022年上半年受新冠肺炎疫情影响，交通物流运行受阻，社会库存高位运行，物流保管费用明显上升，社会物流成本水平出现阶段性上升。对此，国家发展改革委积极配合相关部门研究提出强化交通物流保通保畅的一系列支持政策，包括收费公路货车通行费减免10%、用好1 000亿元交通物流专项再贷款等，支持货运企业和司机等重点群体纾困。此外，针对2022年经济发展形势，积极加大对物流企业融资支持力度，统筹通过中央预算内投资、地方政府专项债券、政策性开发性金融工具、制造业中长期贷款、基础设施领域不动产投资信托基金(REITs)试点等方式，支持相关物流基础设施项目建设，减轻物流企业融资成本压力，助力降低社会物流成本水平。

为深入推进降低物流成本，更好支撑实体经济高质量发展，《"十四五"现代物流发展规划》(下简称"《规划》")将"推动物流提质增效降本"作为"十四五"时期现代物流发展的重要任务，明确提出到2025年，社会物流总费用与GDP的比率较2020年下降2个百分点左右。对此，《规划》重点从三个维度加大政策引导：

一是巩固减税降费成果。严格落实已出台的物流减税降费政策，推进现代物流领域发票电子化，落实物流企业大宗商品仓储设施用地城镇土地使用税减半征收、购置挂车车辆购置税减半征收等税收优惠政策，坚决治理乱收费、乱罚款、乱摊派，依法治理"只收费、不服务"行为，清理规范铁路、港口、机场等收费。

二是更加突出提质增效。重点聚焦全链条降成本、系统性降成本，强调通过提高物流发展质量、增进物流效率来推动降低社会物流成本水平，一方面，推动解决跨运输方式、跨作业环节瓶颈问题，扩大低成本、高效率干支仓配一体化物流服务供给；另一方面，进一步优化货物运输结构，合理有序推进大宗商品等中长距离运输"公转铁""公转水"，推动铁路货运量占比较2020年提高0.5个百分点，集装箱铁水联运量年均增长15%以上，促进以压缩物流各环节绝对成本为导向的"数量型降成本"，向以完善物流运行体系、提高物流质量效率为重点的"系统型降成本"转变。

三是推进深层次降成本。促进物流业与制造业深度融合，促进企业协同发展，推动设施联动发展，支持生态融合发展。加快库存周转，减少社会物流保管和管理费用。稳步推进国家物流枢纽、国家骨干冷链物流基地等重大物流基础设施网络建设，不断健全"通道+枢纽+网络"现代物流运行体系，推动物流规模化、网络化、组织化、集约化发展，更大范围、更深层次地推动降低社会物流成本水平。

思考题

1.物流降成本对我国的意义有哪些？

2.当前我国物流降成本面临哪些挑战？

3.要采取哪些措施实现物流降成本？

教学评价

班级__________ 学号__________ 姓名__________ 成绩__________

项目八知识技能测评表

学习任务	分项评价指标	学生学习结果评价
任务一：物流成本控制概述	物流成本控制概念	A(　　)B(　　)C(　　)
	物流成本控制分类	A(　　)B(　　)C(　　)
	物流成本控制原则	A(　　)B(　　)C(　　)
	物流成本控制步骤	A(　　)B(　　)C(　　)
任务二：目标成本法	目标成本法的概念	A(　　)B(　　)C(　　)
	目标成本法的优势	A(　　)B(　　)C(　　)
	目标成本法的确定	A(　　)B(　　)C(　　)
	目标成本法的分解	A(　　)B(　　)C(　　)
任务三：标准成本法	标准成本法的概念	A(　　)B(　　)C(　　)
	标准成本法分类	A(　　)B(　　)C(　　)
	标准成本法制定过程	A(　　)B(　　)C(　　)
学生自我评价：		
学生对教学有何建议：		
教师总体评价： 年　　月　　日		

说明：在(　　)中打√，A表示理解掌握，B表示基本理解掌握，C表示未理解掌握。

◆项目九◆
物流成本绩效评价

知识目标

1.了解物流成本绩效评价的含义、意义和原则,平衡计分卡法的含义和优缺点,关键绩效指标法的含义和优缺点;

2.理解物流成本绩效评价的步骤、平衡计分卡法的实施步骤、关键绩效指标法的实施步骤;

3.掌握物流成本绩效评价指标体系、平衡计分卡法的指标体系。

技能目标

1.能够为企业制订物流成本绩效考核方案;

2.能够应用平衡计分卡法对企业物流成本绩效进行评价;

3.能够应用关键绩效指标法对企业物流成本绩效进行评价。

思政目标

1.培养物流成本管理的意识;

2.培养工匠精神;

3.树立全局观念。

任务一　物流成本绩效评价认知

学习内容

1.物流成本绩效评价的含义和意义;

2.物流成本绩效评价的原则;

3.物流成本绩效评价的步骤;

4.物流成本绩效评价指标体系。

学习目标

1.了解物流成本绩效评价的含义和意义,熟悉物流成本绩效的原则和步骤;

2.能够为企业制订物流成本绩效考核方案。

案例导入

每个物流企业都面临着越来越激烈的市场竞争,因此加强物流企业监督管理,促进经济效益的提高,增强企业竞争力,显得十分重要。而全面、正确、及时地评价物流企业的综合绩效,是保证企业高效运行,进而实现目标、价值追求的基础和关键。

厦门中外运物流有限公司在进行物流成本绩效评价时,成立了由财务人员、总经理、企业及高校专家等共同组成的绩效评价小组。该小组仔细审查了公司的财务报表,并对各作业部门进行实地调查,以收集物流成本绩效评价的相关资料。

然后该评价小组对运输部门、仓储部门和流通加工部门等分别设置了专门的绩效评价指标,并使绩效评价指标与各部门的实际情况相适应。此外,该小组还通过宣讲会,将评奖绩效评价指标所代表的含义和评价标准等向员工讲解清楚,以便更好地开展绩效评价工作。

课前思考

1.什么是物流成本绩效评价?

2.企业应怎样进行物流成本绩效评价?

知识学习

一、认识物流成本绩效评价

1.绩效评价的含义

绩效是指一定的经营期间内,企业的经营效益和经营业绩的总称。绩效评价是运用运筹学和数量统计的方法,设计一套科学的、特定的指标评价体系,再借助这一评价体系的评价指标,按照一定的程序,对企业在一定经营期间的经营效益和经营业绩,从定量和定性两个方面进行分析,从而做出客观公正和准确的综合评价。

绩效评价是企业管理和提高生产力的重要手段和工具,是对企业计划和任务执行情况的检查和监督,一般与各种奖励直接挂钩,因而具有激励作用。评价的结果还将直接影响到下一轮的工作行为甚至行为的价值取向。因此,要用科学的态度和科学全面的评价方法进行绩效评价。

2.物流成本绩效评价的含义

物流成本绩效评价是指根据一定的标准和考核方法,对企业在一定经营期间的物流成本管理工作的成绩和效果进行评价的管理活动。物流成本绩效评价是物流企业绩效评价的重要内容,其实质是对物流成本的效益进行分析,通过对物流财务指标和非财务指标的分析，力求比较全面地反映物流成本效益水平，为物流成本管理和决策提供依据。

与发达国家相比，我国在物流成本绩效评价的研究方面还比较落后。总体来说，大部分企业停留在对财务结果的分析上，没有对物流成本进行动态监控，使得企业不能及时控制物流成本的支出，只能对未来经营期间的成本管理做出预算。因此，我国物流企业有待完善评价体系。

二、物流成本绩效评价的意义

1.综合评价企业成本管理效果

通过量化的绩效评价，使企业清楚地了解在过去的时间内，物流成本管理控制的结果怎样，哪一项控制有效，哪一项无法控制，哪个部门预算超支，哪个部门预算节省等，便于直接与企业的奖励挂钩，以刺激员工的积极性。

2.分析物流成本管理的优劣势

通过绩效评价的结果，可以看清楚各部门的预算执行情况。通过横向比较，认清本企业的优势环节，寻找与同行中其他企业的差距，剖析存在的问题环节，为下一阶段物流成本的管理提出新的目标。

3.引导物流成本科学管理

分析出物流成本各环节管理效果后，易于抓住重点，优化成本的管理，促使企业克服短期行为，将企业的长期利益与营运发展结合起来，引导企业科学管理物流成本，确定企业的物流发展战略。

三、物流成本绩效评价的原则

1.整体性原则

绩效评价要反映整个物流系统的运营情况，不仅仅是某一个环节的运营情况。在设计评价指标和标准时，要着眼于整体的优化，不因局部利益而损害整体利益。

2.动态性原则

绩效评价要反映未来物流系统的运营情况，对未来的趋势进行预测，这就要求通过成本绩效评价，预见未来趋势并做出正确的判断。

3.可比性原则

企业所确定的物流成本绩效评价指标，既要能与其他企业的评价指标进行比较，又要能与本企业往期的评价指标进行比较。因此，企业应尽量根据国内行业标准或国际行业标准，确定物流成本绩效评价指标体系，并在几年内保持评价指标体系的稳定性，以便明确本企业的优势和劣势，并进行持续改进。

4.经济性原则

评价指标越多，企业需要收集的资料越多，评价活动就越复杂，进而导致物流成本绩效评价活动的成本增加。因此，企业应根据自身实际情况，确定一个能满足绩效评价需求且实施成本较低的绩效评价方案。

四、物流成本绩效评价的步骤

1.成立绩效评价组织

企业应成立一个专门的绩效评价组织，如绩效评价部门、绩效评价小组等，以实施物流成本绩效评价工作。该组织可由企业管理人员、财务人员和物流专家等组成，具有丰富的物流管理经验和财务会计专业知识，熟悉物流成本绩效评价业务，并具有较强的综合分析判断能力。

2.制订评价方案

评价方案的设计是物流成本绩效评价的核心部分，对后续管理工作起着指导作用。一份完整的绩效评价方案至少要包括以下几部分：

(1)评价目标

明确评价目标是确定物流成本绩效评价方案的首要工作。绩效评价的目标是企业物流成本评价体系的指南，由企业的总目标决定。而企业的主目标一般都是提高物流效率、降低成本、增加企业收益。因此，为了使物流成本绩效评价得到企业员工的认可，需要让员工明白，物流成本绩效评价的目标不是增加劳动强度，而是提高效率、降低成本、增加企业收益。

(2)评价对象

物流成本绩效评价的对象也就是对谁进行评价、对谁的成本进行评价；是企业整体物流成本的绩效评价，还是企业内部某部门物流成本绩效评价，或是企业外部供应链物流成本绩效评价。明确了对象，才便于评价指标的确定、评价方法的确定，信息收集才有方向。

(3)评价指标

对物流成本绩效评价对象的评价需要确定一些经济和技术指标，用这些指标对评价对象进行评价，这些指标往往与企业发展相关，是企业成功的关键要素。评价指标既包括整体物流成本控制的指标，也包括具体的物流作业成本控制的指标，如物流成本利润率、单位成本等。因此，物流成本绩效评价的指标是评价的具体内容，是物流成本绩效评价的重点和关键。

(4)评价标准

绩效评价的标准是评价绩效好坏的标准和参照物，标准的选择取决于评价的目标，由年度预算标准和物流行业标准决定。物流成本绩效评价的标准主要有绝对标准、目标标准、竞争对手标准和历史标准等。绝对标准指的是直接用数字或比率表示的最佳的业绩，如缺货率为0、订单延迟率为0等。目标标准指的是指标的实现有一定的难度，但经过不懈的努力可以做到，如盘点数量误差率为1%。竞争对手标准指的是以竞争对手的物流成本绩效水平为标准。历史标准指的是以企业过去的经营期间所评价的绩效结果为标准，作为本次评价的业绩最低水平。不管选择哪种标准，都应注意，所选择的物流成本绩效评价的标准要有一定的难度，但经过员工的努力可以实现，才能激励员工工作的积极性，还要有透明性，才能做到公正、客观和准确。当然，还要考虑未来发展中的环境和市场的变化，使物流成本绩效评价具有一定的弹性。

3.收集和整理相关资料

绩效评价组织可通过实地调查、问卷调查、听取部门汇报、查阅相关报表等方式收集相关资料，如企业具体的物流作业成本数据、以前年度的物流成本绩效评价报告、同行业其他企业的绩效评价标准和方法等。

4.实施绩效评价

绩效评价组织根据既定的绩效评价方案和确定的评估方法，利用收集的数据资料加以整理，计算评价指标的数值，对评价对象进行评价，形成科学合理的评价结果。

5.编写绩效评价报告

绩效评价组织对评价过程中形成的各种书面材料进行分析，并结合相关材料得出绩效评价结果，形成绩效评价报告，并交由相关部门审阅。

五、物流成本绩效评价指标体系

1.物流成本整体评价指标

(1)物流成本率

物流成本率是指物流成本占销售额的比例。该指标用来说明企业为实现每单位销售额需要支出的物流成本。其计算公式如下：

$$\text{物流成本率}=\frac{\text{物流成本}}{\text{销售额}}\times 100\%$$

(2)单位物流成本率

单位物流成本率是指物流成本占企业总成本的比例。该指标一般作为考核企业内部的物流合理化或检查企业是否达到合理化目标的指标来使用。其计算公式如下：

$$\text{单位物流成本率}=\frac{\text{物流成本}}{\text{企业总成本}}\times 100\%$$

(3)单位营业费用物流成本率

单位营业费用物流成本率是指物流成本占营业费用(包括销售费用和一般管理费用)的比例。该指标常用于评价物流成本对销售额的影响。其计算公式如下：

$$\text{单位营业费用物流成本率}=\frac{\text{物流成本}}{\text{营业费用}}\times 100\%$$

这个比重不受制造成本变动的影响，得出的数值比较稳定。

(4)物流功能成本率

物流功能成本率是指物流功能成本(如运输成本、仓储成本、包装成本等)占物流总成本的比例。其计算公式如下：

$$\text{物流功能成本率}=\frac{\text{物流功能成本}}{\text{物流总成本}}\times 100\%$$

企业应合理计算各项物流功能成本，明确各项物流功能成本在物流总成本中所占的比例，为提高物流过程的管理水平、为企业物流成本控制提供依据。

(5)产值物流成本率

产值物流成本率是指物流成本占企业总产值的比例。该指标用来分析企业创造单位产值需要支出的物流成本。其计算公式如下：

$$产值物流成本率=\frac{物流成本}{企业总产值}\times100\%$$

(6)物流成本利润率

物流成本利润率是指一定时期生产和销售一定数量产品所获得的利润总额与所发生的物流成本的比率。其计算公式如下：

$$物流成本利润率=\frac{利润总额}{物流成本}\times100\%$$

它表明在物流活动中耗费一定的资金以获得经济利益的能力。物流效率高，市场竞争能力强，产品成本水平低，盈利能力增强，该指标也会相应提高。

(7)物流效用增长率

物流效用增长率是指物流成本增长率占销售额增长率的比例。该指标用于分析企业物流成本变化与销售额变化的关系。其计算公式如下

$$物流效用增长率=\frac{物流成本本年比上年增长率}{销售额本年比上年增长率}\times100\%$$

该指标的合理值应小于1，如果大于1，说明物流成本增加的速度超过销售额的增加速度，应引起企业的重视。

实例 9-1

厦门中外运物流有限公司2021年的物流成本为4 000万元，企业生产经营总成本8 000万元，实现总销售收入1.2亿元。其中运输成本为2 000万元，仓储成本为1 200万元，包装成本为200万元，流通加工成本为400万元，物流信息成本为200万元。已知该公司2020年的物流成本为3 600万元，总销售额为1.04亿元。试分别计算该公司2021年的物流成本率、单位物流成本率、物流功能成本率、物流成本利润率和物流效用增长率。

解析：

(1) $物流成本率=\frac{4\ 000}{12\ 000}\times100\%=33.33\%$

(2) $单位物流成本率=\frac{4\ 000}{8\ 000}\times100\%=50\%$

(3)物流功能成本率

$$运输功能成本率=\frac{2\ 000}{4\ 000}\times100\%=50\%$$

$$仓储功能成本率=\frac{1\ 200}{4\ 000}\times100\%=30\%$$

$$包装功能成本率=\frac{200}{4\ 000}\times100\%=5\%$$

$$流通加工功能成本率=\frac{400}{4\ 000}\times100\%=10\%$$

$$物流信息功能成本率=\frac{200}{4\ 000}\times100\%=5\%$$

$$(4)物流成本利润率=\frac{12\ 000-8\ 000}{4\ 000}\times100\%=100\%$$

$$(5)物流效用增长率=\frac{(4\ 000-3\ 600)/3\ 600}{(12\ 000-10\ 400)/10\ 400}\times100\%=72.22\%$$

2.物流作业评价指标

物流作业评价指标是用于评价不同物流作业环节绩效的指标，主要包括进出货作业评价指标、仓储作业评价指标、运输作业评价指标、物流订单作业评价指标和拣货作业评价指标等。

(1)进出货作业评价指标

①每小时处理进(出)货量

$$每小时处理进(出)货量=\frac{进(出)货量}{进(出)货人员\times每日进(出)货时间\times工作天数}$$

$$进(出)货时间率=\frac{每日进(出)货时数}{每日工作时数}$$

②每台进出货设备的装卸货量

该指标用来评价每台进出货设备的工作量。

$$每台进出货设备的装卸货量=\frac{进货量+出货量}{装卸设备数}\times工作日数$$

③每台进出货设备每小时的装卸货量

$$每台进出货设备每小时的装卸货量=\frac{进货量+出货量}{装卸设备数\times工作日数\times每日进出货时数}$$

(2)仓储作业评价指标

①仓库面积利用率

仓库面积利用率是指仓库可利用面积占仓库建筑面积的比例，是衡量和考核仓库利用程度的指标。仓库面积利用率越大，表明仓库面积的有效使用情况越好。其计算公式为：

$$仓库面积利用率=\frac{仓库可利用面积}{仓库建筑面积}\times100\%$$

②单位面积保管量

该指标用来评价仓库面积的利用效率。

$$单位面积保管量=\frac{平均库存量}{仓库面积}$$

③库存周转率

一般情况下，货物的周转速度可以用周转次数和周转天数来反映。

$$库存周转次数(次/年)=\frac{年出库量}{年平均库存量}=\frac{年出库总金额}{年平均库存金额}$$

$$库存周转天数(天/次)=\frac{360}{库存周转次数}$$

实例 9-2

厦门中外运物流有限公司在对仓储作业进行绩效评价时，得到以下数据：仓库面积利用率为 90%，单位面积保管量为 45 千克/平方米，库存周转次数为 11 次/年。已知同行业仓储作业的平均仓库面积利用率为 95%，单位面积保管量为 50 千克/平方米，库存周转次数为 10 次/年。分析该公司仓储作业的优势和不足，并分析原因。

解析：

该公司仓库面积利用率为 90%，低于同行业仓储作业的平均仓库面积利用率 95%，说明该公司仓库面积利用率不高。经调查发现，该公司仓库货架上的货物堆放不合理、堆放不整齐，浪费了仓库货架的使用空间。

该公司单位面积保管量为 45 千克/平方米，低于同行业单位面积保管量 50 千克/平方米，说明该公司仓库利用率不高。其主要原因是公司部分客户存放的商品是季节性商品，在部分月份库存量较少，储位剩余较多。

该公司库存周转次数为 11 次/年，同行业库存周转次数为 10 次/年，说明公司库存商品周转速度较同行业快，库存商品流动性大。

(3)运输作业评价指标

①每辆车周转量

每辆车周转量评价的是单位运输工具完成的作业量。

$$每辆车周转量=\frac{运输货物的重量\times 运输距离}{营运车辆数}$$

②每辆车运输成本

每辆车运输成本评价的是单位营运车辆运营业务消耗的成本，直接将成本按劳动消耗工具归集，并进行统计分析。其中运输消耗的总成本包括燃料费用、人工费用、轮胎费用和保险费用等。

$$每辆车运输成本=\frac{运输总成本}{营运车辆数}$$

(4)物流订单作业评价指标

①订单基本指标

订单基本指标常用于分析订单信息的每日变化情况，企业可据此确定客户管理策略和物流业务发展方向。常用的订单基本指标包括平均每日订单量、平均每客户订单量、平均每订单出货量和平均订单价值。

$$平均每日订单量=\frac{订单总量}{工作日数}$$

$$平均每客户订单量=\frac{订单总量}{客户总数}$$

$$平均每订单出货量=\frac{出货量}{订单总量}$$

$$平均订单价值=\frac{营业额}{订单总量}$$

②订单延迟率

订单延迟率常用于评价交货服务质量。

$$订单延迟率=\frac{延迟交货订单量}{订单总量}\times 100\%$$

③缺货率

缺货率常用于评价存货控制决策的合理性。企业可以根据该指标来调整订货点和每次订货量。

$$缺货率=\frac{缺货数量}{总出货量}\times 100\%$$

(5)拣货作业评价指标

①拣货设备成本产出率

$$拣货设备成本产出率=\frac{拣货业务量}{拣货设备成本}$$

②单位订单拣货成本

$$单位订单拣货成本=\frac{核算期内拣货成本}{订单数量}$$

实例 9-3

厦门中外运物流有限公司绩效评价小组打算从定性和定量两个方面对物流成本绩效进行评价,该如何设计物流成本绩效评价指标和指标权重?

解析:

根据厦门中外运物流有限公司实际经营情况和面临的环境,绩效评价小组设计了物流成本绩效考评表,如表 9-1 所示。

表 9-1 物流成本绩效考评表

	指标名称及权重	指标标准值	指标实际值	考评得分	备注
定量评价指标	物流成本率(15%)				
	单位物流成本率(15%)				
	总资产周转率(10%)				
	产值物流成本率(10%)				
	物流成本利润率(10%)				
	物流效用增长率(10%)				
	小计(70%)				
定性评价指标	物流成本管理制度评价(10%)				
	物流成本管理满意度评价(5%)				
	企业物流成本管理意识评价(5%)				
	企业物流成本战略评价(5%)				
	物流成本管理创新评价(5%)				
	小计(30%)				
	合计(100%)				

任务小结

本任务在对绩效评价相关概念有较好理解的基础上,介绍了物流成本绩效评价的含义、意义、原则和步骤,重点介绍了物流成本绩效评价指标体系,为后续掌握物流成本绩效评价方法奠定基础。

任务二　物流成本绩效评价方法应用

学习内容

1.平衡计分卡法;

2.关键绩效指标法。

学习目标

1.了解平衡计分卡法、关键绩效指标法的含义和优缺点,熟悉平衡计分卡法、关键绩效指标法的实施步骤;

2.能够应用平衡计分卡法、关键绩效指标法评价企业物流成本绩效。

案例导入

在确定绩效评价方法时，厦门中外运物流有限公司绩效评价小组决定将平衡计分卡法与关键绩效指标法结合起来，根据公司战略目标，从财务、客户、内部运营、学习与成长四个维度来确定相应的关键绩效指标。例如，在财务方面，着重考核公司的盈利能力，对净资产收益率赋予较大的权重；在客户方面，着重考核公司维护老客户的能力，对客户保持率赋予较大的权重。

课前思考

1.什么是平衡计分卡法？如何使用平衡计分卡法评价物流成本绩效？

2.什么是关键绩效指标法？如何使用关键绩效指标法评价物流成本？

知识学习

物流成本绩效评价是物流成本绩效评价主体运用一定的评价方法、量化指标及评价标准，对企业物流成本绩效实际情况进行对比、分析，最终得出评价结论的过程。物流成本绩效评价常用的方法主要有：平衡计分卡法、关键绩效指标法、标杆法和责任成本法等。

一、平衡计分卡法

1.平衡计分卡法的含义

平衡计分卡法(balanced score card，简称 BSC)是常见的绩效考核方式之一，是由美国哈佛大学的卡普兰教授和诺顿教授于 1992 年在《哈佛商业评论》上率先提出来的，它打破了传统的绩效评估体系，建立了一个全新的绩效评估体系，为管理人员提供了一个全面的框架，用于把企业的战略目标转化为一套系统的绩效测评指标。

平衡计分卡法是从财务、客户、内部运营、学习与成长四个角度，将组织的战略落实为可操作的衡量指标和目标值的一种新型绩效管理体系，如图 9-1 所示。

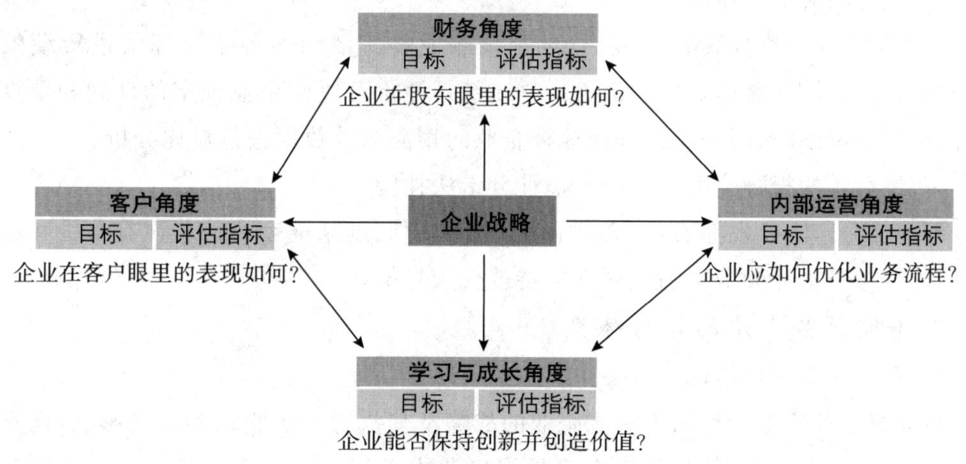

图 9-1 平衡计分卡法示意图

这种方法既考核企业的产出(上期的结果),又考核企业成长潜力(下期的预测);再从客户角度和内部业务角度考核企业的运营状况参数,把公司的长期战略和短期行为充分地联系起来,把远景目标转化为一套系统的绩效考核指标。

设计平衡计分卡的目的就是要建立"实现战略制导"的绩效管理系统,从而保证企业战略得到有效的执行。因此,人们通常称平衡计分卡法是加强企业战略执行力的最有效的战略管理工具。

2.平衡计分卡法的实施步骤

(1)确定物流活动的远景和战略

企业应根据其自身经营状况和市场环境确定远景和战略。企业物流活动的远景与战略要简单明了,并对每一部门具有指导意义,使每一部门可以采用相应的业绩衡量指标,去实现企业的物流远景与战略。

(2)制定企业发展的长期目标

长期目标一般要三年以上。企业的各个层次都需要长期目标,包括公司总部、各事业部、各分公司和各职能部门。长期目标是衡量企业管理绩效的重要工具。

(3)成立物流成本绩效评价组织

企业应成立专门的绩效评价组织,以实施平衡计分卡法。

(4)构建物流成本绩效评价指标体系

物流成本绩效评价组织应根据企业确定的物流活动的远景和战略、长期目标,从财务、客户、内部运营、学习与成长四个维度确定评价指标。

(5)加强企业内部沟通与教育

平衡计分卡法是涉及企业全员的综合性活动,必须依靠全体员工,所以,沟通、引导与教育是十分必要的。企业应当利用各种不同沟通渠道,让各级管理人员知道公司的远景、战略、目标与业绩衡量指标。沟通渠道可以是网站、定期或不定期的刊物、电子邮件、公告栏、标语、会议等。

(6)进行物流绩效评价

物流绩效评价指标设置完成后,要根据企业物流活动的各个指标值进行绩效评价,比较各部门的物流绩效活动优劣。物流绩效评价可以与企业预定的计划和预算相结合,当然还可以结合标杆法,选择标杆企业的物流绩效数据进行对比分析。

(7)将每年的报酬奖励制度与平衡计分卡法挂钩

平衡计分卡法要发挥实效,必须有相应的奖惩制度来配套。倘若没有奖励和惩处机制,员工对平衡计分卡法的认同和支持就会大打折扣。

3.平衡计分卡法的指标体系

(1)财务要素评价指标

财务要素评价指标显示了物流企业的战略及其执行对于股东利益的影响,衡量企业的战略及其实施和执行是否正在为最终经营成果的改善作出贡献。企业的财务目标主要涉及盈利、股东价值实现和增长,相应地将其财务目标简单表示为生存、成功和价值增长等,如表 9-2 所示。

表 9-2　财务要素评价指标

目标	评价指标	可量化指标
生存	现金净流量 速冻比率	现金净流量=物流业务现金及现金等价物流入(收入)一流出(支出)的余额 速冻比率=企业速动资产(流动资产一存货)/流动负债
成功	权益净利率 (净资产收益率)	权益净利率=企业净利润/平均净资产
价值增长	相对市场份额增加额	相对市场份额增加额=物流业务在规定评价期内的业务增加额/在规定的评价期内同行业企业总收入增加额

其中,生存目标的评价指标有现金净流量和速动比率,这两个指标是评价企业偿债能力的重要指标,也是保证企业正常经营所需要关注的指标;成功目标的评价指标有权益净利率,这是评价企业盈利能力的重要指标,该指标的值越大,企业的盈利能力越强;价值增长目标的评价指标有相对市场份额增加额,这是评价企业收入增长速度的指标。

(2)客户要素评价指标

客户是企业赖以生存的基础,对客户要素的绩效评价具体要从企业进行客户开发的业绩和从客户方面的获利能力来衡量:一是客户对物流服务满意度的评价;二是企业的经营行为对客户开发的数量和质量的评价。平衡计分卡法的客户要素评价指标包括市场占有率、客户保持率、客户获得率、客户满意率和客户盈利能力等,如表 9-3 所示。

表 9-3　客户要素评价指标

目标	评价指标	可量化指标
扩大市场份额	市场占有率	企业物流业务的销售量(或销售额)在市场同类产品中所占比重
保持市场	客户保持率	客户保持率=上期成交客户数/上期客户数×100%
拓展市场	客户获得率	客户获得率=企业本期新增客户量/企业期初客户量×100%
客户满意	客户满意率	在一定数量的目标顾客中表示满意的顾客所占的百分比
客户获利	客户盈利能力	单位时间内企业从某个客户身上获取盈利的数额

其中,市场占有率主要用来评价企业在吸引客户、产品竞争等方面的能力;客户保

持率、客户获得率和客户满意率可分别用于评价企业维护老客户、开发新客户和服务客户的能力；客户盈利能力主要用于评价企业从客户处获取利润的能力，可通过分析不同客户的盈利能力，找出需要重点关注的客户。

(3)内部运营要素评价指标

内部运营过程评价重视的是对客户满意程度和实现组织财务目标影响最大的那些运营过程。平衡计分卡法把革新过程引入内部运营过程之中，要求企业创造全新的产品和服务，以满足现有和未来目标客户的需求。这些过程能够创造未来企业的价值，提高未来企业的财务绩效。企业内部运营要素评价指标主要包括可得性、可靠性、作业绩效、硬件配置、软件配置等，如表 9-4 所示。

表 9-4　内部运营要素评价指标

目标	评价指标	可量化指标
可得性	存货可得性	缺货率、供应比率、订货完成率
可靠性	按时交货率 对配送延迟的提前通知 延期订货发生次数	按时交货率＝按时交货次数/总业务数 对配送延迟的提前通知＝配送延迟通知次数/配送延迟发生次数 延期订货发生次数
作业绩效	速度、一致、灵活性、故障与恢复	订货周期速度、按时配送率、配送需求满足时间和次数、退货更换时间
硬件配置	网络化(采用 JIT、MRP)使用情况	使用网络化物流管理的客户数/所有客户数
软件配置	优秀人员(完成规定任务的时间、质量、专业教育程度)	员工完成规定任务的时间、员工完成规定任务的差错率、接受过专业物流教育的员工数/员工总数

企业物流的内部业务业绩来自企业的核心竞争力，即保持持久的市场领先地位、较高的市场占有率和营销的方针策略等。企业应当明确自己的优势，如高质量的产品和服务、优越的区位、资金的来源、优秀的管理人员等。企业可根据内部运营要素评价指标来评价物流各环节的作业效率，并针对所发现的问题提出相应的解决方案，从而增强企业在物流业务方面的核心竞争力。

(4)学习与成长要素评价指标

组织的学习和成长主要有三个来源：人才、系统和组织程序。学习与成长要素强调企业不断创新，并保持其竞争能力和未来的发展趋势，因此无论是管理层还是基层员工都需要不断地学习，不断推出新产品和新服务，迅速有效地占领市场，减少运营成本，提高经营效率，从而增加股东的价值。平衡计分卡法揭示人才、系统和程序现有能力与实现突破性绩效所必需的能力之间的巨大差距，并加以改进。学习与成长要素评价指标主要包括员工获得足够信息指标、员工能力提高指标、员工激励指标、研发投入指标等，如表 9-5 所示。

表 9-5　学习与成长要素评价指标

目标	评价指标	可量化指标
完善信息系统	信息质量与速度指标	物流信息及时传递给一线员工所用时间
员工能力管理	员工能力提高指标	员工满意率、员工保持率、员工培训次数
调度员工积极性	员工激励与能力指标	员工建议数量、员工建议被采纳或执行的数量
业务学习创新	信息化程度、研发投入指标	研发费用增长率、信息系统更新投入占销售额的比率、同行业平均更新投入占销售额的比率

企业可通过分析学习与成长要素评价指标来评价其技术创新能力和持续发展能力，并采取一定的措施来激励全体员工不断学习和成长，从而提高企业的潜在竞争力。

实例 9-4

厦门中外运物流有限公司决定于 2022 年采用平衡计分卡法对公司物流成本绩效进行评价。试根据公司远景、战略和经营状况构建物流成本绩效评价指标体系，并合理分配各指标比重。

解析：

根据厦门中外运物流有限公司内外经营状况，构建物流成本绩效评价指标体系，并分配各指标权重，如表 9-6 所示。

表 9-6　厦门中外运物流有限公司平衡计分卡法评价指标体系

类别权重	评价指标	权重/%
财务(60%)	权益净利率(与竞争者比较)	18.00
	投资报酬率(与竞争者比较)	18.00
	物流成本降低率(与计划比较)	18.00
	销售增长率	6.00
客户(15%)	市场占有率	5.00
	客户满意率	2.50
	客户保持率	2.50
内部运营(15%)	订货完成率	5.00
	按时配送率	5.00
	按时交货率	5.00
学习与成长(10%)	员工技能水平提高程度	5.00
	信息系统更新率	3.00
	研发费用增长率	2.00

4.平衡计分卡法的优缺点

实施平衡计分卡的管理方法主要有以下优点：

(1)克服财务评估方法的短期行为；

(2)使整个组织行动一致，服务于战略目标；

(3)能有效地将组织的战略转化为组织各层的绩效指标和行动；

(4)有助于各级员工对组织目标和战略的沟通和理解；

(5)利于组织和员工的学习成长和核心能力的培养；

(6)实现组织长远发展；

(7)通过实施BSC，提高组织整体管理水平。

平衡计分卡是对传统绩效评价方法的一种突破，但是不可避免地也存在自身的一些缺点，主要有：

(1)实施难度大。平衡计分卡的实施要求企业有明确的组织战略，对高层管理者和中高层管理者都有很高的要求。因此管理基础差的企业不能直接引入平衡计分卡，必须先提高自己的管理水平，才能循序渐进地引进平衡计分卡。

(2)指标体系的建立较困难。平衡计分卡对传统业绩评价体系的突破就在于它引进了非财务指标，克服了单一依靠财务指标评价的局限性。然而，这又带来了另外的问题，即如何建立非财务指标体系、如何确立非财务指标的标准以及如何评价非财务指标。财务指标的创立是比较容易的，而其他三个方面的指标则比较难以收集，需要企业长期探索和总结。

(3)指标数量过多。指标数量过多，指标间的因果关系很难做到真实、明确。平衡计分卡涉及财务、顾客、内部运营、学习与成长四套业绩评价指标。在评价最终结果的时候，应该选择哪个指标作为评价的依据；如果舍掉部分指标的话，是不是会导致业绩评价的不完整性，这些都是在应用平衡计分卡时要考虑的问题。

(4)各指标权重的分配比较困难。平衡计分卡法涉及一个权重分配问题，不但要在不同层面之间分配权重，而且要在同一层面的不同指标之间分配权重。不同的层面及同一层面的不同指标分配的权重不同，将可能导致不同的评价结果。

(5)部分指标的量化工作难以落实，尤其是对于部分很抽象的非财务指标的量化工作非常困难。如客户指标中的客户满意程度和客户保持程度如何量化，员工的学习与发展指标及员工对工作的满意度如何量化等。

(6)实施成本大。平衡计分卡要求企业从财务、客户、内部运营、学习与成长四个方面考虑战略目标的实施，并为每个方面制定详细而明确的目标和指标。在对战略的深刻理解外，需要消耗大量精力和时间把它分解到部门，并找出恰当的指标。在考核与数据收集时，也是一个不轻的负担。

实例 9-5

某物流公司规模日益壮大，公司越来越感觉到绩效考核不能很好地推动战略实施。2021年初人事部经理按照公司总经理的要求引入了平衡计分卡法的考核模式，但实施一段时间以来，他却感到焦头烂额。一是平衡计分卡法需要收集各个岗位大量的信息，整个人事部每天都深陷信息的收集和处理中，影响了其他工作；二是很多员工反映原来的KPI办法只是从一个层面来约束他们，现在是从四个方面来考核他们，无非是为少发奖金找借口。在大家的反对下，平衡计分卡法在该公司的运用以失败告终。

试分析该公司采用平衡计分卡法进行绩效考核失败的原因。

二、关键绩效指标法

1.关键绩效指标法的含义

关键绩效指标(key performance indicator，简称KPI)是通过对组织内部流程的输入端、输出端的关键参数进行设置、取样、计算、分析，衡量流程绩效的一种目标式量化管理指标，是把企业的战略目标分解为可操作的工作目标的工具，是企业绩效管理的基础。

关键绩效指标法是指基于企业战略目标，通过建立关键绩效指标(KPI)体系，将价值创造活动与战略规划目标有机联系，并据此进行绩效管理的方法。

2.关键绩效指标法的实施步骤

(1)建立关键绩效指标体系

可按照从宏观到微观的顺序，依次建立各级的指标体系，如表9-7所示。首先明确企业的战略目标，找出企业的业务重点，并确定这些关键业务领域的关键业绩指标，从而建立企业级KPI；其次，各部门的主管需要依据企业级KPI建立部门级KPI；最后，各部门的主管和部门的KPI人员一起再将KPI进一步分解为更细的KPI。这些业绩衡量指标就是员工考核的要素和依据。

表9-7 关键绩效指标体系的层级

层级	设定依据
企业级	根据企业的战略目标、企业的业务重点设定
所属单位(部门)级	根据企业级关键绩效指标和部门职责设定
岗位(员工)级	根据所属单位(部门)级关键绩效指标、员工岗位职责设定

(2)设定评价标准

设定评价标准是要解决评价对象如何衡量的问题。一般来说，评价指标指的是从哪些方面来对工作进行衡量或评价；而评价标准指的是在各个指标上分别应该达到什么样的水平。评价指标解决的是我们需要评价“什么”的问题，评价标准解决的是要求被评价者做得“怎样”、完成“多少”的问题。

设定关键绩效评价标准一般可以参考以下标准：

①依据国家有关部门或权威机构发布的行业标准或参考竞争对手标准；

②参照企业内部标准，包括企业战略目标、年度生产经营计划目标、年度预算目标、历年指标水平等。

③不能按上述标准确定的，可根据企业历史经验值确定。

(3)审核关键绩效指标

对关键绩效指标进行审核的目的主要是确认这些关键绩效指标是否能够全面、客观地反映被评价对象的工作绩效，以及是否适合于评价操作。

因此，在审核时要关注几个问题，如工作产出是否为最终产品；关键绩效指标是否是可以证明和观察的；多个评估者对同一绩效指标进行评估时，结果是否能取得一致；指标的总和是否可以解释被评估者80%以上的工作目标；是否从客户的角度来界定关键绩效指标；跟踪和监控这些关键绩效指标是否可以操作；是否留下超越标准的空间；和其他指标是否优势匹配，能否共同指引员工的工作业绩。

3.关键绩效指标法的优缺点

关键绩效指标法被认为是目标管理法与帕累托定律的有效结合。它的优点主要体现在三个方面：

(1)目标明确，有利于公司战略目标的实现。KPI是企业战略目标的层层分解，通过KPI指标的整合和控制，使员工绩效行为与企业目标要求的行为相吻合，不至于出现偏差，有力地保证了公司战略目标的实现。

(2)提出了客户价值理念，有利于企业形成以市场为导向的思想。

(3)有利于组织利益与个人利益达成一致。策略性地分解指标，使公司战略目标成了个人绩效目标，员工个人在实现个人绩效目标的同时，也是在实现公司总体的战略目标，达到公司与员工共赢的结局。

当然，关键绩效指标法也存在一些缺点，主要体现在三个方面：

(1)KPI指标比较难界定。KPI更倾向于定量化的指标，这些定量化的指标是否真正对企业绩效产生关键性的影响，如果没有运用专业化的工具和手段，很难界定。

(2)KPI会使考核者陷入机械化考核的误区。过分地依赖考核指标，而没有考虑人为因素和弹性因素，会产生一些考核上的争端和异议。

(3)KPI并不是所有岗位都适用。指标特征、关键绩效指标(KPI)是对公司及组织运作过程中关键成功要素的提炼和归纳。

案例分析 9-1

世界银行：2023年物流绩效指数报告

2023年5月，世界银行发布了《2023年全球物流绩效指数报告》(Logistics Performance Index，LPI)，以衡量各国跨境货物运输的快速性和可靠性。该物流绩效指数报告是世界银行营商环境报告之外另一个享有全球声誉的调查项目，自2007年以来已发布7次,成为业内人员、学界和决策部门在贸易物流操作环境评估方面的重要信息来源。

该报告基于贸易流动速度大数据和问卷调查,对全球139个经济体涉及货物流动的基础设施、海关及边境管理、物流服务质量、货运时效、追踪能力及价格竞争力等6个方面进行单项和综合测评,反映了各经济体物流绩效的变化情况和相互间的比较差异。

在统计的全球139个国家/地区中,LPI整体分数排名前三的分别是:新加坡第一,芬兰第二,丹麦第三。其中,中国香港排名第10位,中国台湾排名第16位,中国大陆排名第20位,美国排名第18位。

Economy	物流绩效分数	海关分数	基础设施分数	国际海运分数	物流能力与质量分数	时效性分数	跟踪和追踪分数
新加坡	4.3	4.2	4.6	4.0	4.4	4.3	4.4
芬兰	4.2	4.0	4.2	4.1	4.2	4.3	4.2
丹麦	4.1	4.1	4.1	3.6	4.1	4.1	4.3
德国	4.1	3.9	4.3	3.7	4.2	4.1	4.2
荷兰	4.1	3.9	4.2	3.7	4.2	4.0	4.2
瑞士	4.1	4.1	4.4	3.6	4.3	4.2	4.2
奥地利	4.0	3.7	3.9	3.8	4.0	4.3	4.2
比利时	4.0	3.9	4.1	3.8	4.2	4.2	4.0
加拿大	4.0	4.0	4.3	3.6	4.2	4.1	4.1
中国香港	4.0	3.8	4.0	4.0	4.0	4.1	4.2
瑞典	4.0	4.0	4.2	3.4	4.2	4.2	4.1
阿拉伯联合酋长国	4.0	3.7	4.1	3.8	4.0	4.2	4.1
法国	3.9	3.7	3.8	3.7	3.8	4.1	4.0
日本	3.9	3.9	4.2	3.3	4.1	4.0	4.0
西班牙	3.9	3.6	3.8	3.7	3.9	4.2	4.1
中国台湾	3.9	3.5	3.8	3.7	3.9	4.2	4.2
韩国	3.8	3.9	4.1	3.4	3.8	3.8	3.8
美国	3.8	3.7	3.9	3.4	3.9	3.8	4.2
澳大利亚	3.7	3.7	4.1	3.1	3.9	3.6	4.1
中国	3.7	3.3	4.0	3.6	3.8	3.7	3.8

图9-1 2023年LPI得分排名前20名的国家/地区

报告显示,在新冠肺炎疫情对全球供应链的严重冲击下,全球物流总体表现出相当的韧性。

中国的六项指标综合得分为3.7分,比2018年提升0.09分,全球排名由上次的第26位提升6名至第20位。

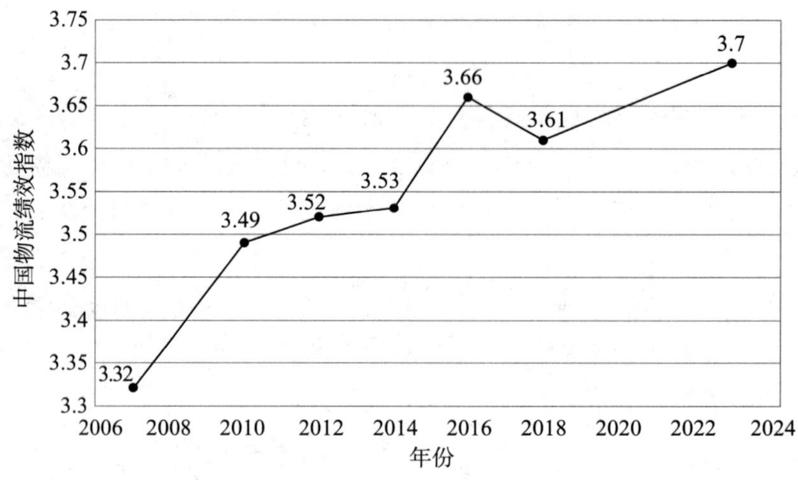

图 9-2 中国物流绩效指数

世界银行贸易、投资和竞争力全球局长莫纳·哈达德表示:“物流是国际贸易的命脉,而贸易又是推动经济增长、减少贫困的强大力量。物流绩效指数有助于发展中国家找出有待改进领域,提高竞争力。”

在所有可实行的贸易路径中,集装箱从进入出口国港口到离开目的地港口所需的平均天数为 44 天,标准偏差为 10.5 天。这段时间占国际货物贸易所需时间的 60%。

根据报告,端到端供应链数字化,特别是新兴经济体的数字化举措,使各国比发达国家的港口延误时间缩短了高达 70%。同时,绿色物流需求上升,75%的托运人在向高收入国家出口时寻求环保运输方式。

世界银行集团宏观经济、贸易与投资全球实践局高级经济学家克里斯蒂娜·维德若指出,航运并非引起延误的主要因素,海港、机场和多式联运环节才是。制定针对这些环节的政策有助于提高运输的可靠性。

为了促进环境可持续的物流业发展,可以采取针对性的政策。其中,改善清关流程、投资基础设施、采用数字技术、推行低碳货运模式以及提升仓储节能效率等都是可行的措施。

资料来源:https://www.163.com/dy/article/I36E4JAD0553LT58.html

思考题

1.报告指出,集装箱从进入出口国港口到离开目的地港口所需的时间占国际货物贸易所需时间的 60%,你觉得主要原因是什么?

2.要减少集装箱从进入出口国港口到离开目的地港口所需的时间占国际货物贸易所需时间,你觉得可以采取哪些措施和建议?

3.世界物流大趋势给中国物流人带来哪些借鉴和思考?

任务小结

物流成本绩效评价是指物流成本绩效评价主体运用一定的评价方法、量化指标及评价标准，对企业物流成本绩效实际情况进行对比、分析，最终得出评价结论的过程。本任务主要介绍常用的物流成本绩效评价方法——平衡积分卡法和关键绩效指标法，重点分析这两种方法的含义、应用和优缺点。

项目小结

物流成本绩效评价是物流成本管理的重要组成部分，本项目主要对物流成本绩效评价进行认知和学习。首先对物流成本绩效评价的含义、意义、原则、步骤和指标体系进行了介绍；其次重点介绍平衡计分卡法和关键绩效指标法，旨在让学生掌握物流成本绩效评价方法，能够应用物流成本绩效评价方法对物流成本绩效进行评价。

教学分享

1.学习课时：建议 4 课时（其中理论学习 2 课时、实践 2 课时）

2.教学方法

建议采用讲解和技能训练并举的教学方法（包括视频资料学习、参观物流企业、网络平台的资源学习等）、小组讨论、案例教学等方法。应把握的知识重点包括：物流成本绩效评价的各种方法。

3.学习环境要求

（1）学习场地：①多媒体教室；
②典型物流企业。

（2）学习资料：①物流成本实训软件；
②视频资源；
③课程网络资源。

课后习题

一、单项选择题

1.物流成本绩效评价的最终目的是（　　）。

A.提出可行措施建议

B.得出物流成本管理绩效评价结论

C.提高物流成本管理的整体绩效

D.编写物流成本管理绩效评价报告

2.平衡计分卡法的特点主要体现在（　　）。

A.先进性

B.平衡性

C.关键性

D.非量化性

3.物流成本率计算公式是(　　)。

A.物流成本率=(物流成本总额÷销售额)×100%

B.物流成本率=(销售额÷物流成本总额)×100%

C.物流成本率=(物流成本总额÷企业总成本)×100%

D.物流成本率=(销售额÷企业总成本)×100%

4.关键绩效指标法是以(　　)为导向的考核体系。

A.风险

B.成本

C.客户

D.战略

5.考核产品事业部或销售部门所发生的物流成本、公司物流绩效的最直接的衡量指标是(　　)。

A.物流成本率

B.单位物流成本率

C.物流职能成本率

D.单位营业费用物流成本率

6.单位物流成本率的计算公式是(　　)。

A.单位物流成本率=(物流成本总额÷销售额)×100%

B.单位物流成本率=(销售额÷物流成本总额)×100%

C.单位物流成本率=(物流成本总额÷企业总成本)×100%

D.单位物流成本率=(销售额÷企业总成本)×100%

7.(　　)用来分析一定时期生产和销售一定数量产品所获得的利润总额与所发生的物流成本的比率。

A.物流职能成本率

B.产值物流成本率

C.物流成本利润率

D.单位物流成本率

8.企业投入产出率越高,物流成本耗费越低,该指标的值就越低(　　)。

A.物流职能成本率

B.产值物流成本率

C.物流成本利润率

D.单位物流成本率

二、多项选择题

1.物流成本绩效评价的原则包括(　　)。

A.整体性原则

B.动态性原则

C.可比性原则

D.经济性原则

2.平衡计分卡法的客户评价指标包括(　　)。

A.市场占有率

B.按时交货率

C.客户满意率

D.客户保持率

3.企业建立关键绩效指标体系时应当遵循 SMART 原则,主要包括(　　)。

A.可度量

B.相关性

C.具体

D.可实现

三、判断题

1.(　　)物流成本管理要从物流服务的关系着眼考虑物流成本。

2.(　　)发展中国家的物流成本管理都处于精细成本管理阶段。

3.(　　)物流成本中心又称物流费用中心,是对物流费用进行归集、分配,对物流成本加以控制考核的责任单位。

4.(　　)平衡计分卡法主要需要财务指标,非财务指标不需要。

5.(　　)物流成本是指伴随企业的物流活动而发生的各种必要费用。

6.(　　)物流利润中心是指由一个主管人员负责,承担着规定责任并具有相应权利的内部物流单位。

7.(　　)设定评价标准就是要解决需要评价什么的问题。

8.(　　)建立明确的、切实可行的 KPI 体系,是做好绩效管理的关键。

9.(　　)关键绩效指标法是以控制为中心的管理理念。

10.(　　)各个较小的物流成本中心也可以组成一个较大的物流中心。

四、思考题

1.简述物流成本绩效评价的步骤。

2.简述平衡计分法指标评价体系的构成。

3.简述关键绩效指标法的实施步骤。

4.简述平衡计分卡法的实施步骤。

5.比较平衡计分法、关键绩效指标法的优缺点。

技能训练

1.以小组为单位,调查某一快递公司的物流成本绩效评价方法,并分析该评价方法的实施效果及对企业物流业务发展产生的作用。

2.已知某企业 2022 年度实现总销售收入 2 000 万元,销售额较上年增长了 35%;

企业生产经营总成本为 1 600 万元，物流成本总额为 400 万元，物流成本较上年增长了 55 万元；在物流总成本中，运输成本为 200 万元，仓储成本为 135 万元，包装成本为 30 万元，流通加工成本为 15 万元，物流信息成本为 20 万元。计算该公司 2022 年的物流成本率、单位物流成本率、物流功能成本率、物流成本利润率和物流效用增长率。

3.案例分析题

在市场经济的大潮中，光明物流有限公司处于急速变化的商业环境中，管理层意识到提高物流服务质量和寻找新的业务增长点，是提高企业核心竞争力的关键，要迎接不断加剧的市场竞争必须进行一场变革。采用一些手段进行一段时期的变革后，企业面貌有了一些改变，但关键、实质性问题没有得到改善，部门与部门之间的协调，员工对工作的主动性，以及对企业发展目标方向不明确，导致企业战略的实施并没有如预想那般成功。

企业领导层下定变革决心，加大执行力度，成立了物流成本绩效评价小组，对企业物流成本绩效进行评价。评价小组通过对企业中高层管理者进行访谈和信息收集，了解企业外部面临的主要挑战以及企业内部的各种问题，发现部门之间协同存在着问题，各部门只考虑自己部门的利益，而不考虑其他部门及企业的利益。为此，评价小组举行了一个企业战略研讨会，引导企业的高级管理层使用以下三个工具来明晰企业战略：SWOT 分析、商业周期分析和价值定位。

一段时间后，企业管理层意识到：要实现长期发展，企业需要增强创新能力，开发新的产品和服务，提高员工的技能，只有这样才能赢得竞争优势。评价小组帮助中高层管理人员了解平衡计分卡法，通过设计评价指标，让他们知道实施平衡积分卡对企业的意义和效果，能明确企业决策目标，并将员工个人努力和企业目标及经营结果联系在一起。在评价小组的引导下，企业变革小组产生了很多好的想法和建议。企业战略明晰后，评价小组和高层管理人员一起制定出企业的平衡计分卡，并确定企业的前景和战略重点。管理人员一致认为，要实现企业的战略目标，企业要注重创新，开发数据业务。

思考题

1.光明物流有限公司如何实施平衡计分卡法？

2.企业实施平衡计分卡法要注意哪些问题？

教学评价

班级__________ 学号__________ 姓名__________ 成绩__________

项目九知识技能测评表

学习任务	分项评价指标	学生学习结果评价
任务一:物流成本绩效评价认知	物流成本绩效评价的含义	A( ) B( ) C( )
	物流成本绩效评价的意义	A( ) B( ) C( )
	物流成本绩效评价的原则	A( ) B( ) C( )
	物流成本绩效评价的步骤	A( ) B( ) C( )
	物流成本绩效评价指标体系	A( ) B( ) C( )
任务二:物流成本绩效评价方法应用	平衡计分卡法	A( ) B( ) C( )
	关键绩效指标法	A( ) B( ) C( )
学生自我评价:		
学生对教学有何建议:		
教师总体评价: 年 月 日		

说明:在( )中打√,A表示理解掌握,B表示基本理解掌握,C表示未理解掌握。

◆参考文献◆

1.王科，刘书.物流成本管理实务［M］.2版.上海：上海交通大学出版社，2022.
2.程洁，李明，孙志平.物流成本管理［M］.成都：电子科技大学出版社，2022.
3.段延梅，王旭，孙玲.物流成本管理［M］.长沙：湖南师范大学出版社，2020.
4.段春媚，刘珊珊.物流成本管理［M］.3版.北京：中国人民大学出版社，2020.
5.王顺林.物流成本管理［M］.北京：中国人民大学出版社，2022.
6.师天良.物流成本作业与管理［M］.哈尔滨工业大学出版社，2017.
7.曲建科.物流成本管理［M］.北京：高教出版社，2013.
8.包红霞.物流成本管理［M］.北京：科学出版社2012.
9.鲍新中.物流成本管理与控制［M］.北京：电子工业出版社，2006.
10.王欣兰，田海霞.物流成本管理［M］.北京：清华大学出版社，2011.
11.何海军.物流成本管理［M］.北京：中国传媒出版社，2011.
12.傅莉萍.物流成本管理实训［M］.大连：大连理工出版社，2010.
13.朱伟生.物流成本管理［M］.北京：机械工业出版社，2009.
14.颜军.物流成本管理［M］.北京：冶金工业出版社，2009.
15.陈洁.物流成本管理［M］.北京：中国水利水电出版社，2010.
16.许彤，秦建玲.物流成本管理实务［M］.武汉：华中科技大学，2013.
17.付淑文.物流成本管理［M］.北京：人民邮电出版社，2011.
18.李英，冷雪艳.物流成本管理［M］.北京：中国物资出版社，2011.
19.张成龙.物流成本管理［M］.北京：中国铁道出版社，2008.
20.倪凤琴.物流成本管理［M］.北京：电子工业出版社，2011.
21.赵刚.物流成本分析与控制［M］.成都：四川人民出版社，2009.
22.易华，李伊松.物流成本管理［M］.北京：机械工业出版社，2009.
23.郭士正.物流成本管理［M］.北京：清华大学出版社，2011.
24.云虹.物流成本管理与控制［M］.北京：人民交通出版社2010.